ケガをせず動けるスポーツ選手をめざす
体づくりの教科書
―セルフチェックとエクササイズ―

松野 慶之 著

大修館書店

はじめに

「使える体」とは何か

スポーツをしている方なら、一度はこの言葉に出会ったことがあるでしょう。私もその一人です。

学生時代から、スポーツで多くのケガに苛まれ、行く先々の病院や治療院で「体の使い方が悪い」と指摘を受けたことは、今でも鮮明に覚えています。その際に「体の使い方を直す」ための明確な指導をしてもらえなかったことが、現在の仕事に携わるきっかけになりました。

いつの時代も、しなやかにプレーする選手を「体の使い方が上手い」「身体能力が高い」「華麗な身のこなし」などと曖昧に表現されることがありますが、往々にして明確な定義がありません。筋肉量や体脂肪率なら数字で判断することが可能ですが、「動き」の良し悪しを判断することは決して容易ではありません。

ケガについても、受傷する確率や予防策の効果を数字で表すのは簡単ではありません。同じ環境で同じ練習を同じ分だけこなしているにも関わらず、ある人は全くケガをせず健康で、ある人は度重なるケガに悩まされるなど、体が起こす反応は千差万別です。その全てが「体の使い方」によるものではないかもしれませんが、一生懸命にスポーツに打ち込む人なら誰しも「ケガや痛みのない体を手に入れたい」と思うのは当然です。

本書では、「使える体」を「痛みにくく、動きやすい体」と定義することにします。「痛みにくい」には、体の各部位に負担が偏ることなく、ケガや痛みを起こしにくいという意味、「動きやすい」には、スポーツや種目、ポジションに関わらず、自分が意図する通りに自在に体を動かせるという意味が含まれています。本書の目的は、適切な動きづくりのコンセプトと課題発見のためのセルフチェック、具体的なエクササイズを紹介することで、「痛みにくく、動きやすい体」を手に入れるための道筋をまとめることです。度重なるケガに悩まされたり、思い通りに動けないもどかしさを感じている方に、少しでも改善に向けたヒントを得ていただきたいと考えています。

はじめに……2

1章 障害予防とパフォーマンスアップの関係性
障害予防とパフォーマンスアップの関係性
01「ケガ」の分類……8
パフォーマンス向上のための3つの要素
02「パフォーマンスピラミッド」を理解する……12
動きづくりの土台として欠かせない
03「ライフスタイル(生活習慣)」……16
コラム1 海外の研究に見る、障害予防の考え方……22

2章 体が動く仕組み
動きを理解する上で知っておくべき6つの組織
01 体はどのように動いているのか……24
多彩で効率的な動きを形づくる
02 主要な関節の構造と働きを理解する……28
主要な部位の働きを知る
03 筋肉と神経の構造を理解する……46
コラム1 マンガに登場する「肉」は存在しない……26
コラム2 靭帯は一度緩んだり切れたりすると治らない……27
コラム3 腰を回せる角度はどれくらい?……34
コラム4 膝を内側に曲げてはいけない?……37
コラム5 扁平足はなぜ問題なのか?……39
コラム6 天使の羽は機能的ではない……42
コラム7 肩のインナーマッスルはどう鍛える?……51
コラム8 筋線維の短い腹直筋や脊柱起立筋は、どう鍛えるのが効果的?……54
コラム9 筋肉痛を正しく理解しよう……60
コラム10 筋肉はどのように強くなるの?……63
コラム11 動いていないのにお腹が減るのはなぜ?……64

3章 痛みにくく動きやすい「動きづくり」のコンセプト

痛みの原因はどこにあるのか
01 治療だけでは、痛みを予防できない……66
痛みにくい体をつくる
02「動きの効率性」……68
痛みにくい体をつくる
03「動きの多様性」……76
運動パターンを覚える過程を理解する
04 動きは「神経」が学習する……84
コラム1 腰椎を動かすほど障害のリスクが高まる……70
コラム2 体には様々な防衛機能が備わっている……74
コラム3 着目すべきは、「姿勢」ではなく「動作の自由度」……78
コラム4 スポーツ中に体のことを気にしてはいけない……88

4章 セルフチェック

自分に何が必要か、体の状態を確認する
01 セルフチェックのポイント……90
実際に体を動かしてみよう
02 チェック方法……94

5章 エクササイズ

体を動かす土台を適切に整える
01 呼吸……106
課題のある部位を中心に
02 セルフマッサージ……112
運動前に行うストレッチ
03 アクティブストレッチ……117
安定した動きを出すために行う
04 コアエクササイズ……125
片脚での安定感をつくる
05 バランスエクササイズ……134

06 筋力向上を図る
ストレングスエクササイズ …… 140
07 バネを使って素早く筋力発揮
プライオメトリクスエクササイズ …… 154
08 正しい動きを継続させる持久力強化
カーディオ（持久力）トレーニング …… 161
09 筋肉の緊張をほぐしてリラックス
クールダウン …… 165
10 自分に合った組み合わせで行う
プログラム例 …… 167

コラム1 お腹は凹ますのがいいの？ 膨らますのがいいの？ …… 108
コラム2 エクササイズ中は、息を止めずに呼吸を続けること …… 111
コラム3 「相反抑制（相反性神経反射）」とは …… 118
コラム4 3点荷重を意識しよう …… 139
コラム5 「作用反作用の法則」 …… 141
コラム6 どれくらいの重りを持つべき？ …… 143
コラム7 押すのが大切？ 引くのが大切？ …… 153
コラム8 「効いてる！」には要注意 …… 160
コラム9 「脂肪燃焼には20分以上動かないといけない」は本当？ …… 164
コラム10 リラックス度合いを確認してみよう …… 166
あとがき …… 170

1章

障害予防とパフォーマンスアップの関係性

「痛みにくく、動きやすい体」をつくるには、「痛み」を引き起こす障害とその予防について知る、「動き」の集合体であるパフォーマンスのメカニズムを知る、という2点が重要です。本章では、この2点について詳しく解説していきます。

01「ケガ」の分類

急性外傷と慢性障害

ケガの予防を語る上で、まずケガに関する大まかな分類を理解しておく必要があります。

スポーツ中に起こる様々なケガは「急性外傷」と「慢性障害」に分けることができます。

急性外傷とは、転倒や衝突など1回の外力により組織が損傷されることを言います。急性外傷は、他者との接触による「接触性外傷」と、接触を伴わずに生じる「非接触性外傷」の2つの種類があります。具体的には、誰かとぶつかった際に起こる打撲や、接触でバランスを崩したまま着地して足首を痛めるなどの外傷は「接触性外傷」、方向転換の際にバランスを崩して膝を痛めたり、ものを投げる際に肩を痛めるなどの外傷は「非接触性外傷」と言います。

それに対して慢性障害とは、比較的長期間に渡って繰り返される過度の運動負荷によって生じる炎症のことを言います。具体的には、アキレス腱炎、膝蓋腱炎（ジャンパー膝とも呼ばれます）など腱で起こる障害や、疲労骨折、腰椎分離症など骨で起こる障害などが挙げられます。

運動すれば少なからず体に負担がかかりますが、体はその負担を回復させて次なる負担に備えます。右のグラフは体に起こる疲労と、その際の体の反応をグラフにしたものです（汎適応症候群）。運動刺激に対して体は最初に疲労によってパフォーマンスが下がりますが（①）、その後、元の機能を取り戻し（②）、次に同じ刺激を受けた際にも耐えられるよう超回復を起こします（③）。もちろん初期の体の機能はこうして向上していきます。

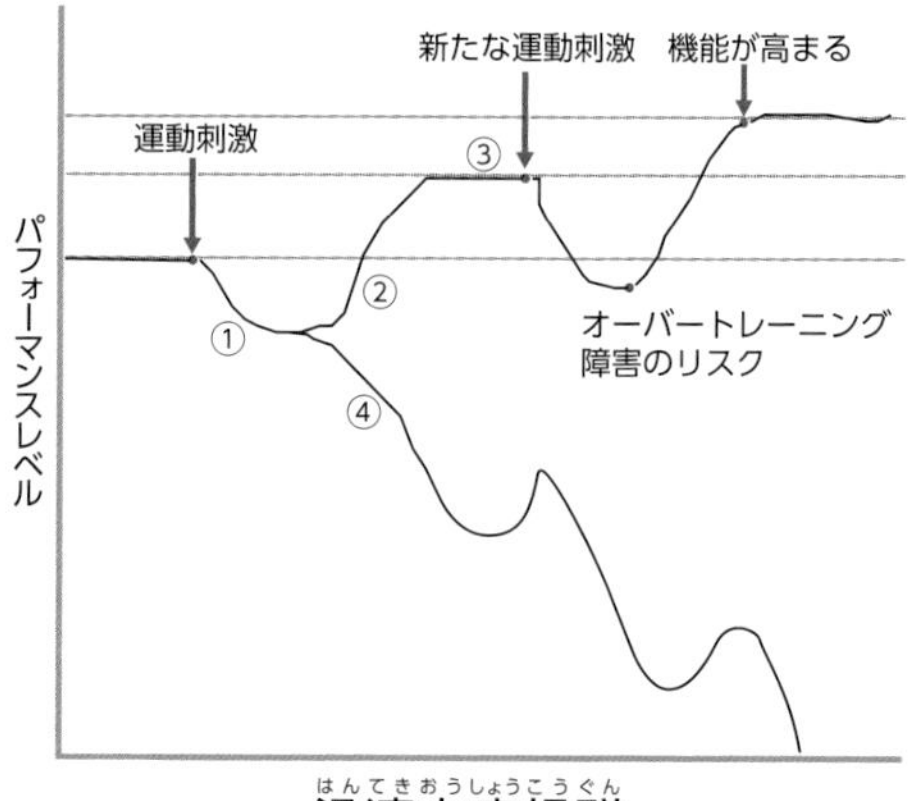

汎適応症候群《はんてきおうしょうこうぐん》

疲労や回復までの時間は、運動刺激の強弱や運動への慣れ、体力レベルによって変動します。

機能が完全に回復する前に次なる刺激を受けると、体は疲労に対抗することができずオーバートレーニングに陥ります（④）。これが慢性障害を引き起こす簡単なメカニズムです。

とすると、慢性障害が発生する過程には、以下のパターンが見えてきます。

①組織にかかる負荷に対して、回復が追いつかない

運動刺激に対して、回復に充てる時間が短ければ、体は次なる負荷に備えて機能を向上する機会がなくなってしまいます。そのため運動の効果が得られないどころか、機能が低下する原因となってしまいます。

このパターンを防ぐためには、まずしっかり疲労回復の時間を確保することが大切です。一生懸命に練習に励むほど、つい休息にかける時間を省きがちです。あくまで運動は体に負荷をかける行為であり、体を強くするのは休息であることを忘れてはいけません。

また、休息は時間だけでなく、その質を高めることも大切です。しっかりリラックスし、体が回復できる環境を整える必要があります。この内容は本書の後半にある「クールダウン」の部分で詳しく解説していきます。

②組織にかかる負荷に対して、耐性が低い

そもそも体の機能が高い状態であれば、ある程度の運動刺激に耐えることができます。しかし、機能が低く準備不足の状態では運動刺激に対する疲労も大きくなり、回復により多くの時間を要してしまいます。

機能を高めるためには、体に徐々に負荷をかけていく必要があります。トレーニングによって筋力が強化されるのが分かりやすい例でしょう。ただ、成長期においては組織が未発達であることが原因で痛みが起きることも少

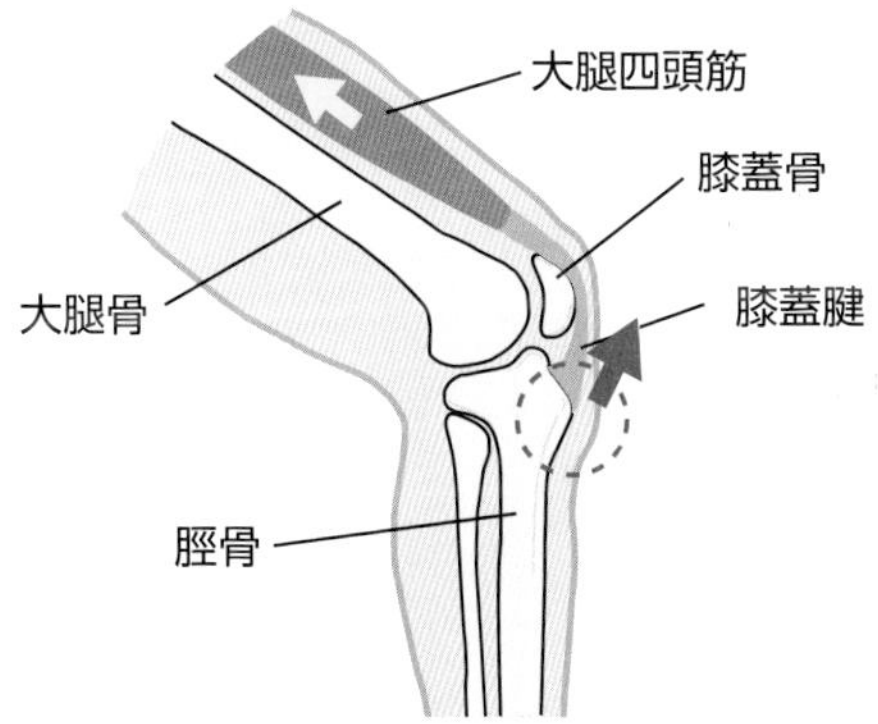

オスグッド病の発生メカニズム

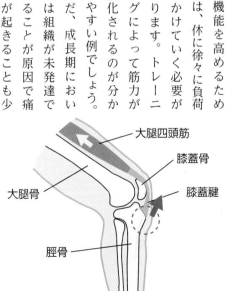

なくありません。

例えばオスグッド病と呼ばれる、成長期に頻発する膝の障害があります。これはももの前の筋肉(大腿四頭筋)の硬さや過負荷が脛骨の付着部にストレスをかけ、骨に炎症を起こすものです。

これは成長期の骨の伸びに筋肉の柔軟性が追いつかないことで起こるとされており、予防するには体を鍛えるよりも、成長に必要なだけの柔軟性の確保を優先する必要があります。

つまり、筋力や柔軟性など、どの能力を伸ばすことが問題解決に必要なのかを見極める必要があるということです。

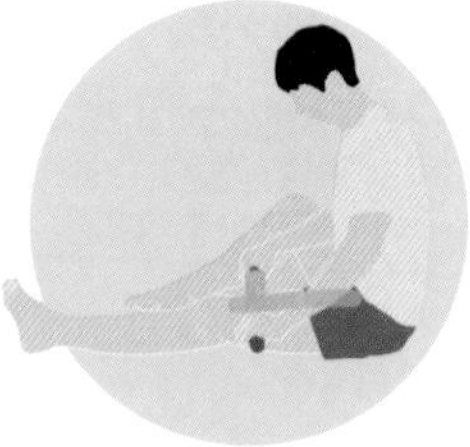

③特定の部位に負荷が偏っている

疲労骨折にしても筋肉や腱の炎症にしても、積み重なるストレスが特定の部位にかかり続けることで、徐々に組織にダメージが加わり、障害に至ります。人間の体には多くの関節や筋肉が存在し、全身をバランスよく使って動いています。もし運動不足でなく、運動量や強度も高くないにも関わらず、特定の組織に痛みが生じるのであれば、原因はその部位に負荷が偏ってしまう「体の使い方」にある可能性が高いでしょう。

下の写真のように、タイヤがパンクした車を見て、皆さんならどのような修理をしますか?多くの方は「パンクしたタイヤを交換する」ことで問題を解決しようとしますが、これは根本的な解決になりません。通常、自動車は4つのタイヤに均等に車体の重さがかかるように設計されています。にも関わらず1つのタイヤだけがパンクしてしまうということは、何か外力を受けてのパンクでない限り、車体のバランスに問題があると言えるでしょう。

本書のコンセプトも、全身の動きやバランスを整え、特定の部位に負担が集中することを避けることで、障害を予防しようというものです。

本書では主に③が原因で起こるケガの予防を「障害予

防」と表現させていただこうと思います。本来のケガの分類からすると適切ではありませんが、何より「大切な情報を分かりやすく届けること」を優先するためです。

どれだけ予防策をとってもケガは起こってしまうものですが、その可能性を少しでも低くするために、正しい理解と、自分の体を管理する方法を身につけるお手伝いができたらと思います。

痛いまま動き続けるべきではない

本書の内容は「ケガや痛みを治す」ためのものではなく、あくまで「痛みにくい体づくり」「痛みがなくなった後の再発予防」を目的に構成されています。既に痛みやケガを抱えている方は、まず患部の症状が改善するまで適切な治療を受けることをお勧めします。

後の章でも説明しますが、人間は体のどこかに痛みを感じると、その部位に負担をかけないよう、かばうように動き方を変えてしまいます（片脚をケガした際に、逆脚に体重を預け、痛めた脚を引きずって歩くなど）。

つまり痛みがある状態では適切な動作改善を行えないのです。そのため、まずは患部の治療を優先しましょう。もちろん痛みのない部位は機能低下を防ぐため積極的に動かす必要があります。

またエクササイズ中にも痛みがあるものは無理に行わないようにしてください。

痛みが無くなったからといって、問題が解決したわけではない

ケガからスポーツに復帰する際に、痛みの消失だけを目安にするのも危険です。特に慢性障害は体の使い方の不具合から、特定の部位に負担が偏った結果起こるものなので、痛みが無くなったとしても、元々ある動きの不具合が解決されない限り、また同じ痛みが出てくる可能性が高いでしょう。前述の例で言うなら、パンクしたタイヤを交換しても、そもそもの車体の傾きを直さない限り、また同じタイヤがパンクしてしまいます。

本書の後半に紹介するセルフチェックやエクササイズを参考に、自分の体の癖や課題を探してみましょう。

02 「パフォーマンスピラミッド」を理解する

「パフォーマンスピラミッド」という考え方

スポーツでさらなるレベルアップをめざしたいと考える人ほど練習に打ち込み、またハードにトレーニングをするものです。ですが、適切な動きづくりには理解すべきコンセプトがあります。それが図に示した「パフォーマンスピラミッド」と呼ばれるものです。

これはアメリカの理学療法士であるＧｒａｙ Ｃｏｏｋ（２００２）が示した考え方です。スポーツで必要となる専門的な技術（スキル）の土台には、筋力やスピード、パワーといった身体能力（パフォーマンス）が必要であり、さらにそれらを支える正しい体の使い方（ムーブメント）が必要である、とするものです。

具体的に言えば、バスケットボールのシュート、バレーボールのアタックやレシーブ、ゴルフのスイングなどが「スキル」に分類されます。「パフォーマンス」はジャン

理想的なピラミッド

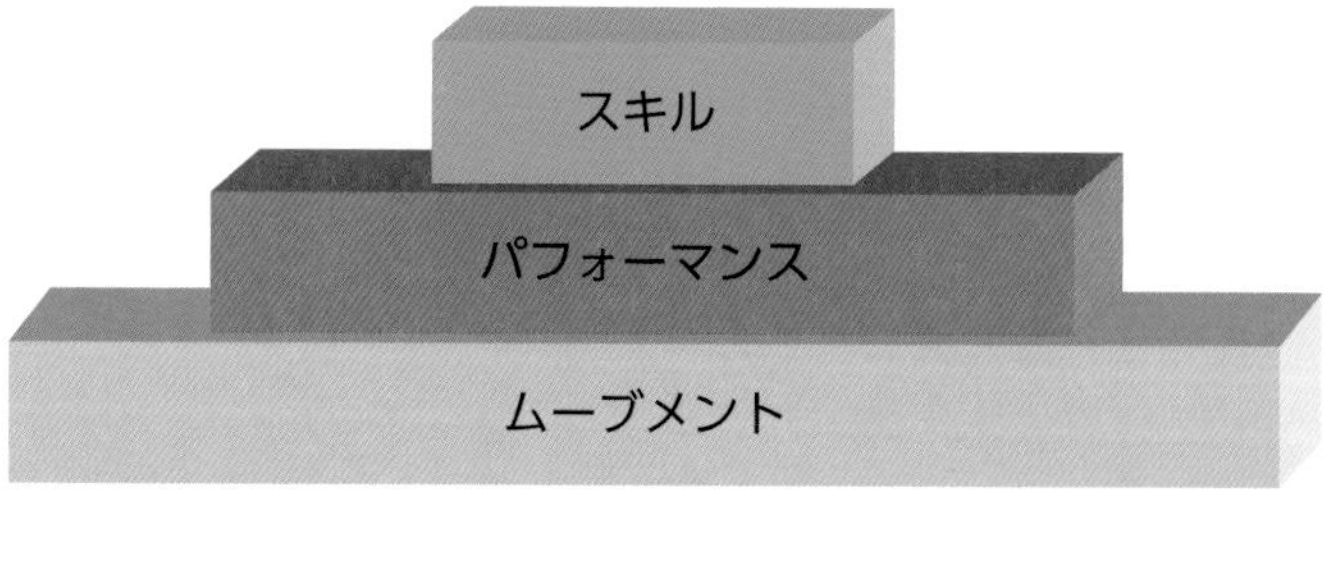

プの高さ、ダッシュやフットワークの速さが該当します。「ムーブメント」は、そもそも股関節が正しく動いているか、背骨に適切な関節可動域（関節が動く範囲）が保たれているか、片脚でバランスを維持できるか、といった身体操作を指します。高い技術を習得するには、それ相応のパワーやスピードといった身体能力が必要であり、またその身体能力を鍛錬する上で、適切に体を動かすことができる状態かどうかが鍵になる、ということです。最終的にスキルを高めるためには、これら3つの要素がピラミッドのように理想的な形になっている必要があります。

「パフォーマンスピラミッド」が崩れると、どうなるのか

もしピラミッドの形が歪んでいれば、頂点に上乗せするスキルの向上は見込めません。

例えば下のピラミッド①をご覧ください。パフォーマンスの大きさに対して、ムーブメントの部分が小さいのが分かります。これは筋力やスピードなど身体能力が高

不適切なピラミッド①

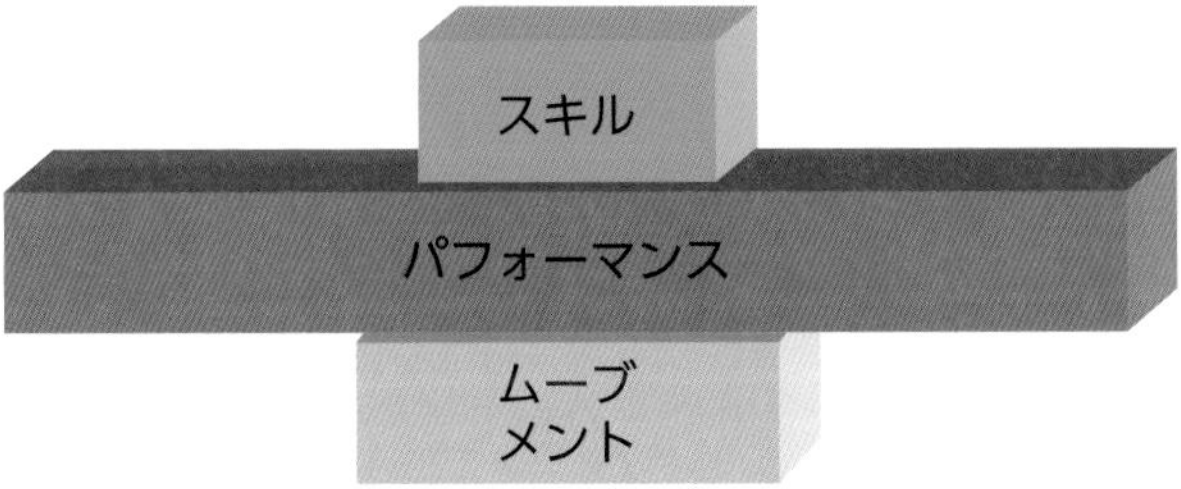

動きの質や自由度に制限がある状態

いにも関わらず、各関節の可動域が狭い、片脚でのバランス能力が低いなど、動きの質や自由度に制限がある状態です。たくましい体格で、周りより重いものを持ち上げる筋力があるにも関わらず、前屈で床に指を触れられないという方などは、このパターンの可能性が高いでしょう。車に例えるならF1レース仕様の馬力のある車を、初心者が運転しているようなもので、操作を誤れば大事故（人間の体であれば大きなケガ）に繋がるリスクがあります。正しい動きづくり（ムーブメントの強化）に時間を割くことが必要と言えます。

では、ピラミッド②はどうでしょう。ムーブメントの部分は十分に確保されていますが、その上のパフォーマンスが不十分な状態です。例えば毎日熱心にストレッチやヨガに取り組み、柔軟な体を手に入れたものの、筋力やスピードが不十分であり、重りを持ったり、外力が加わった途端に姿勢や動作が崩れてしまう、といった状態です。この状態でも、積み上げられるスキルに限界があることがお分かりいただけると思います。

不適切なピラミッド②

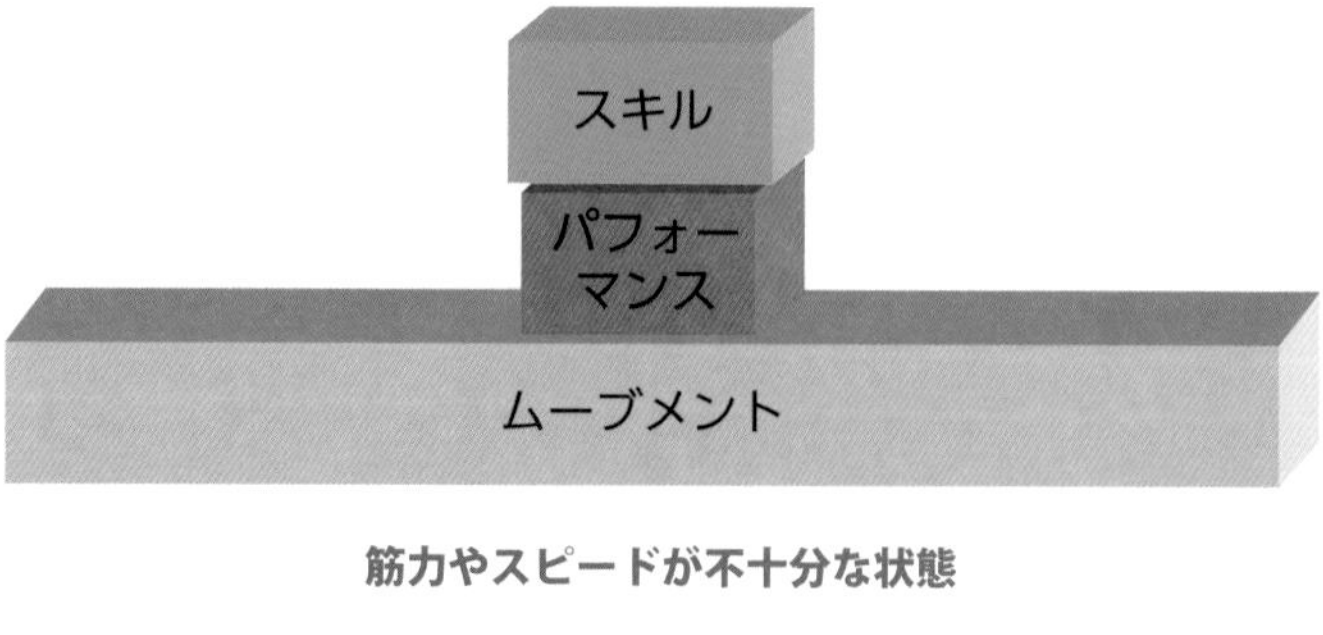

筋力やスピードが不十分な状態

最後のピラミッド③です。下2段は十分な大きさが確保されていますが、肝心のスキルが小さい状態です。この状態であれば、既にスキルの向上に必要な体の機能は整っているため、技術練習に多くの時間を割くことが効果的と考えることができます。

もちろん求めるスキルのレベルがさらに上がれば、それだけ必要となるピラミッドの土台も大きくなります。

本書では、主にムーブメントの部分を中心に、下2段の内容に焦点をあてて解説をしていきます。理由は、競技・種目問わず全ての人にとって必要であること、また「動きを整えること（ピラミッドの土台を広げること）」の大切さは、他の要素に比べて今ひとつ浸透していないと感じるからです。スキルは各競技や種目・ポジションによって必要とされる技術に違いがありますが、人間の体の構造はどんな競技をしていても大きくは変わりません。そのため、効果的・効率的な体の使い方を学び習得することは、全てのスポーツで「痛みにくく動きやすい体」をつくる上で最も大切なのです。

不適切なピラミッド③

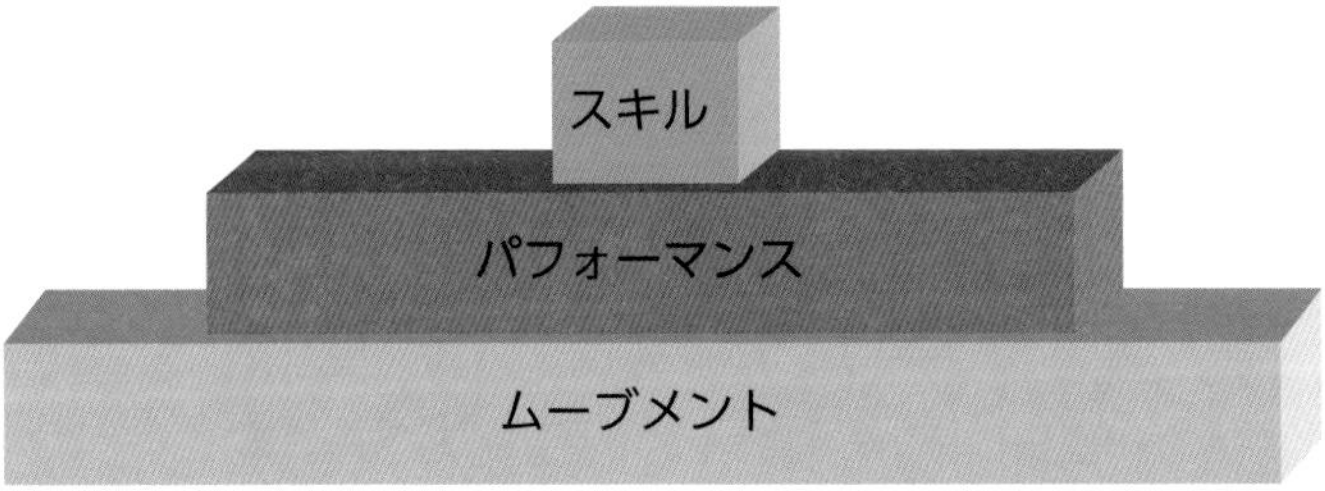

スキル、技術が不十分な状態

03「ライフスタイル（生活習慣）」

食生活・睡眠・心理的ストレスがパフォーマンスに与える影響

前記のような動きづくりのコンセプトは、特にスポーツの業界ではスタンダードになりつつありますが、忘れてはいけないのが「生活習慣」の大切さです。これには食事や睡眠といった要素が含まれます。もし効果的なトレーニングを行っていたとしても、生活習慣が崩れていては効率的にパフォーマンスを上げることも、障害を予防することもできません。以下に、いくつか例を挙げていきます。

食生活

これは小学生を対象にした食生活と体調に関する調査です。食生活に関する「偏食あり（好き嫌い）」、「欠食あり（1日3食のいずれかを食べない）」、「栄養バラン

食行動と体調に関する研究

対象：平成18年度全国3,558名スポーツクラブ所属の小学4～6年生

	偏食あり	欠食あり	食事バランスに問題あり
口角炎や口内炎がよくできる	◎		◎
風邪をよく引く	◎		◎
ケガをしやすい	◎	◎	
排便がない日がよくある	◎		◎
授業に集中できない日がよくある	◎	◎	◎

ス問題あり」といった課題が、体調不良とどのように相関するかが表にまとまっています。「風邪をよく引く」「ケガをしやすい」、「集中できない日がある」といった、スポーツパフォーマンスの低下や障害に関わる内容が、食生活の課題に相関していることが分かります。

食生活の大切さは、トレーニングと同様に即時的に効果が感じらないことが難点ですが、「痛みにくく動きやすい体」を手に入れるために重要な要素であることを理解した上で、日頃の食生活を見直してみることをお勧めします。

ただし、これは決して「1日3食、色んな食材をバランスよく食べることが理想」ということではありません。例えばあえて朝食を抜いたり、あるいはビーガン（菜食主義者）のトップアスリートも数多く存在するため、食生活に唯一無二の正解はありません。大切なことは、自分の体にあった食生活を考えることにあります。もし体の不調が解決しない場合に「食生活に問題があるかも」と考えるきっかけになればと思います。

また同様に大切なのが「食事」を「食生活」と捉えることです。どの食材を選ぶかというミクロな議論だけでなく、「今の生活にとってベストな食事パターンはどのようなものか」を考えることです。例えば成長期にはより多くの栄養素が必要になりますし、午前と午後どちらにスポーツの練習があるのか、その日にどれくらいトレーニングをするのかによって、最適な食事パターンは変わってきます。自分の生活と照らし合わせて、何をいつ、どれくらい食べるべきかを考え実践してみてください。

本書の主題は運動なので、食事に関する詳しい解説は割愛しますが、今では多くのメディアで食事・栄養に関する様々な情報が簡単に手に入るため、いろんな方法を試しながら、自分の感覚や、体に現れる反応を確かめてみましょう。あるいは身近に専門家がいればアドバイスをもらい、「自分にとって最適な食生活」を探してみることをお勧めします。

睡眠

睡眠とスポーツパフォーマンスや障害予防との関連も、たくさんの研究が行われています。そのいくつかを紹介します。

❶運動能力やスポーツのパフォーマンスへの影響

スタンフォード大学男子バスケットボール部での研究（2011）

同部所属の選手 11 名（普段の睡眠時間は 6-9 時間）を対象に、毎晩最低 10 時間以上の睡眠を継続してもらった結果、以下のような変化が起こった。

・疲労感、うつ、怒りといったネガティブな感情が著しく減少
・スプリント（コート 1.5 往復）　16.2 秒→ 15.5 秒（0.7 秒短縮）
・フリースロー成功数（10 本中）　7.9 本→ 8.8 本（9.0% 向上）
・スリーポイント成功数（15 本中）　10.2 本→ 11.6 本（9.2% 向上）

❷スポーツパフォーマンスに重要となる反応速度や動作の正確性

ハンドボールのゴールキーパーの反応時間に与える、睡眠不足の影響（2004）

ハンドボールのゴールキーパーの反応時間や注意力を調べた結果、通常の睡眠（22 時就寝、7 時起床）をとった選手に比べ、遅寝（3 時就寝、7 時起床）や早起き（22 時就寝、3 時起床）のいずれのグループにも有意に低下が見られた。

❸障害予防に関する睡眠の影響

平均 17 歳のスポーツ選手 340 名を対象とした研究（2019）

最低 8 時間の睡眠時間が確保されていた場合、受傷のリスクは 61% 軽減した。

平均 15 歳のスポーツ選手 112 名を対象とした研究（2019）

睡眠時間が 8 時間を下回る場合、受傷リスクは 110% 増加（つまり 2 倍以上）した。

もちろん、全ての研究を鵜呑みにすべきではありません（前述の研究の中では、調査人数が少なかったり、比較対象がなかったものも含まれています）が、どれだけ適切なトレーニングを行ったとしても、普段の睡眠時間が足りていなければ、その効果を得ることはできないということをしっかりと理解する必要があります。普段の睡眠時間に課題を感じる人は、トレーニングよりも先にこの課題を解決することをお勧めします。

また現在は、睡眠時間だけでなく、その質も重要であることが分かっています。ベッドに入ってもなかなか寝付けない、十分な時間ベッドに入っているはずなのにスッキリ目覚められないなどの場合、睡眠の質を改善する必要があるかもしれません。寝る直前までスマホやテレビを見ない、ゆっくり入浴したりストレッチをしてリラックスするなど、良い入眠に繋がる方法を模索してみると良いでしょう。もちろん今では睡眠に関する専門家も多く、また睡眠の質を簡易に測定できるアプリもあります。それらの情報を参考にすることもお勧めです。

食生活も睡眠も、自分に合った生活パターンを見つける上で「記録をつける」ことは大きな手助けになります。食事も睡眠も普段何気なく行うため、日々記録をつけるなど注意を向ける仕組みをつくらなければ、なかなか正確な振り返りができないものです。

いつ、何を、どれくらい食べたのか、何時に布団に入り、翌日の目覚めの良さは10段階中どれくらいだったのか。この程度の記録をつけるだけでも、何が自分の翌日の体調に影響を及ぼしているか、大まかな傾向を掴むことができるはずです。

心理的ストレス

皆さんは、嫌なことが原因で体が重く感じたり、逆に疲れているはずなのに、良いことがあって体が軽く感じたりした経験はありませんか？『病《やまい》は気から』という言葉がありますが、心理的ストレスが体に与える影響は大きく、例えば心理的ストレスは筋肉を緊張状態にし、痛みを引き起こす原因となります。

人間の脳は心理的なストレスを感じると交感神経（後述）が活性化され、「アドレナリン」と呼ばれる物質が分泌されます。このアドレナリンは、筋肉の緊張を司る筋紡錘《きんぼうすい》というセンサーと結合し、筋肉を緊張させます。毎日時間をかけてストレッチやマッサージをしても、生活の中で感じる心理的ストレスが解決されない限り、筋肉の緊張は一向に改善されません。

心理的ストレスと腰痛の関連性をまとめた『心はなぜ腰痛を選ぶのか』には、以下のような事実が語られています。

『痛みの研究では先駆者ともいえるヘンリー・ビーチャーは第二次世界大戦のさなか、重傷を負った兵士には痛み止めのモルヒネがほとんど、あるいは全く必要ない場面が多いことに気づいた。兵士たちはひどい傷を負ったにも関わらず、命が助かったことを心から喜び、二度と戦場の恐怖に向き合わないで済むこと、これからは手厚い看護をしてもらえることに心底ほっとして、痛みを感じることがほとんど、あるいは全くなかったのだ』

ここまで深刻な状況でなくとも、筆者もトレーニング指導をする中で同様のケースに遭遇することがあります。会社の経営者や上層部など日々ストレス環境下で仕事をしている方ほど筋肉の緊張が強く、関節可動域に制限が起こりがちです。もちろん、1日中座りっぱなし等の生活要因も関係していると思われます。

改めて、心理的ストレスが体に与える影響を軽視することはできません。

本書では主にトレーニングに関する内容をまとめていますが、上記をもとに、普段の生活習慣に課題があると感じる方は、その改善から始めることをお勧めします。何が自分の体調に大きく影響を与えているかは、人それぞれ違います。ある人は睡眠時間が重要であり、ある人は食事の量や内容が重要かもしれません。

同様の理由から、本書でご紹介するエクササイズを過信しないことも大切です。もちろん適切なセルフチェックとそれに基づくエクササイズは、「痛みにくく動きやすい体」をつくる上で大切ですが、思い通りに動けない理由は他の要因かもしれません。

このように、自分の体調を良くするために必要なことを考え、実践していくことを、広義に「コンディショニング」と呼びます。日頃から生活習慣やその日の体調を記録し、自分にとって最適なコンディショニングが達成されるよう自分の体と向き合ってみましょう。最後に今までの話をまとめると、コンディショニングは下の図のようなピラミッドになります。

筆者が考えるパフォーマンスピラミッドの理想形

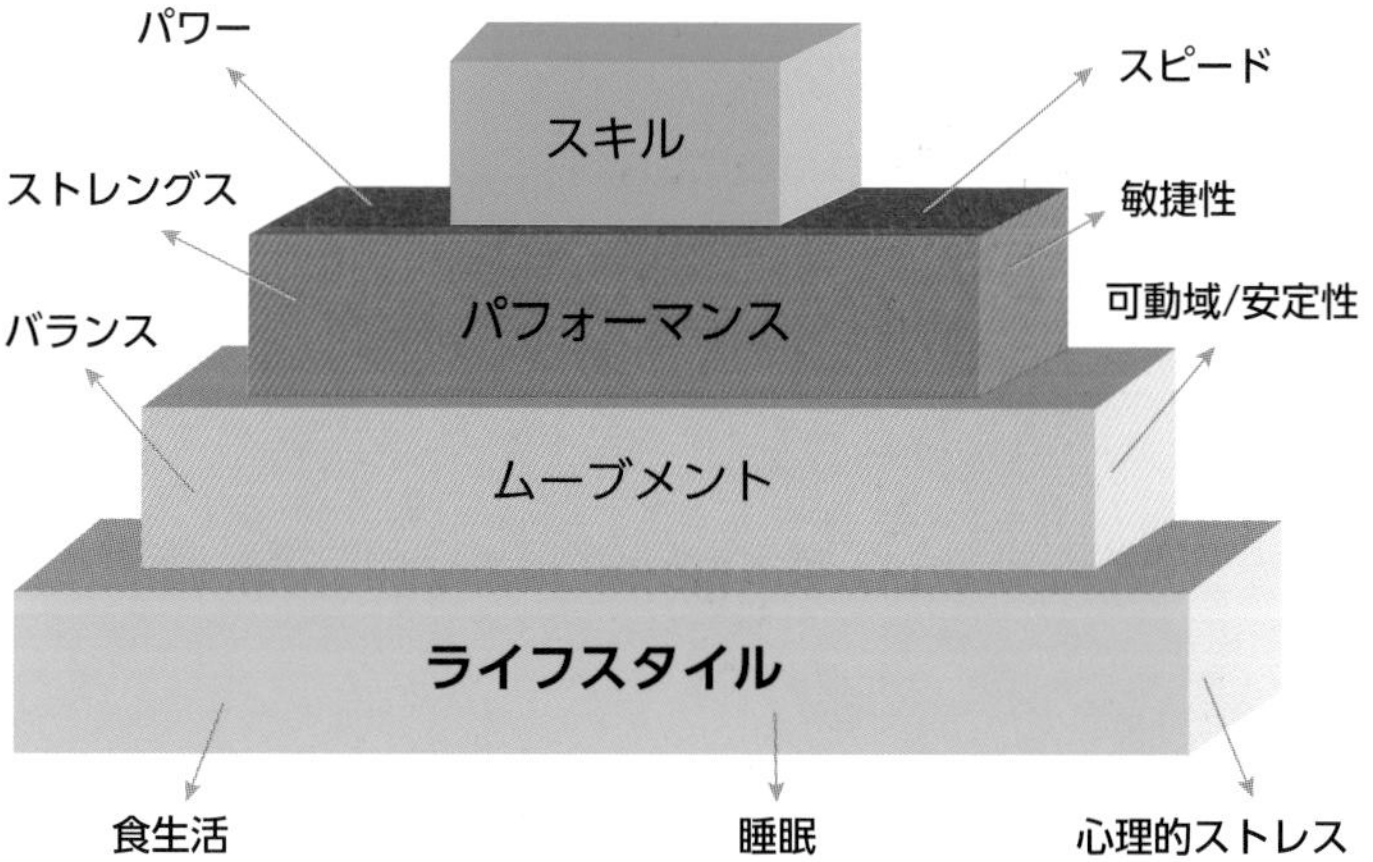

コラム1

海外の研究に見る、障害予防の考え方

ここまでで、適切な動きづくりを行うことが障害予防とパフォーマンス向上に必要であることを説明してきました。ここで、障害予防の大切さを痛感させられる、海外の研究結果を紹介します。

2013年、British Journal of Sports Medicine に掲載された、ヨーロッパのプロサッカーリーグUEFAの過去11年間の追跡調査の結果、選手のケガの発生率とチームの勝率には、明らかな反比例関係があったというのです（つまりケガの少ない選手が勝つ確率が高い）。

熱心にスポーツに打ち込めば打ち込むほど「どうしたらさらに上達できるだろうか」とトレーニングに励み、知らず知らずのうちに体に過剰な負担をかけてしまうものです。しかし、ひとたびケガをすれば、大好きなスポーツをする機会を奪われ、痛みによって動作が崩れ、気づかぬうちに「思い通りに動かせない体」になってしまう恐れがあります。

スポーツで勝つために、トレーニングによる強化は必須ですが、それと同様に障害の予防が大切であるということを、再認識させてくれる研究結果です。

2章

体が動く仕組み

体の動きは、骨、関節、靭帯、筋肉、腱、神経という組織が連動しあって起こります。それぞれの組織がどのような特徴と働きを持つのかを知っておくことで、エクササイズを効果的に行うことができます。本章では、体の構造を分解して解説します。

動きを理解する上で知っておくべき6つの組織

01 体はどのように動いているのか

知っておくべき6つの組織

障害予防の話を掘り下げる前に、まずは体の構造を大まかに理解しておきましょう。多くの方に親しみを持って読んでもらえるよう、本書の内容を理解する上で必要な部分のみ、できるだけわかりやすく解説していきます。

まず人間の動きを理解する上で知っておくべき組織は、以下の6つです。

- 骨
- 関節
- 靭帯
- 筋肉
- 腱
- 神経

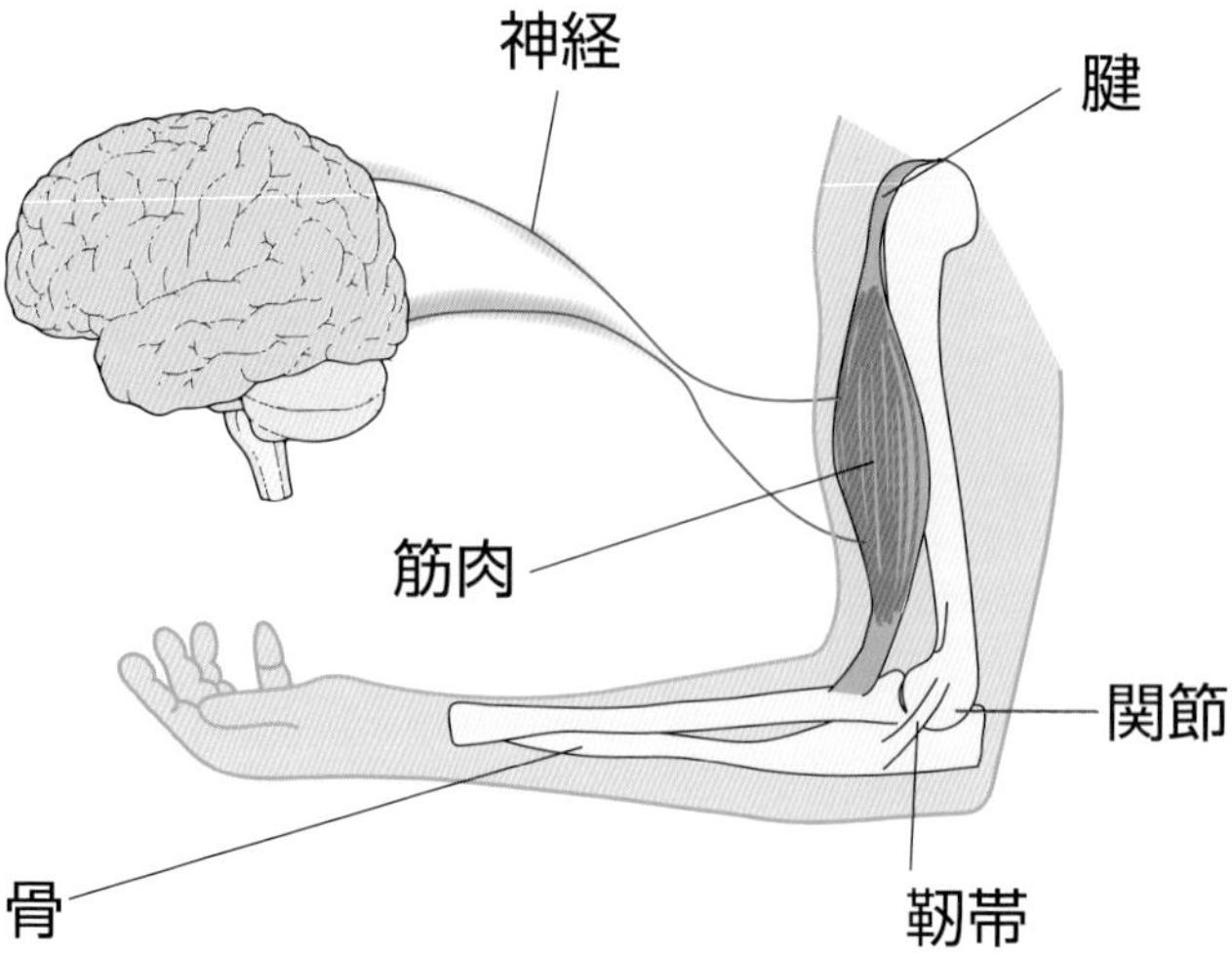

体には約200もの「骨」があり、骨同士が連結して「関節」を形成します。腕を上げる、もも上げをする、前屈をするなど、人間が起こす全ての動作が「関節が動く」ことで実現されます。

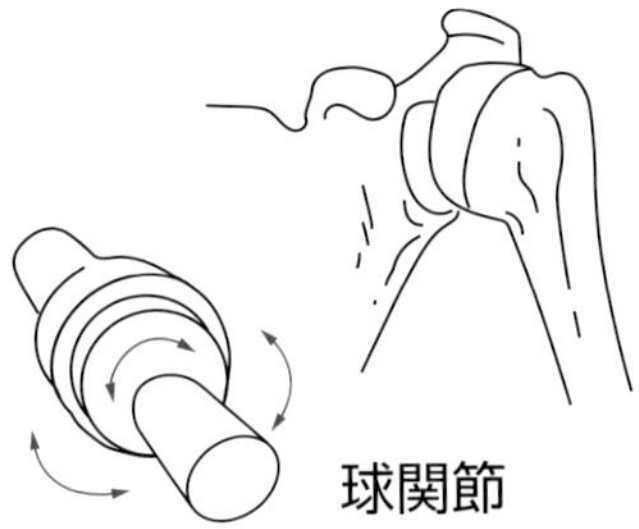

球関節

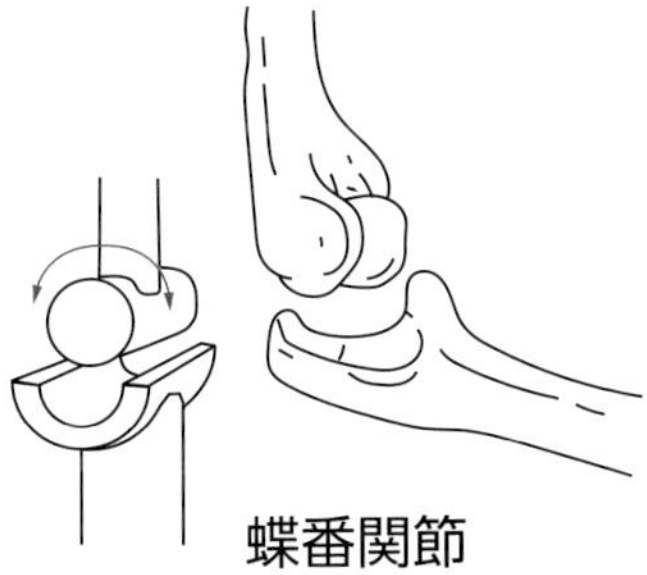

蝶番関節

関節の形状には様々な種類があります。肘のように1方向にしか動かない蝶番《ちょうばん》関節、股関節のように多方向に動く球《きゅう》関節など様々です。関節が動き過ぎないように動きを制限するために付いているのが「靭帯」です。つまり関節は靭帯によって動きを制限され、関節に無理な力が加わると靭帯がダメージを負う、ということになります。

また、関節はそれ自体では動くことができません。関節を動かすためについているのが「筋肉」です。例えば力こぶ（上腕二頭筋）は肘をまたいでついている筋肉ですので、この筋肉が縮むと肘の関節が曲がるのです。さらに筋肉は直接骨に付着しているわけではなく、「腱」という強い組織を介して骨に付着します。つまり筋肉と骨の間にはいつも腱があります。効率のよい動きづくりに、これら筋肉・腱のバネの要素をうまく利用することがあげられますが、こちらは本書の後半に触れていきます。

最後に「神経」です。筋肉は自分の力で縮むことができず、脳から神経を介して送られる指令によって収縮を起こします。実は動きを整える上で、この神経と筋肉の連携（運動制御・モーターコントロール）がとても重要です。人間の体は、常に複数の筋肉を絶妙なタイミングで使い分け、目的とする強さ、速さで動作を起こします。それは全て神経指令がコントロールしているからです。

通常、神経指令は脳から脊髄（背骨の内部を通る）を介して筋肉を収縮させます。

（時には脳を介さずに送られる指令で体が動かされる

ことがあります。この神経回路は「反射」と呼ばれます。（詳しくは後述）

すなわち動きづくりの最終ゴールは、「特定の関節や筋肉・腱に負荷が集中しない、バランスの取れた動作を、神経系に学習させること」となります。

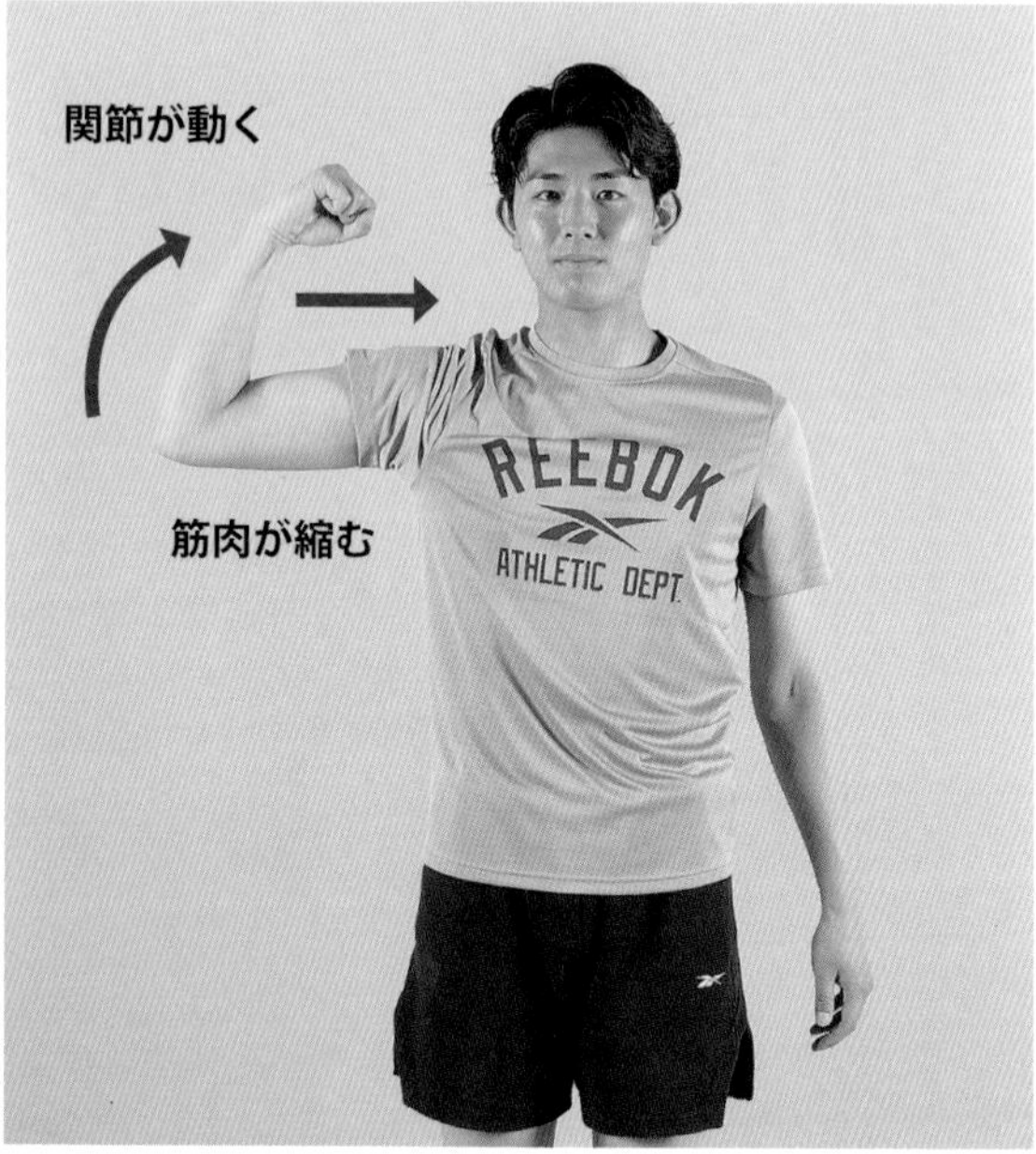

コラム1

マンガに登場する「肉」は存在しない

前述の通り筋肉は、基本的には関節をまたぐ形でついています。

P24にある図の力こぶの筋肉（上腕二頭筋）は、表面的には骨の上についているように見えますが、実際には両端の腱を通じて肘や肩の関節をまたいでいます。

よくマンガなどで左の絵のような肉が描かれますが、関節をまたがず、骨が筋肉を貫通するような筋肉は実際にはあり得ません。

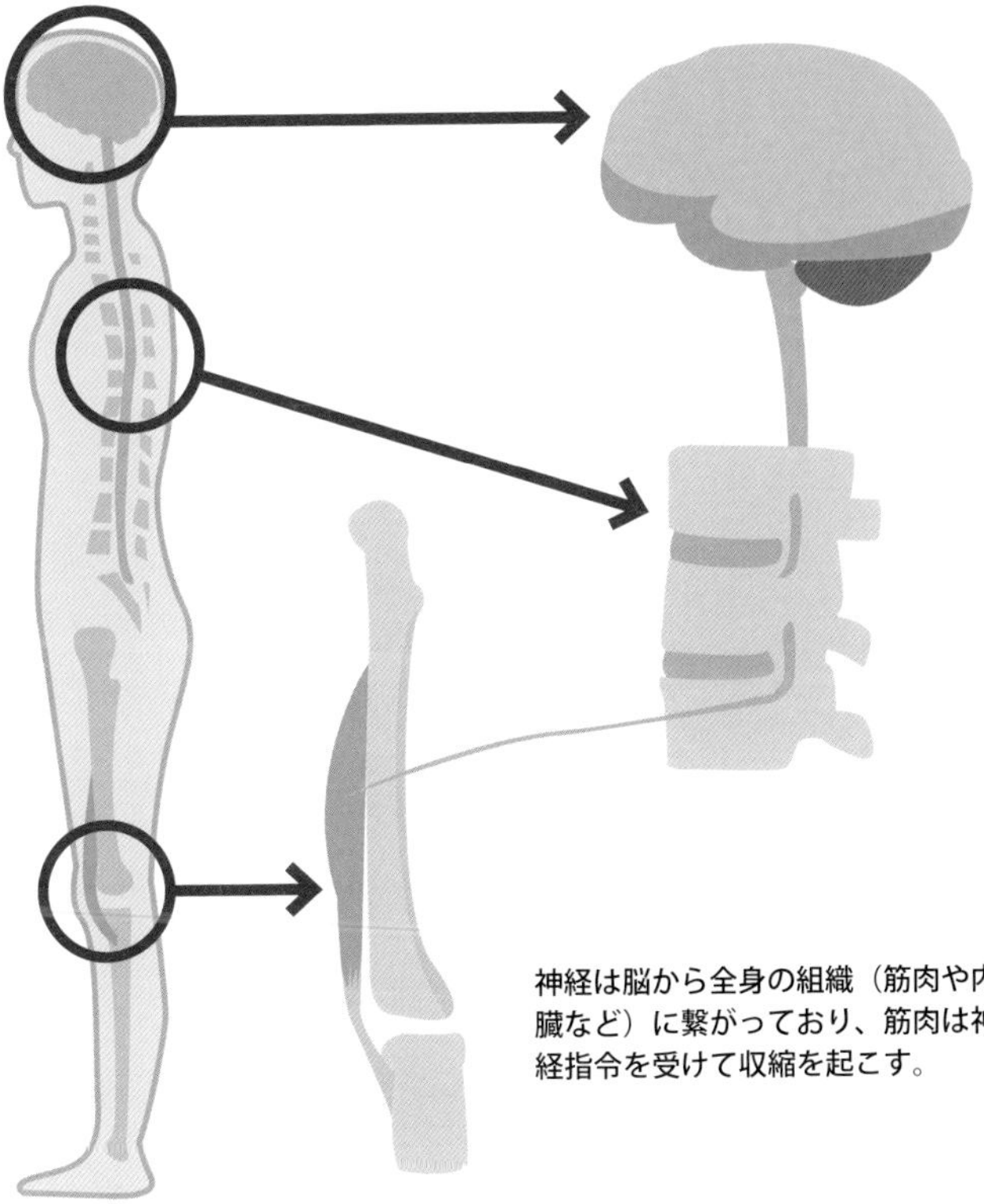

これらは競技やポジションに関係なく、人間が動くための基本的なメカニズムなので、動きづくりを進めていく上で頭に入れておく必要があります。

神経は脳から全身の組織（筋肉や内臓など）に繋がっており、筋肉は神経指令を受けて収縮を起こす。

コラム2 靭帯は一度緩んだり切れたりすると治らない

筋肉や腱といった組織には、血管が通っており、血液が行き届く仕組みになっています。血液で様々な栄養分が組織に届くため、一度痛んでも時間が経つと治っていきます。

しかし多くの靭帯には血管が届いていないため、血液が届きません。そのため一度緩んだり切れたりしてしまうと、基本的には手術などしない限り元の状態に戻ることができないのです。

多彩で効率的な動きを形づくる

02 主要な関節の構造と働きを理解する

関節運動には3つの面がある

人間の起こす全ての動作は、以下の3つの面に分類されます。

・矢状面：前後の動き
具体的な動作：腕を前後に振る、腿上げ、前屈や後屈など

・前額面：左右の動き
具体的な動作：腕を横に広げる、足を広げる、横に動くなど

・水平面：回旋の動き
具体的な動作：体を捻る、首を振る、振り向くなど

例えば下の写真のような肩の動きも、細かく分類すると以下の動きの複合体です。

・腕を上から下に振り下ろす（矢状面）
・腕を外側から内側に動かす（前額面）
・腕を外向きから内向きに捻る（水平面）

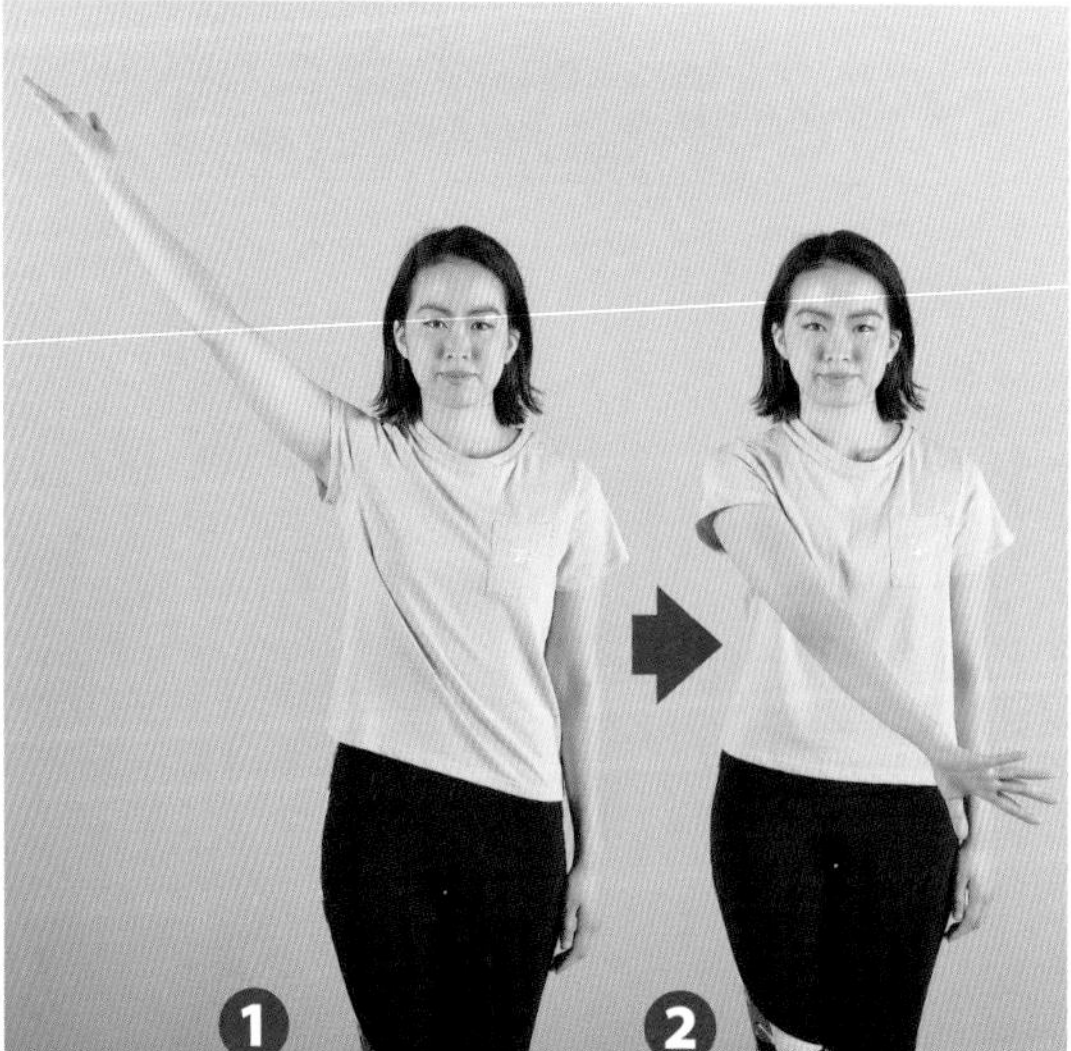

この点で言うと、真っ直ぐ前に歩く動きにも、３つの面の運動が含まれています。矢状面では手足を前後に振る動き、水平面では背骨や骨盤の回旋が含まれます。前額面の動きは一見わかりづらいですが、歩く動作は片脚支持の連続なので、左右への小さな体重移動が起きており、またその体重移動を最小限に止めるために前額面上の動きを「止める」ための筋力が発揮されていることになります。左右の動きを制御する筋活動が行われない場合、上の左写真のようにお尻が左右に揺れる歩き方になってしまいます。

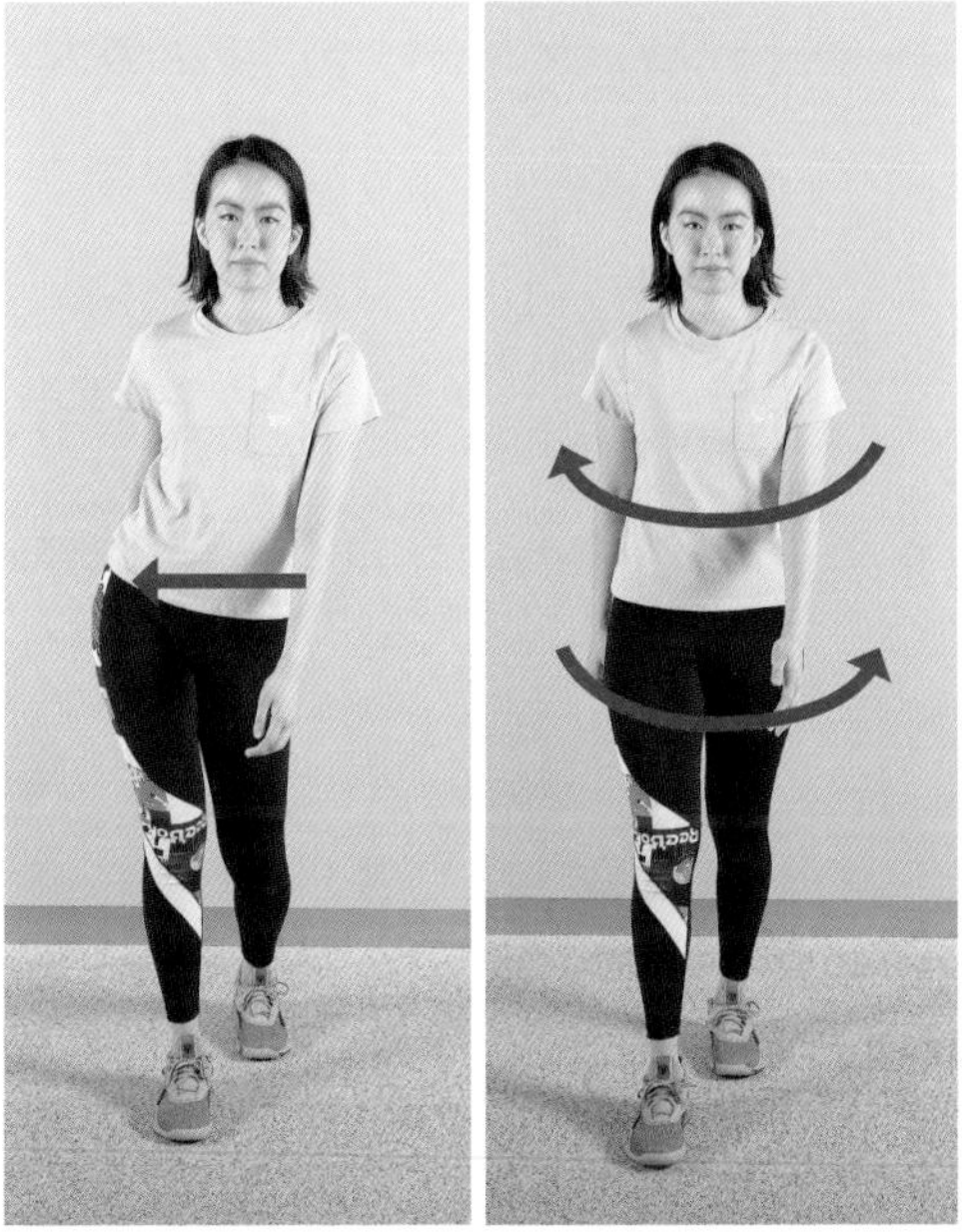

　例え外見上、一方向にしか動かないスポーツであっても、３面全ての動きに対応できる体をつくることが「動きの多様性」に繋がります。逆に言えば、その競技の動きに多いと思われる面（短距離走なら矢状面、ゴルフなら水平面など）の動きのみを繰り返していては、動きの自由度に偏りが生まれてしまいます。このあたりは、後半の「動きの多様性」の項で詳しく触れていきます。

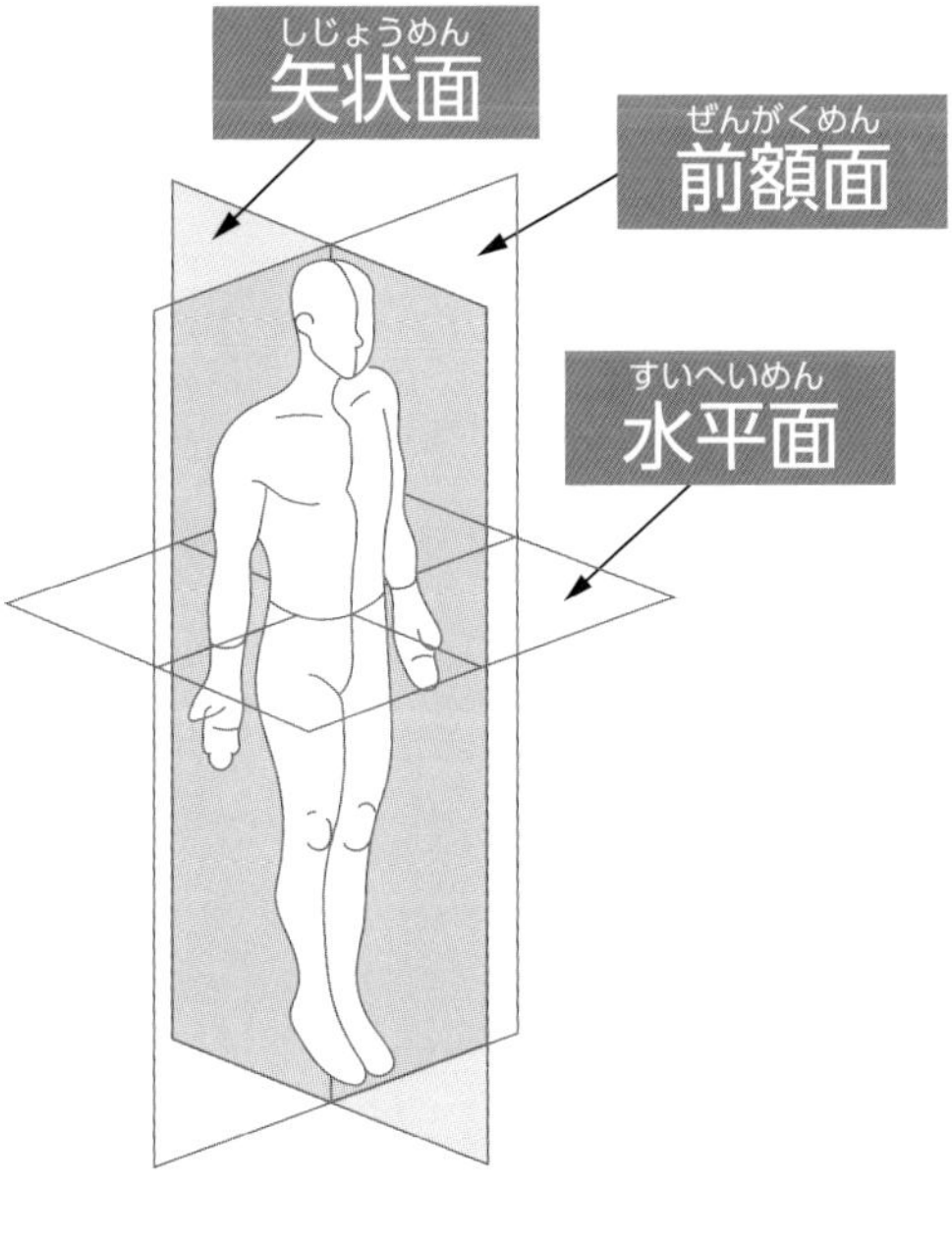

＜骨の名称＞

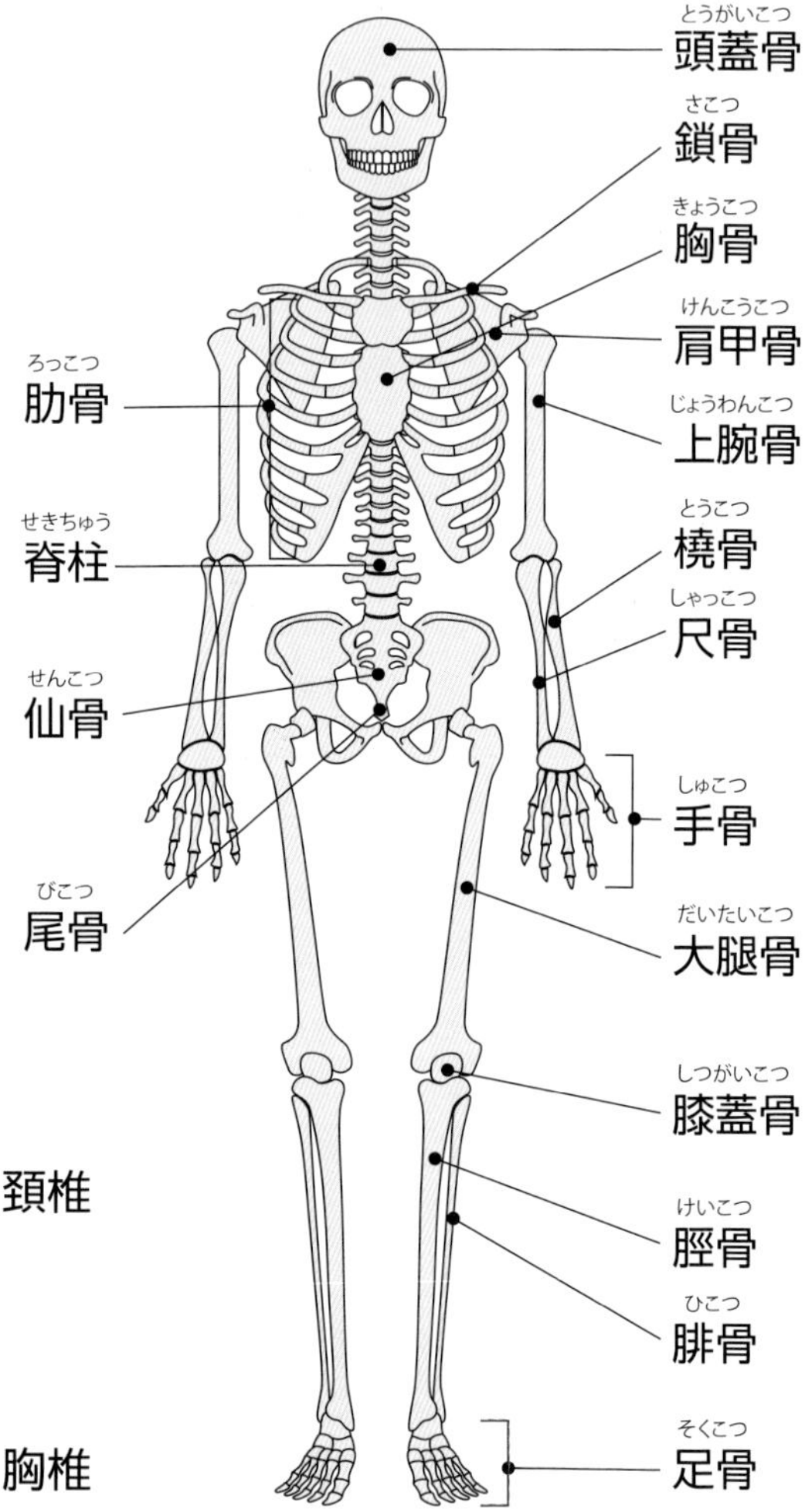
頭蓋骨《とうがいこつ》
鎖骨《さこつ》
胸骨《きょうこつ》
肩甲骨《けんこうこつ》
上腕骨《じょうわんこつ》
橈骨《とうこつ》
尺骨《しゃっこつ》
手骨《しゅこつ》
大腿骨《だいたいこつ》
膝蓋骨《しつがいこつ》
脛骨《けいこつ》
腓骨《ひこつ》
足骨《そくこつ》
肋骨《ろっこつ》
脊柱《せきちゅう》
仙骨《せんこつ》
尾骨《びこつ》

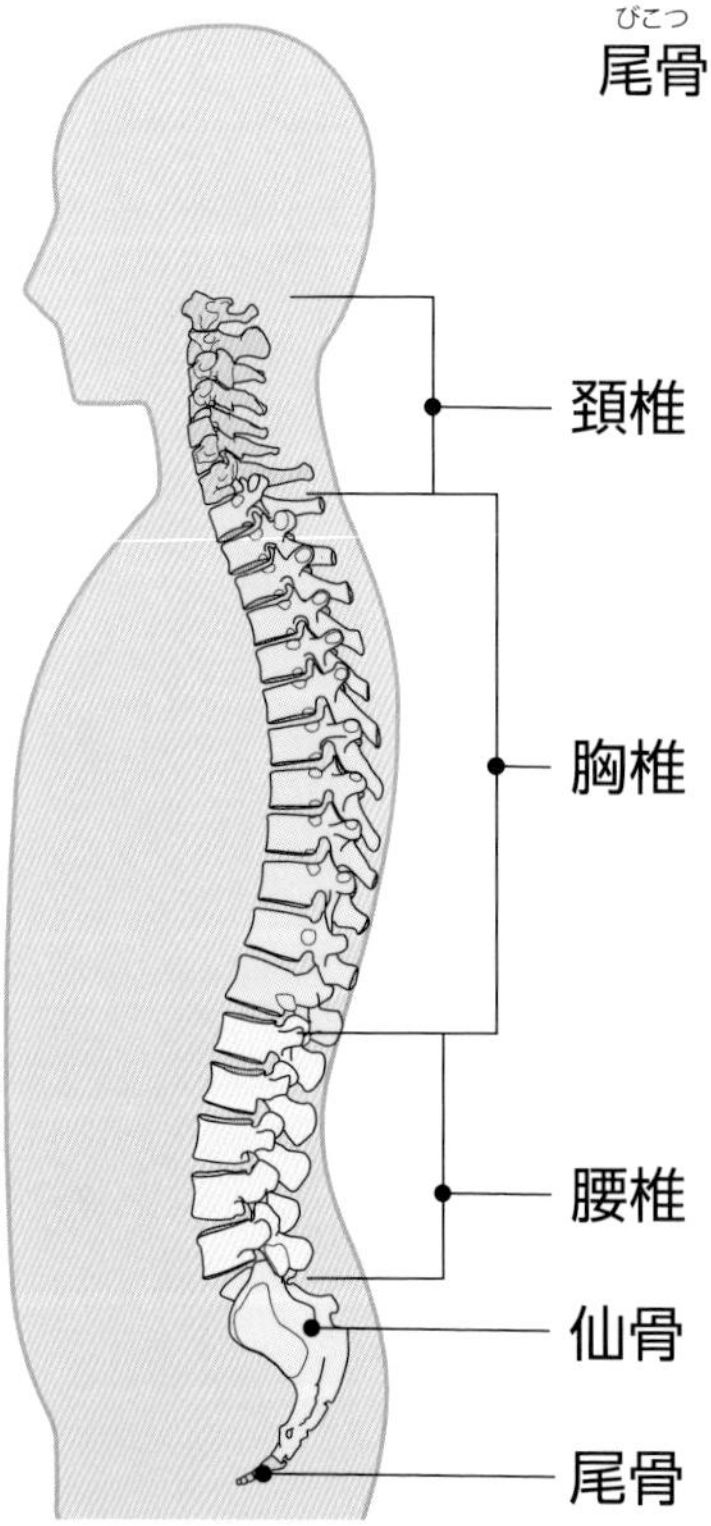
頚椎
胸椎
腰椎
仙骨
尾骨

＜関節の名称と働き＞

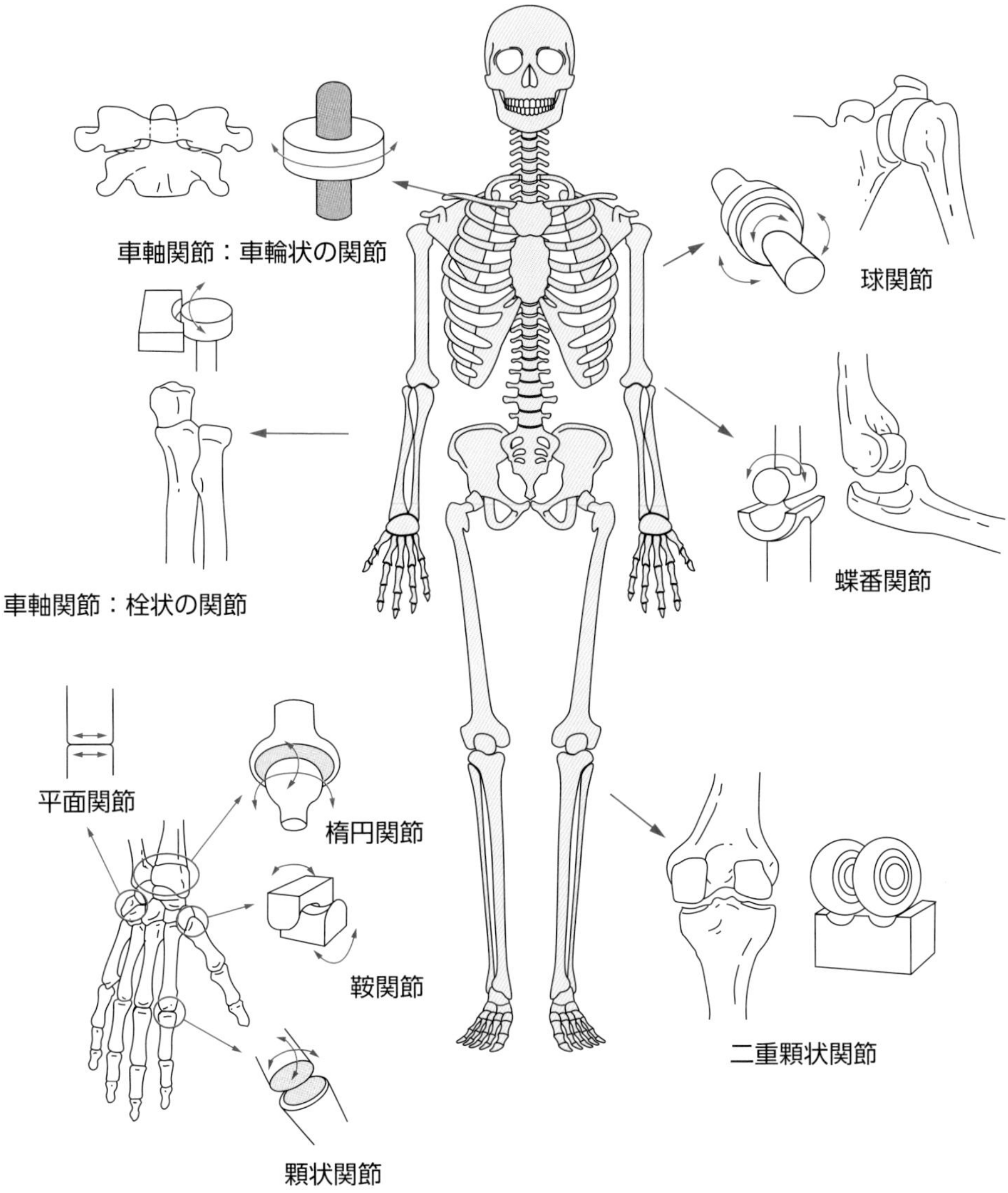
車軸関節：車輪状の関節
球関節
車軸関節：栓状の関節
蝶番関節
平面関節
楕円関節
鞍関節
二重顆状関節
顆状関節

主要な関節の構造と働き

■脊柱（背骨）

脊柱は頭からお尻まで続く、体を支える柱のような骨ですが、椎骨と呼ばれる骨が積み重なって形成されています。そのため、脊柱にも3つの面全てに可動域があります（屈曲伸展・側屈・回旋）。ただし、脊柱は上から頸椎、胸椎、腰椎という3つに分かれており、その形状の違いから各方向への可動域には大きな違いがあります。

・骨盤

骨盤は腰椎の下に位置する大きな骨で、腸骨、恥骨、坐骨の3つの部位に分かれています。腰椎とは仙骨と呼ばれる骨を介して連結し、骨盤から大腿骨が下に伸びています。骨盤は前傾・後傾という前後の動きや回旋に加え、側方傾斜（横に傾く）の動きを起こします。

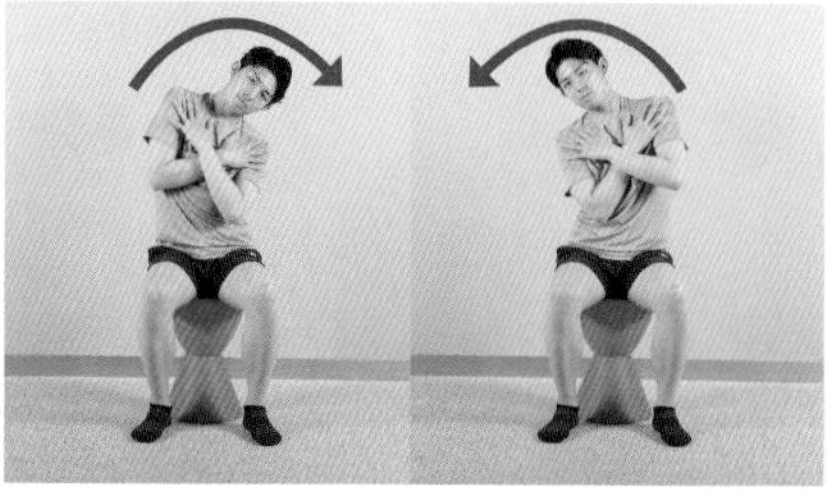

脊柱 右側屈　脊柱 左側屈

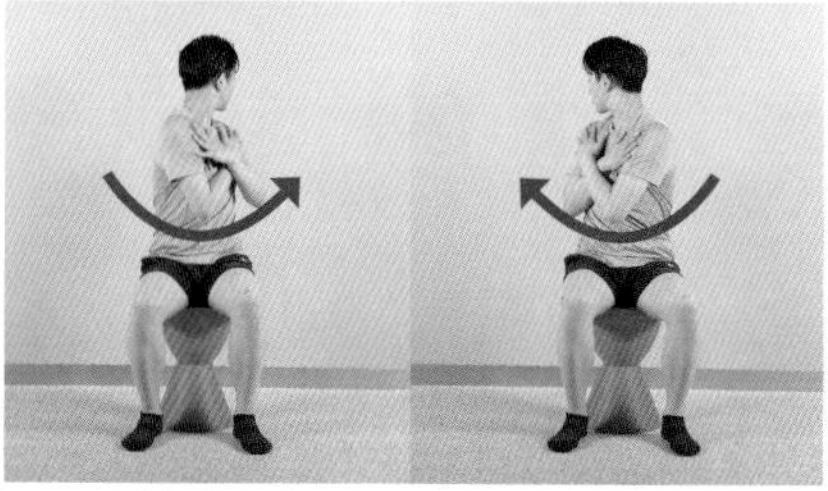

脊柱 右回旋　脊柱 左回旋

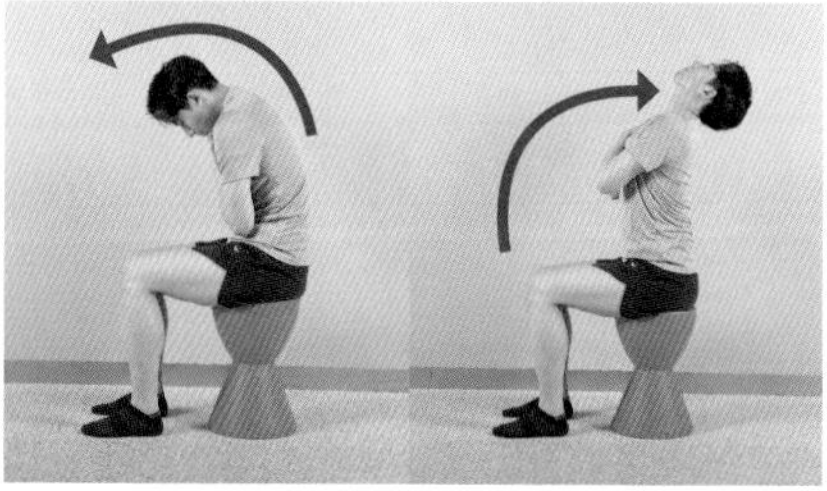

脊柱 伸展　脊柱 屈曲

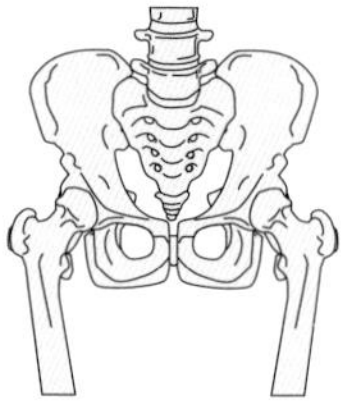

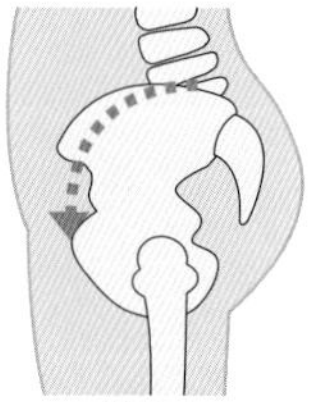

前傾

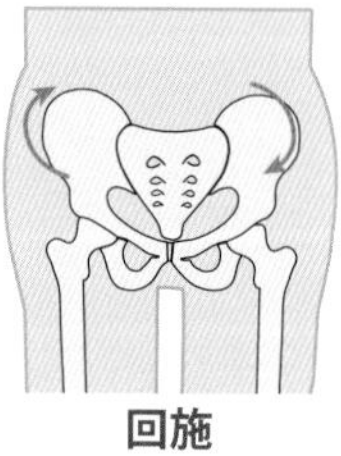

回旋

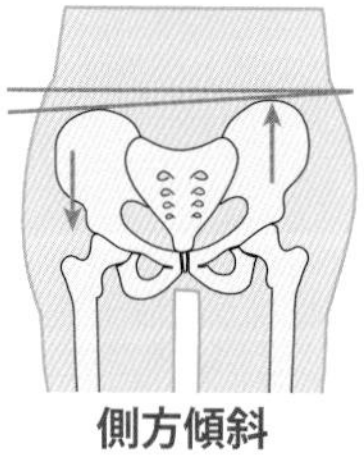

側方傾斜

・頚椎

後頭部の下から7個の椎骨で形成される頚椎は、骨の形状から特に屈曲（うなずく動作）や伸展（上を見る動作）のための大きな可動域があります。

同じく回旋にも広い可動域がありますが、これは主に第一頚椎（最上部の椎骨）と第二頚椎の間の関節（環軸関節）で起こっており、それ以外の部分はあまり回旋を起こすことができません。これは頚椎が上下で凸凹にはまり合う形状で、左右や回旋の動きを制限していることに起因します。

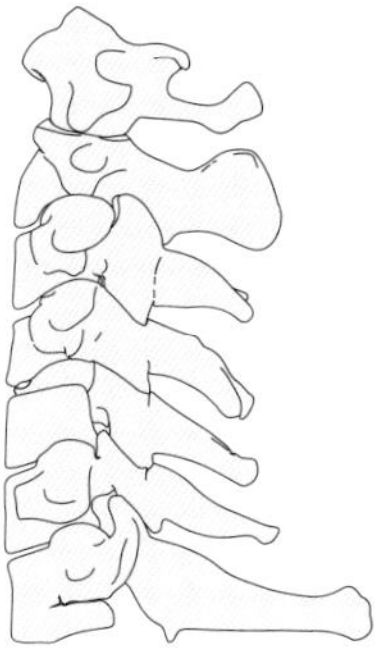

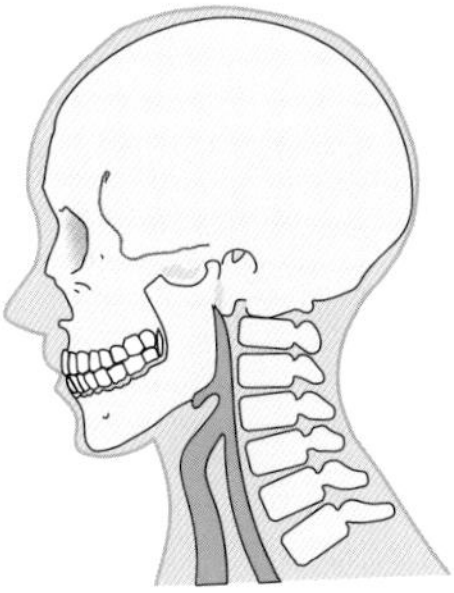

・胸椎

頚椎の下から12個の椎骨で形成される胸椎は、脊柱の中でも比較的動きの自由度が高く、3面全ての方向に満遍なく可動域があります。胸椎は頚椎や腰椎と違い、椎骨同士が斜めに接続するように積み重なって、お互いの動きを邪魔しない構造になっているため、動きの自由度が高いのです。また肺や内臓を包む肋骨は、この胸椎から体の前方に向かって伸びています。

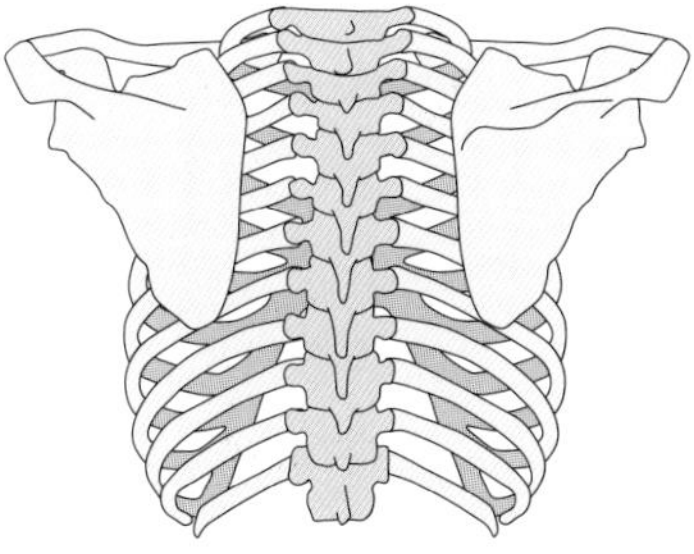

・腰椎

下部の5つの椎骨で形成される腰椎は、前後（前屈や後屈の動き）に大きな可動域があります。しかし頚椎と同じく、関節の形状的に横の動き（側屈）や捻りの動き（回旋）にはほとんど可動域がなく、前述の腰椎分離症や腰椎ヘルニアなど、過剰に動かされることによってケガや痛みが生じやすい場所です。

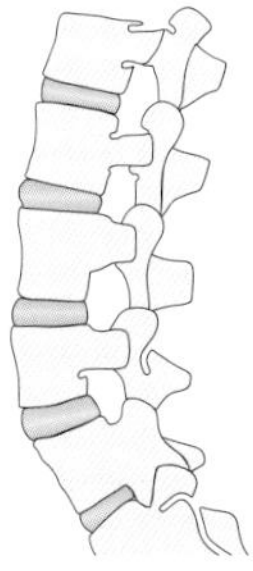

コラム3

腰を回せる角度はどれくらい？

よくスポーツ指導の中で「もっと腰を回せ」と指導をする場面を見かけますが、腰（腰椎）にはどれくらい捻る可動域があるのでしょうか？

教科書的には、5つある椎骨の間がそれぞれ左右に1〜2度しか動きません。前述の構造の問題に加え、椎骨の数が少ないこともあり、捻る可動域は左右に5〜10度程度と言われています。

分かりやすい実験があります。座った状態で片手でおへそ、もう一方の手でみぞおち（左右の肋骨が合流する場所）に指を置いたまま、後ろを振り返るように上半身を最大限捻ります。そのまま首の向きだけ正面に戻し、おへそとみぞおちの位置を確認してみましょう。ほとんどズレが起こっていないことが分かると思います。

野球の投球やバッティング、ゴルフのスイングなど、スポーツの中で起こるダイナミックな回旋動作では、腰椎ではなく胸椎や後述の股関節など、水平面に大きな可動域を持つ関節を主に動かす必要があります。

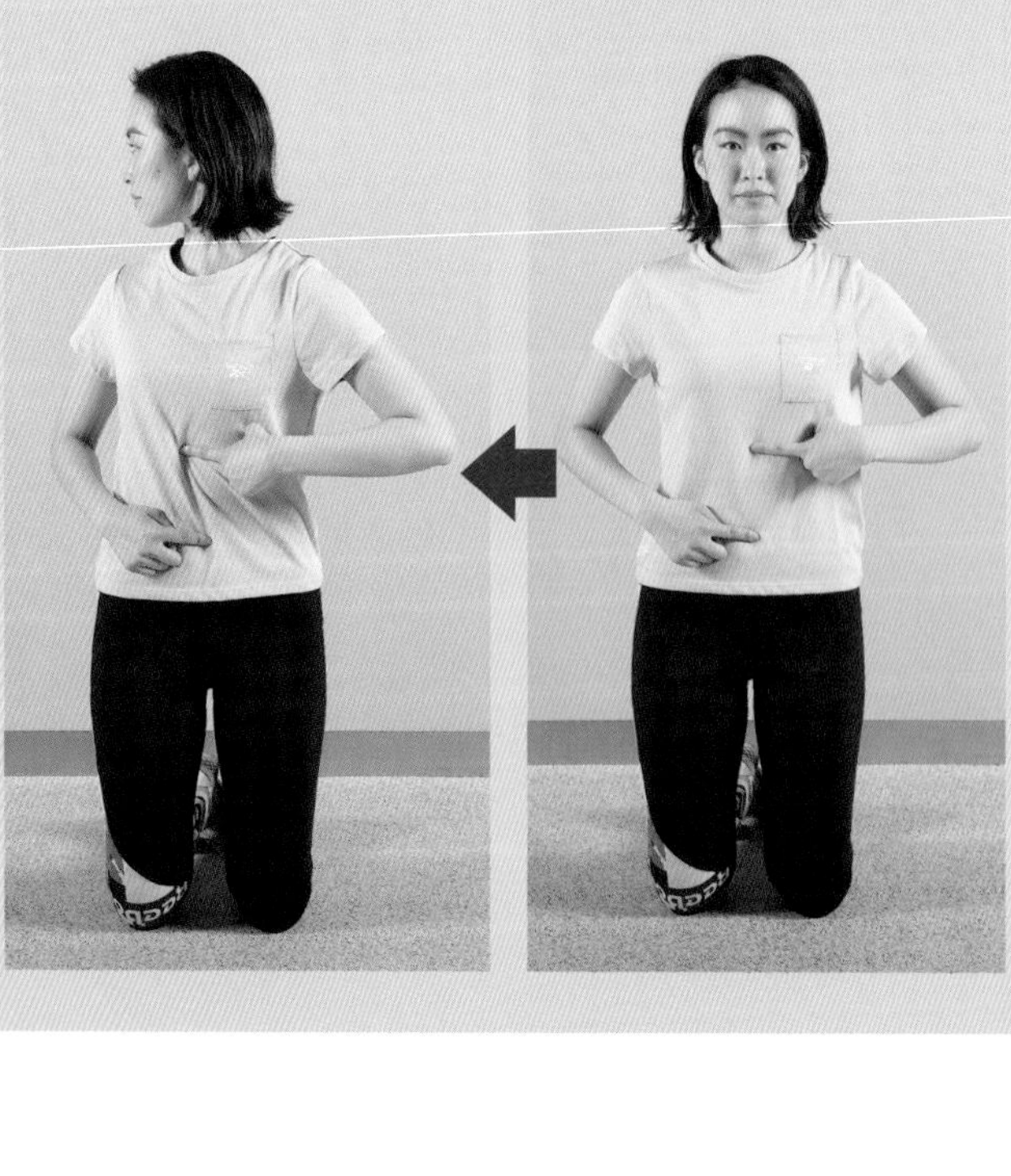

■股関節

股関節はボールとソケット状の構造で、骨盤にあるくぼみに対して大腿骨（ももの骨）の頭の部分がはまり込んでいる関節です。関節回りに大きな靭帯が存在しないことにより、3面全ての方向に多くの可動域があります。

股関節 内旋

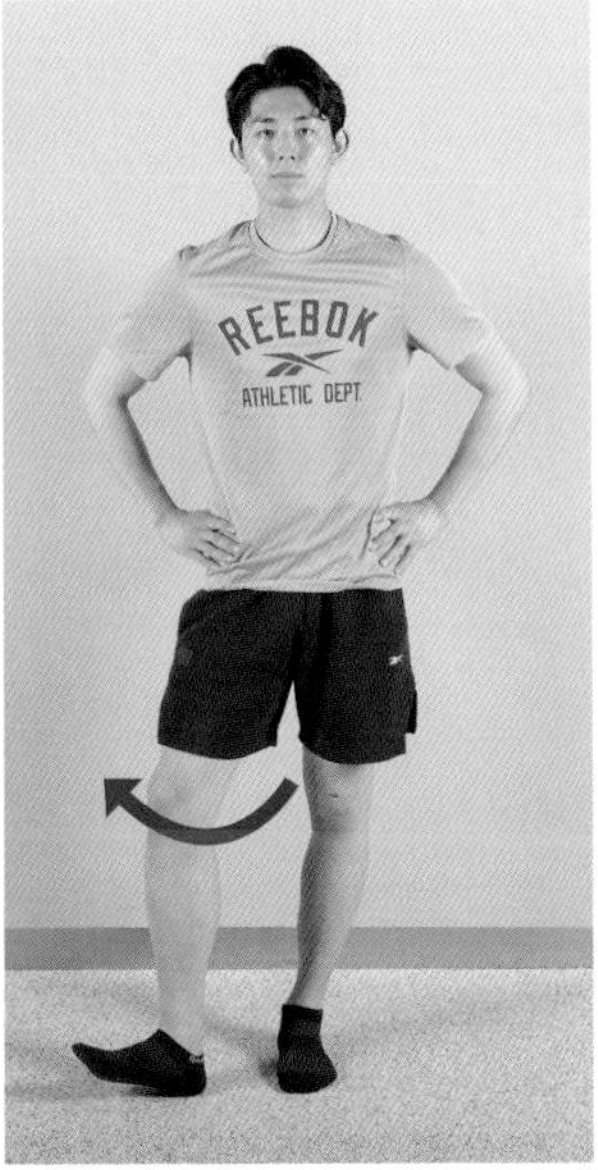

股関節 外旋

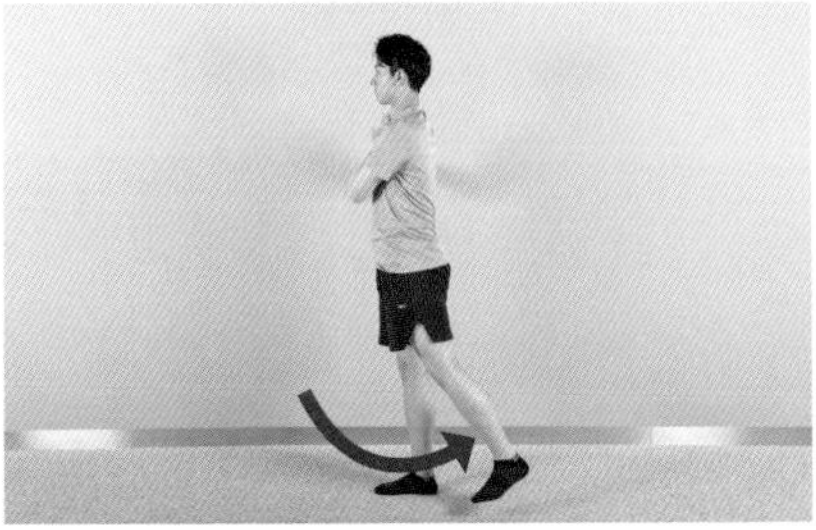

股関節 伸展

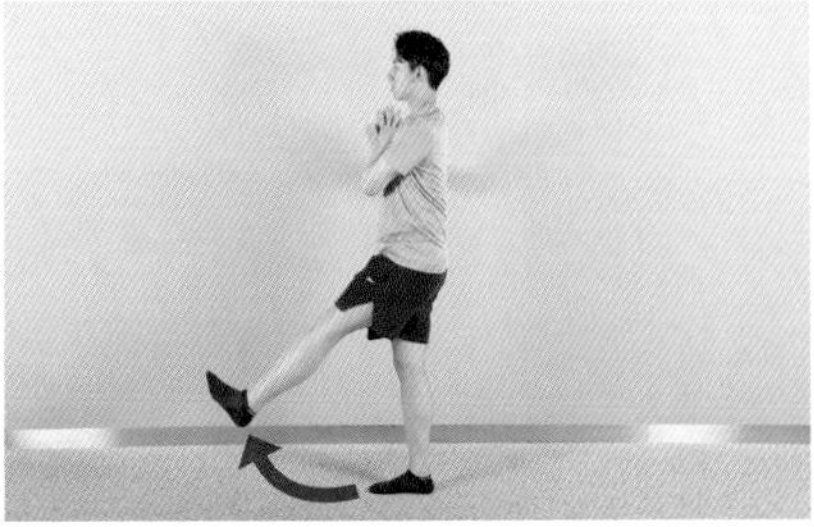

股関節 屈曲

股関節 内転

股関節 外転

■膝関節

蝶番《ちょうつがい》のような構造になっており、前後にのみ動くことができる関節です。膝の周囲には複数の靭帯が走っており、横方向や捻りの方向にはほぼ可動域がありません。逆に言えば、膝に横方向や捻りの方向へのストレスが加わると、靭帯やその他の組織を痛める原因になります。

ただ、厳密には膝関節の動きではないものの、すねにある2本の骨（脛骨・腓骨）を捻ることにより、膝下で回旋を起こすことができます。

下の2つの写真のように膝を曲げた状態だと、膝下のみ回旋させることが可能です（本書ではこの動作を下腿の内旋・外旋と表現しています）。

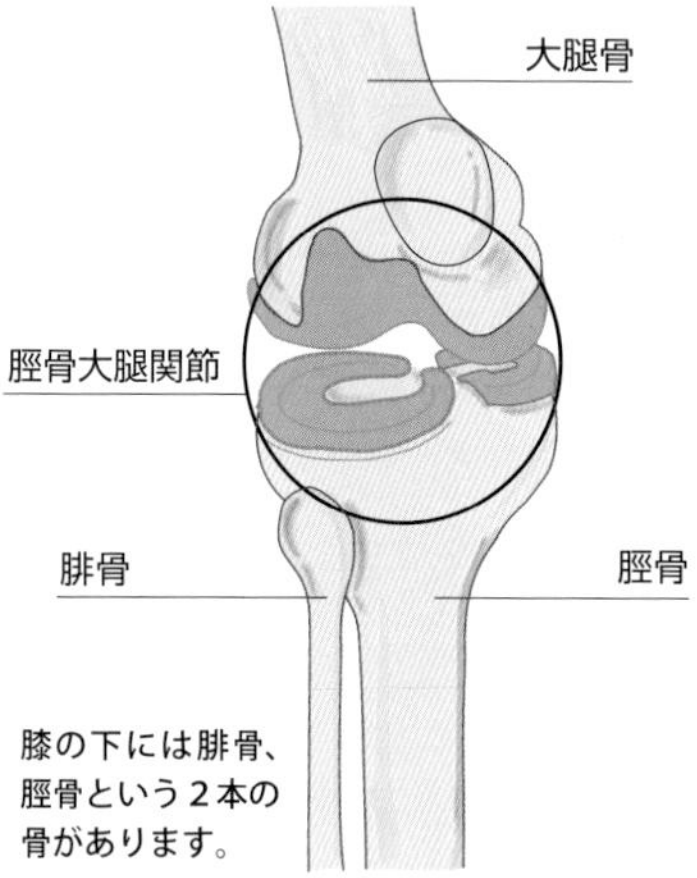

膝の下には腓骨、脛骨という2本の骨があります。

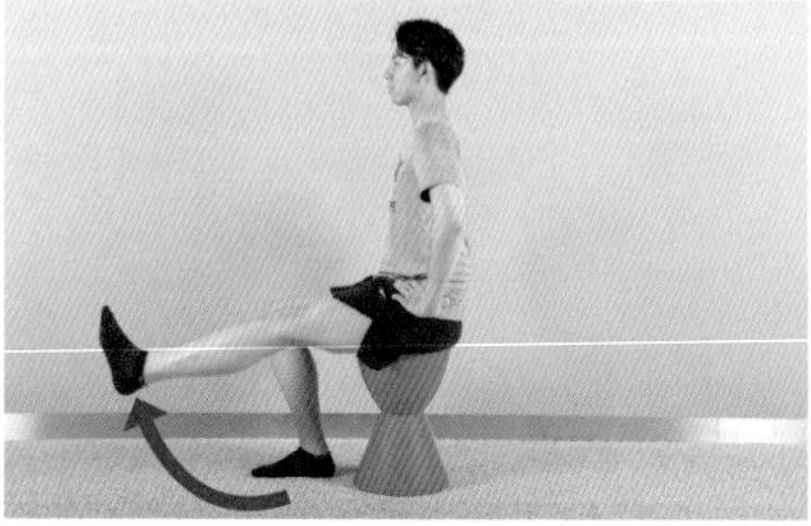

膝関節 伸展

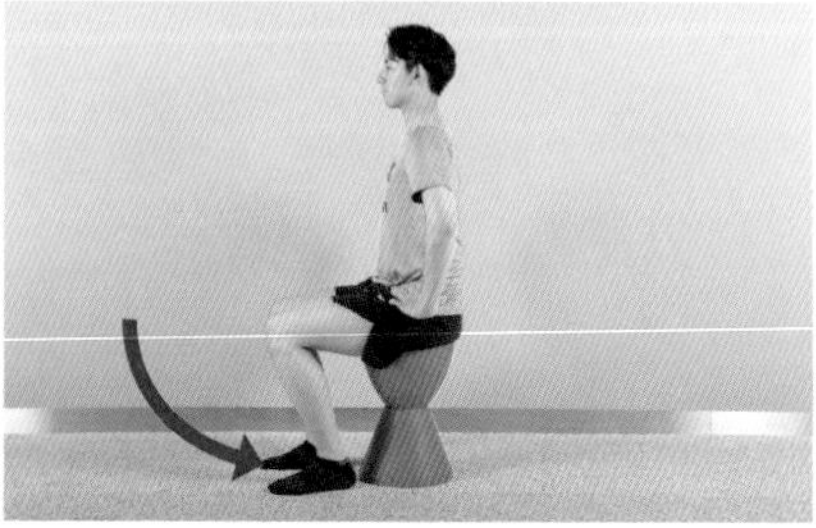

膝関節 屈曲

下腿 内旋

下腿 外旋

コラム4

膝を内側に曲げてはいけない？

スポーツの現場では、よく「膝を内側に曲げる動作（ニー・イン）は危険だ」と言われます。しかし、このメカニズムをしっかり理解しておく必要があります。

例えば下の右写真は、スクワットをする際につま先が正面、膝が内側を向いています。これはつま先と膝の向きがズレており、膝に捻れが生まれるため、膝にストレスがかかり、ケガのリスクが高まります。それに対して左写真は、つま先も膝も同じだけ内側を向いています。この場合、膝には捻れが生まれておらず、捻れているのは股関節です。股関節は捻る方向に可動域がある関節なので、大きな問題は生まれません。

このように、「膝を内側に向けてはダメだ」と短絡的に覚えるのではなく、体が今どのような状態なのかを関節運動の目線で理解できるようになると、動きづくりのトレーニングの理解も進むでしょう。

■足関節《そくかんせつ》（足首）・足趾《そくし》（足の指）

足関節は前後に曲げる以外にも、左右、回旋の方向に可動域があります。特に捻挫などで足関節周辺の靭帯が緩むと、過剰に動きが出過ぎてしまうことがあります。あるいはリハビリが不十分なまま競技に復帰したり、テーピングやサポーターで足関節を固定したまま動き続けたりすると、可動域が狭まってしまうことがあります。

足関節が十分に曲がらないことが原因で下半身の動きが崩れてしまうケースは多々あり、注意が必要です。

また足関節と同じく、足趾（足の指）の可動域も重要です。例えば、足の指を曲げずに歩こうとすると、とても不自然な動きになってしまいます。特に母趾（足の親指）のつけ根の関節の動きは歩く、走るといった基本的な動作にとって重要です。本書の後半で可動域のチェック方法もご紹介していきます。

母趾 MP 関節背屈

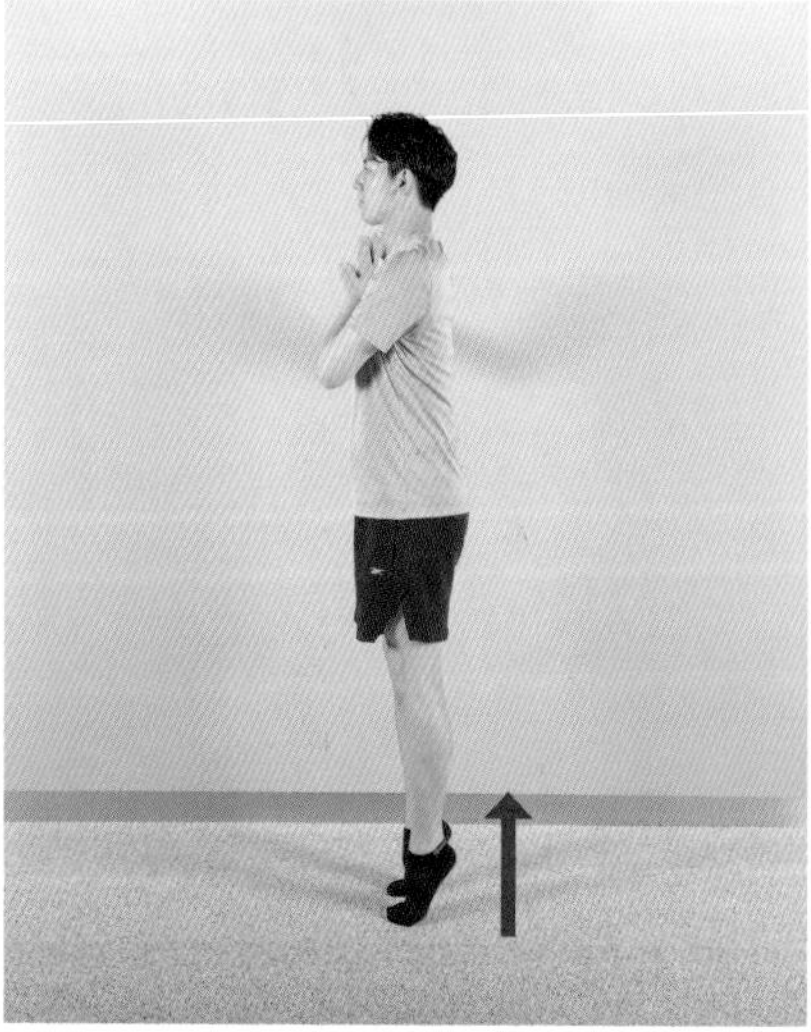

足関節 底屈

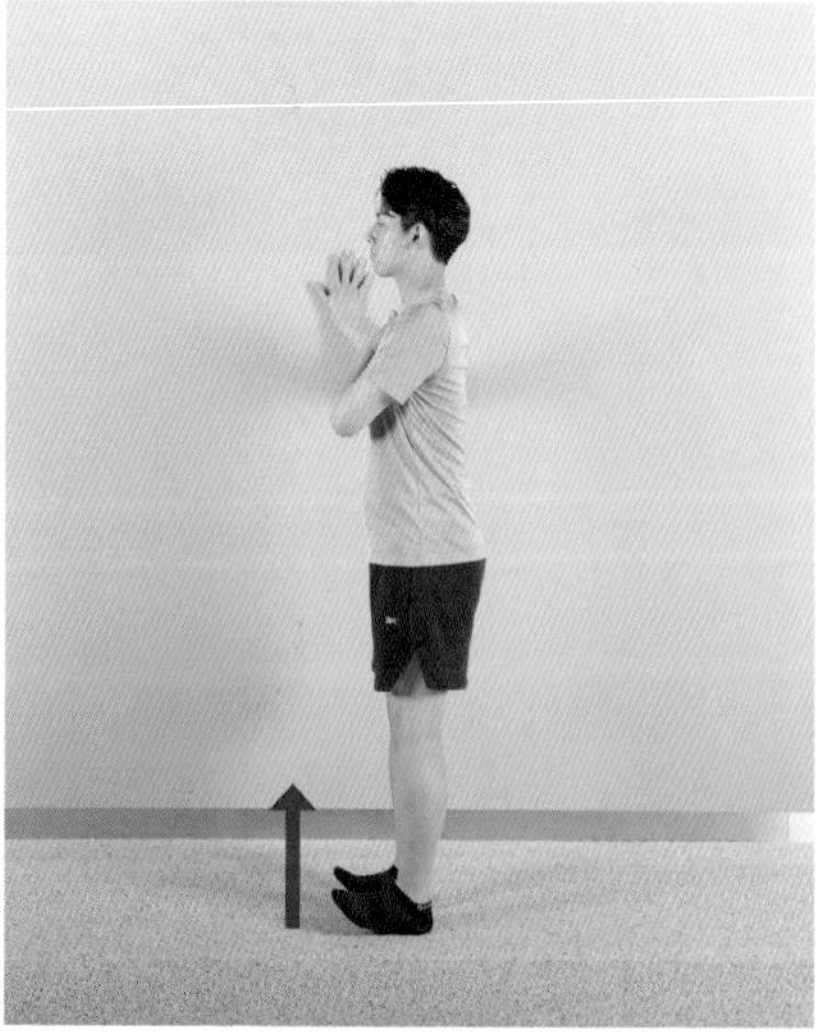

足関節 背屈

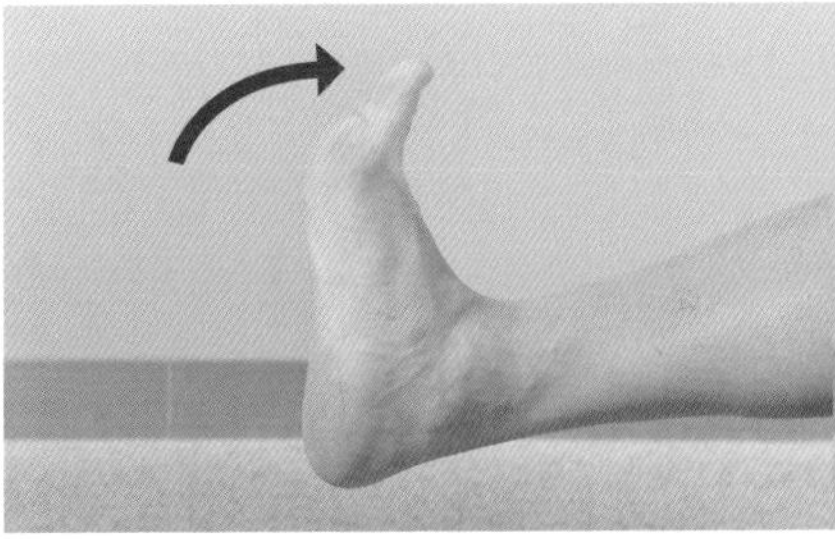
足趾 伸展

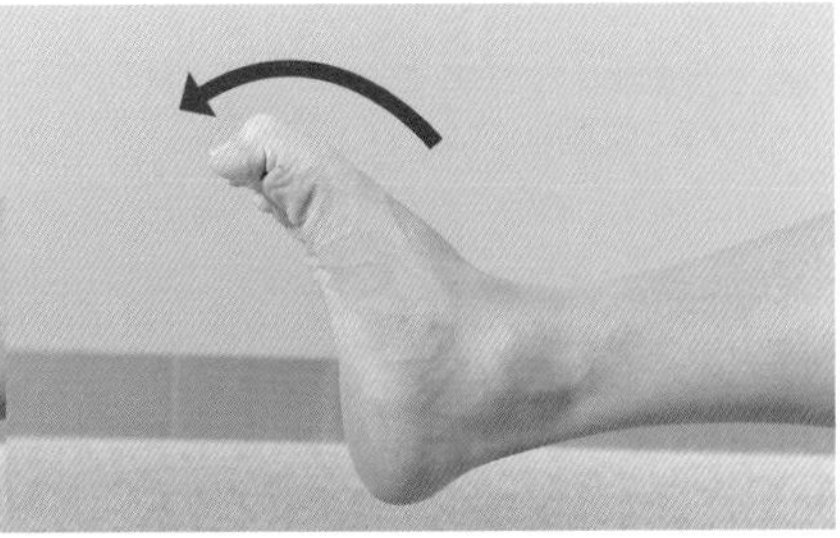
足趾 屈曲

コラム5

扁平足はなぜ問題なのか？

足裏のアーチ（土踏まず）が潰れている状態を扁平足と言います。足裏のアーチは足部にある細かな靭帯や足底筋膜と呼ばれるバネによって支えられています。アーチが潰れると、バネの力を利用できないばかりか、下半身の動きが崩れ、膝や他の関節のケガのリスクも高めてしまいます（逆も然りで、下半身の関節の動きが崩れることで、アーチが潰れることもあります）。まっすぐ立った状態で踵を後ろから見てみましょう。踵の骨（踵骨）の中心からアキレス腱の筋がまっすぐ伸びていれば正常、内側にカーブするように伸びていると扁平足の疑いがあります。扁平足は、後述するトレーニングの足のつき方等で改善される可能性がありますが、もし靭帯が緩んでしまって起こる扁平足であれば、機能改善による修正は難しく、インソール（中敷）などを利用してアーチを支持するなどの工夫が必要となります。

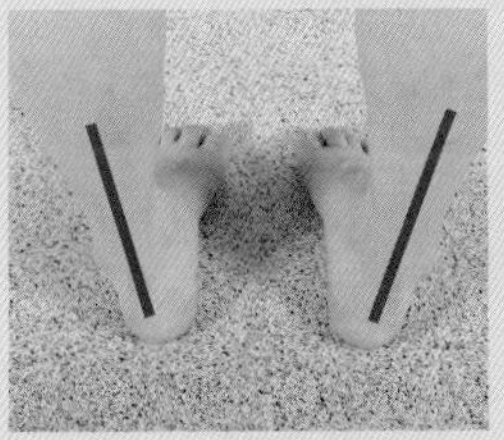

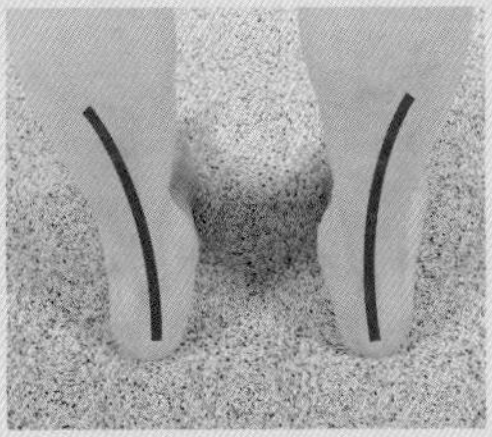

■肩関節（肩甲上腕関節と肩甲胸郭関節）

肩はよく人形のように胴体から腕が生えているイメージを持たれますが、実際には肋骨から肩甲骨を介して腕がついています。

肩関節 伸展

肩関節 屈曲

そのため、肩関節は正確には肋骨と肩甲骨を繋ぐ肩甲胸郭関節と、肩甲骨と上腕骨（腕の骨）を繋ぐ肩甲上腕関節に分かれます。

肩甲胸郭関節は、肩甲骨が肋骨に張りつく構造になっ

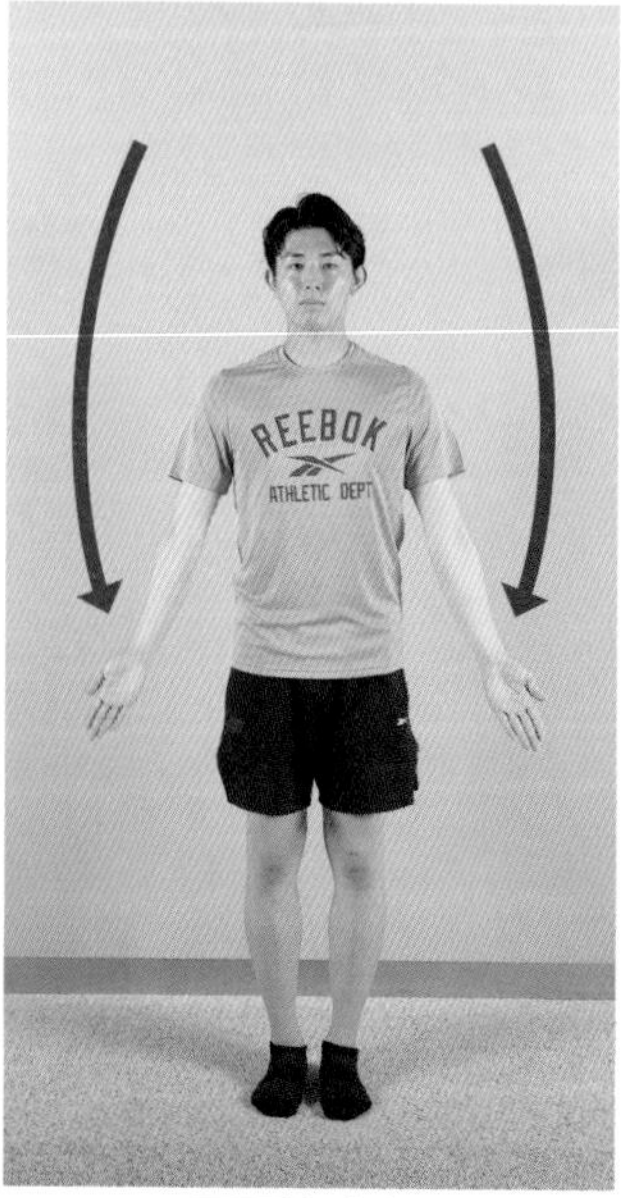

肩関節 内転

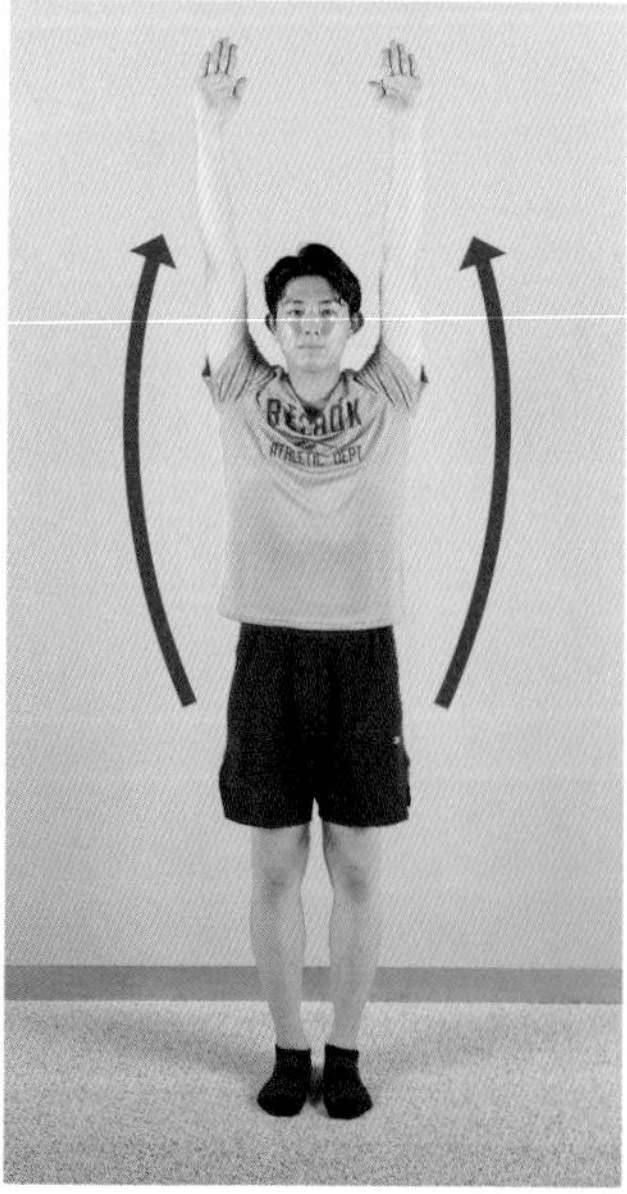
肩関節 外転

ており、肩甲骨が肋骨上を滑るように動きます。特に靭帯はなく、筋肉によって繋ぎ止められています。

一方、肩甲上腕関節は、股関節と似て自由度が高く、多くの方向に多くの関節可動域があります。ただし、股関節に比べて構造的には安定性が低く、大きな靭帯のサポートもないため、とても不安定な部位でもあります。

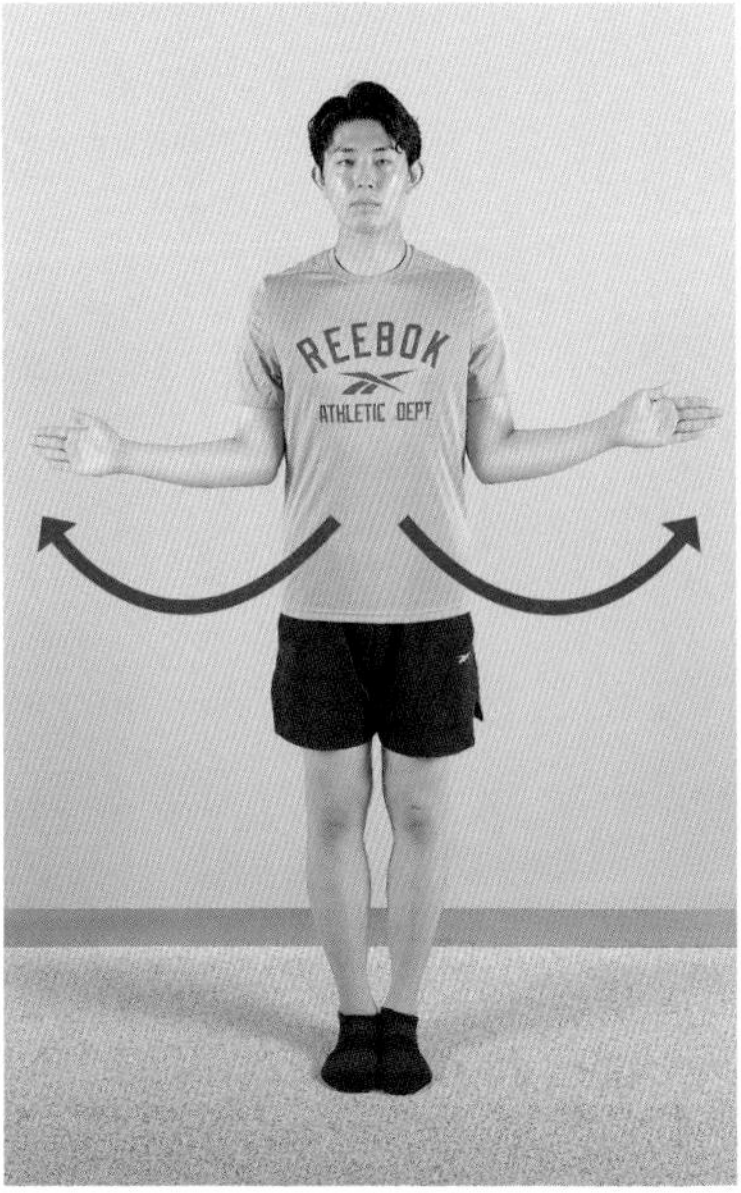

肩関節 外旋

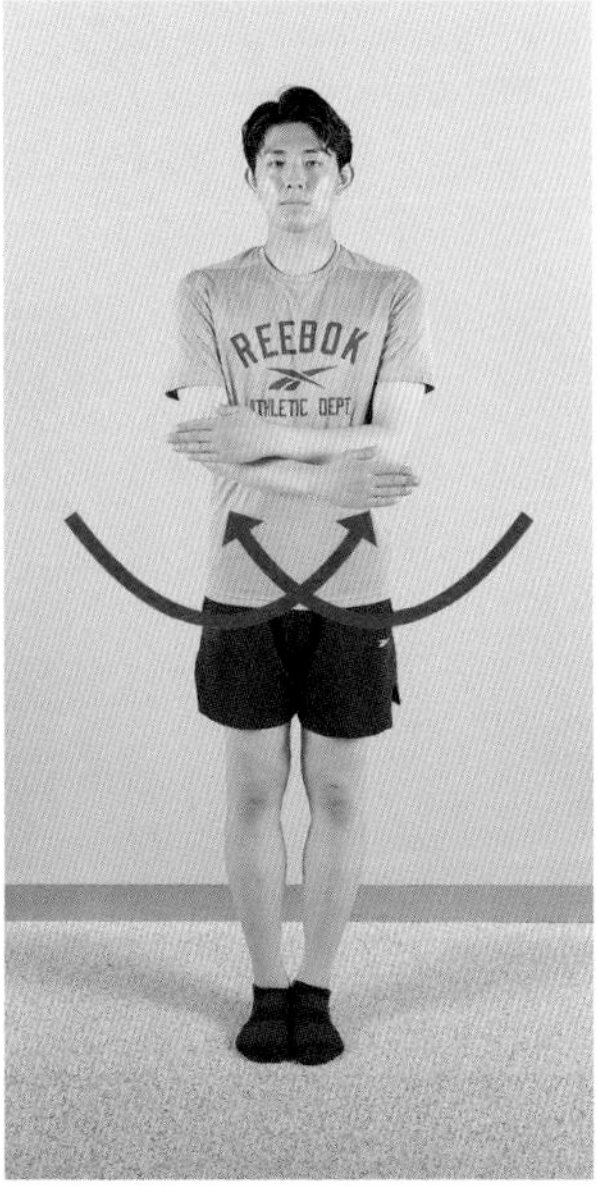

肩関節 内旋

肩関節 水平外転

肩関節 水平内転

ちなみに肩甲胸郭関節と肩甲上腕関節の動きは、右の絵のように2：1の割合で連動して起こります（肩甲上腕リズム）。

肩甲上腕リズム

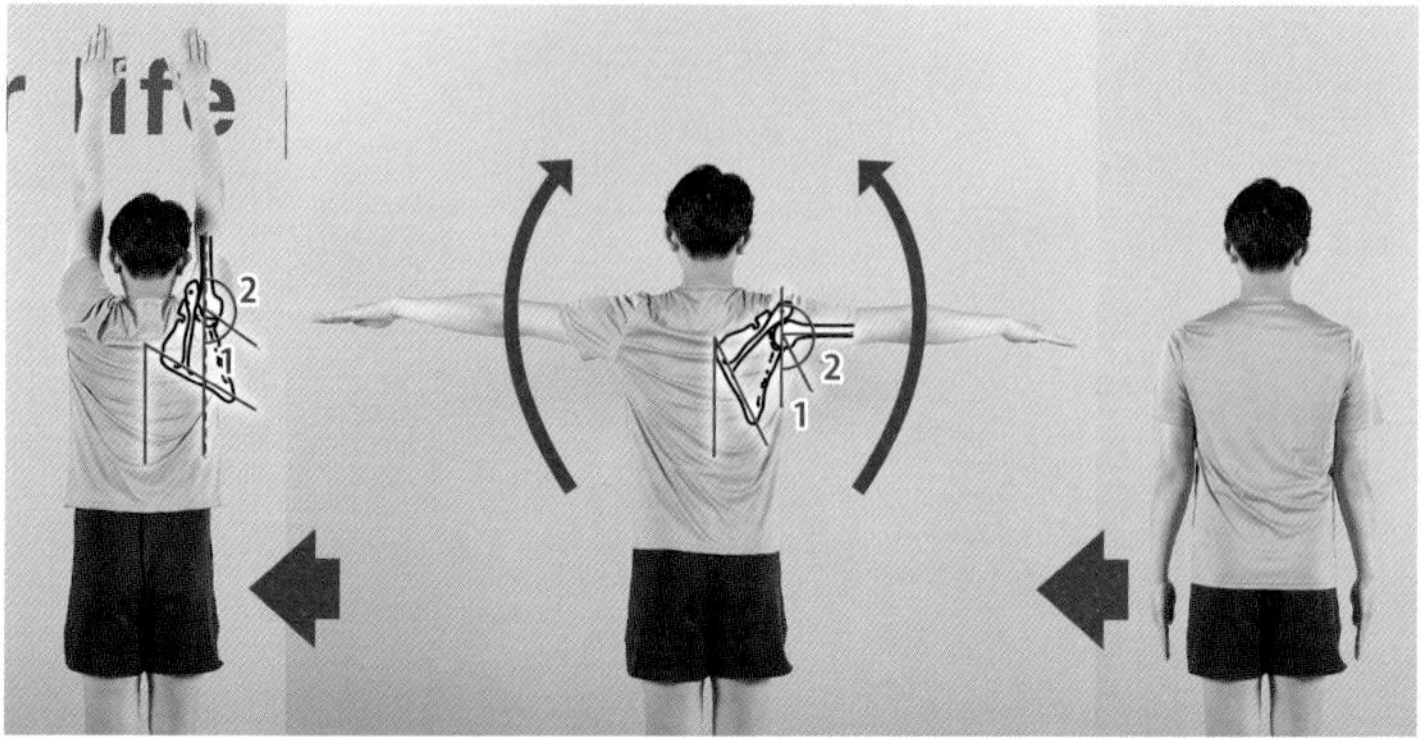

肩関節と肩甲骨は 2:1 の割合で連動する

コラム6

天使の羽は機能的ではない

よく肩甲骨は「動かせるほど良い」「天使の羽のように浮き出ているのが綺麗」などと言われます。もちろん可動域があることに越したことはありませんが、体幹の力を腕に伝えるためには、この肩甲骨が動き過ぎずに安定していることが大切です。

写真は、腕立て伏せの姿勢を取り、肩甲骨を上から見ているものです。肩甲胸郭関節を安定させる筋群が活動していないと、写真のように肩甲骨が浮き出るように見えてしまいます。

エクササイズにおいても、この肩甲骨が過剰に動き過ぎる（肩がすくむ、肩が前に出る等）と、効果的でないばかりか、体を痛める原因にもなるため、注意が必要です。

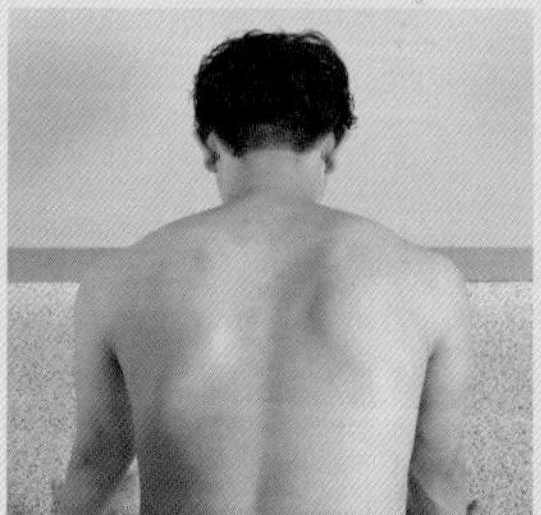

■肘関節

膝と同じく蝶番の構造で、曲げ伸ばしのみ行うことができる関節です。膝と同じくいくつかの靭帯によって動く方向を制限されているため、無理な動きを強いるとケガに繋がります。ものを投げたり、バットやラケットを振り回すスポーツでは、肘に回旋のストレスがかかりやすいです。膝と同様に、肘に無理な回旋ストレスをかけないためにも、肩や胸椎、股関節など自由度の高い部位をしっかりと動かす必要があります。

また膝関節と同様に、肘先にも2本の骨(橈骨・尺骨)があり、これらの骨が捻られることで回旋を起こすことができます。

この動作は前腕の回内・回外と呼ばれます。

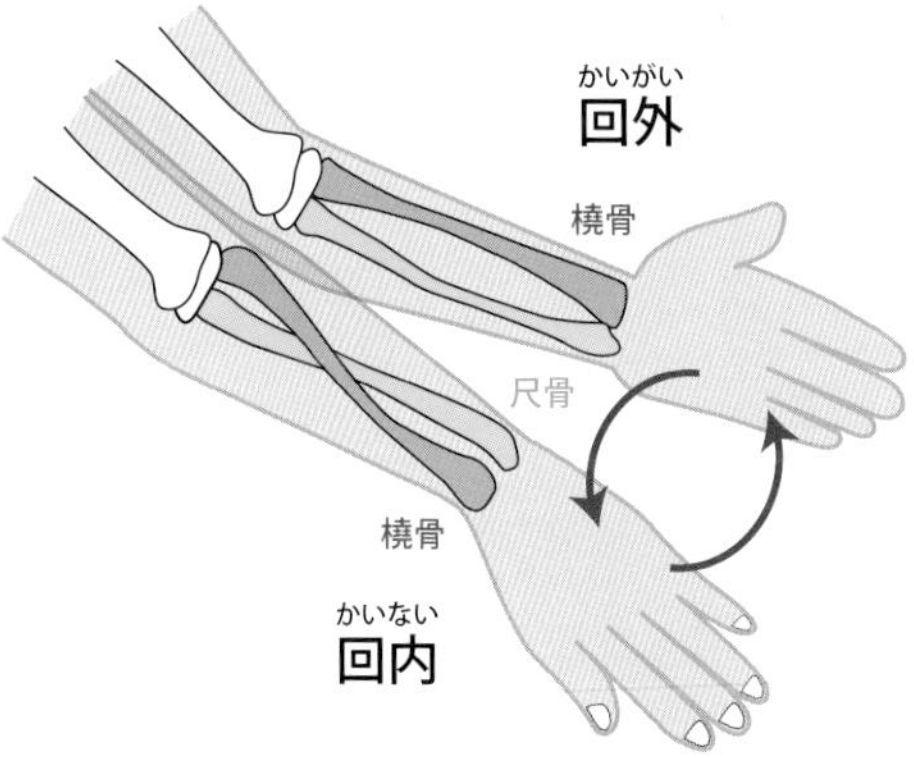

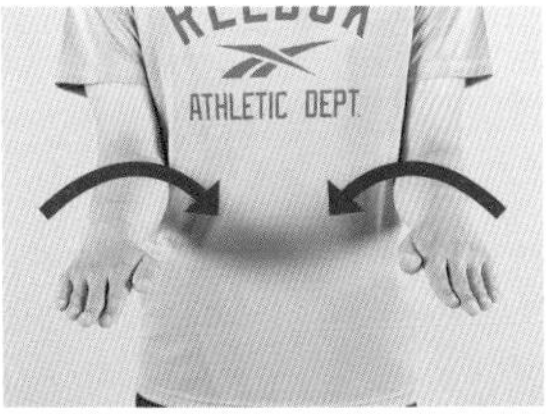
前腕 回内

前腕 回外

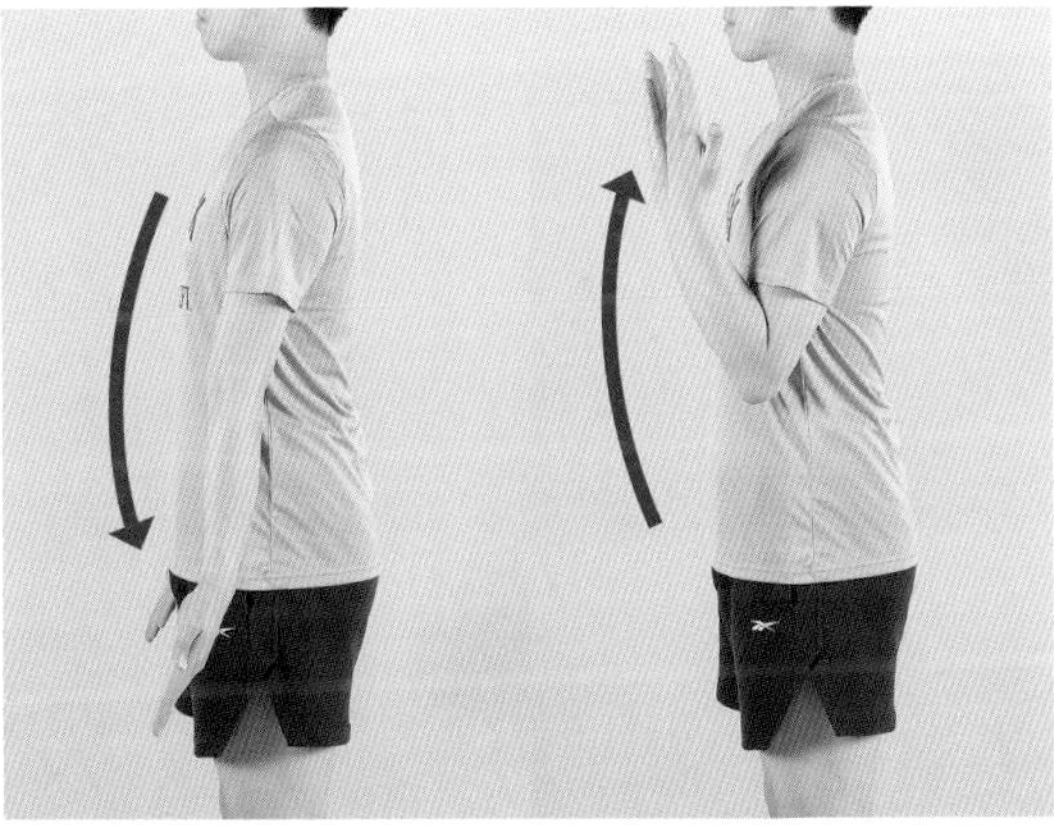
肘関節 伸展　肘関節 屈曲

■手関節《しゅかんせつ》（手首）

手首は前後、左右に大きな可動域がある関節です。手首は日常生活でも様々な局面で使われ、特に球技や道具を扱うスポーツでは大きな負担がかかるため、健全な状態を維持しておくことが必要です。

またラケットを扱うスポーツや長時間のパソコン作業などで手首への過負荷や可動域が狭まることもあるため、適切な可動域を維持することが大切です。

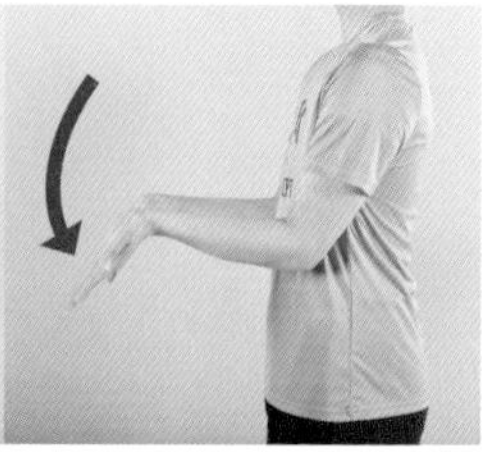
手関節 背屈

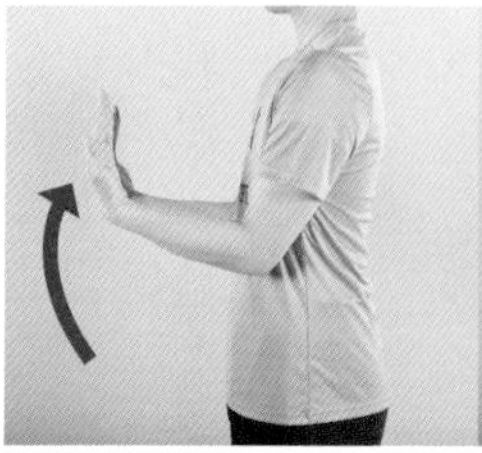
手関節 掌屈

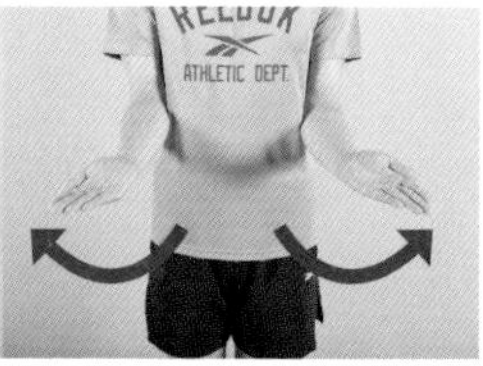

手関節 橈屈

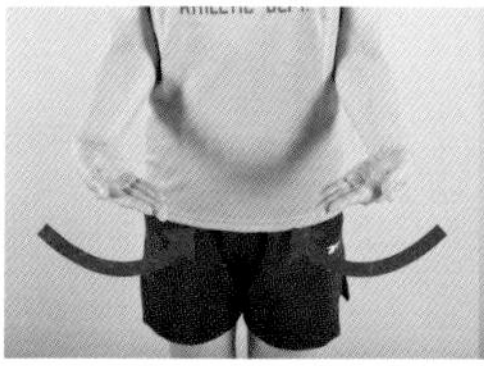
手関節 尺屈

自分で動かせる可動域と、人に動かしてもらう可動域には違いがある

関節可動域には2つの種類があります。自力で動かすことのできる可動域を「自動可動域」、人に動かしてもらうことで到達できる可動域を「他動可動域」と呼びます。

左の上写真は仰向けの状態から自分の力で脚を上に持ち上げていますので、股関節屈曲の自動可動域となります。一方、下の写真では、パートナーに脚を持ち上げてもらっているので、ここで動かせる範囲は股関節屈曲の他動可動域となります。

両者の違いは、「自分の力でコントロールできているか」という点です。いずれも筋肉や関節に適切な可動性がなければ関節は動かないのですが、他動可動域は他人の助けを借りての可動域なので、筋力発揮を必要としません。自動可動域は、関節の可動域に加え、その範囲を自分の力で動かすだけの筋力が伴っていなければなりません。

当然スポーツや日常生活は自分の力で行われるため、本書のゴールである「痛みにくく、動きやすい体づくり」のためには、自動可動域を広げていく必要があります。それはすなわち、ただ関節可動域が広ければ良いわけではなく、可動域全てで筋力発揮を行える状態になっているかが大切ということです。

これが、「治療だけでは障害を予防できない」理由です。例えばマッサージなどで筋肉がほぐれると関節可動域が広がりますが、これはあくまで他動可動域が広がっているに過ぎません。他動可動域だけが広がると、自分の筋力でコントロールできる範囲以上に関節が動くようになってしまうため、不意に関節が大きく動いたりストレスを受けたりすると、周辺の筋肉が防衛的に過緊張状態になってしまいます。ぎっくり腰で治療を受け、治ったと思って立ち上がった瞬間に再発する、というケースは、まさにこの仕組みによるものです。

また、筋肉には「急激に伸ばされると、損傷から身を守るために筋肉を縮める」という防衛反応があります（「伸張反射」と呼ばれます）。他動可動域と自動可動域の差が大きいということは、関節が動く範囲に対して、筋肉を収縮させられる範囲が狭いということなので、不意に体を大きく動かされた際に筋肉は関節を守ることができず、関節や靭帯などの組織を痛めてしまう可能性が高いのです。

これが、近年よく「ウォーミングアップで、ゆっくり行うストレッチは不向きだ」と叫ばれる理由です。リラックスして筋肉を伸ばしたり、マッサージで緩めたりすると、筋肉の緊張が緩和される反面、筋肉に力が入らない状態になってしまいます。

ストレッチやマッサージで体を緩めるならば、その後には然るべき運動を行い、自動可動域を広げることが、体を障害から守るために大切なのです。

03 筋肉と神経の構造を理解する

筋肉と神経の関係性

次に、関節を動かす筋肉と、その筋肉を動かす神経の関係性を解説します。

■筋肉

筋肉は細い筋線維の集合体であり、神経指令によって収縮を起こし、関節を動かしたり安定させたりします。

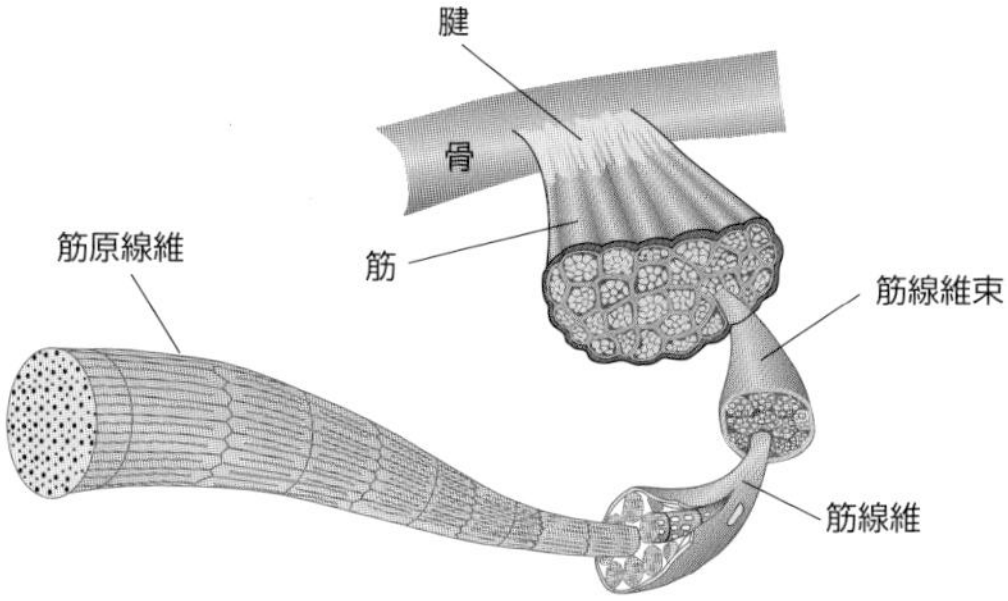

筋肉の収縮の仕方は大まかに3つあります。

①コンセントリック収縮

筋肉が縮みながら力を発揮する収縮。関節角度は小さくなる。

例：重りを持ち上げる

②エキセントリック収縮

筋肉が伸ばされながら力を発揮する収縮。関節角度は大きくなる。

例：重りをゆっくり下げる

③アイソメトリック収縮

筋肉の長さを変えないまま力を発揮する収縮。関節角度は変わらない。

例：重りを同じ位置で持ったまま維持する

収縮の仕方によって発揮される力にも差が出てきます。上記のうち最も強い力を発揮できるのはエキセントリック収縮、次に強いのがアイソメトリック収縮、最も力を発揮しにくいのがコンセントリック収縮、となります（左ページ参照）。

下に、体の中にある主要な筋肉を図解しました。前述の通り体には数百の筋肉があるとされていますが、それら1つひとつを暗記するのは相当な労力がかかるため、本書では後半のエクササイズでより重要となる筋肉を抜粋し解説していきます。

コンセントリック収縮

・筋肉は短くなる
・関節角度は小さくなる
・発揮できる力は弱い

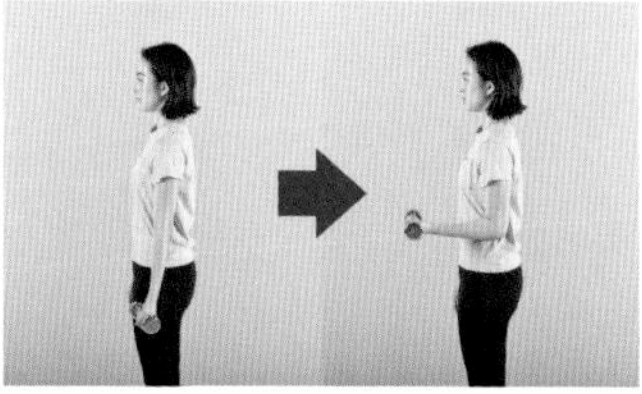

エキセントリック収縮

・筋肉は長くなる
・関節角度は大きくなる
・発揮できる力は強い

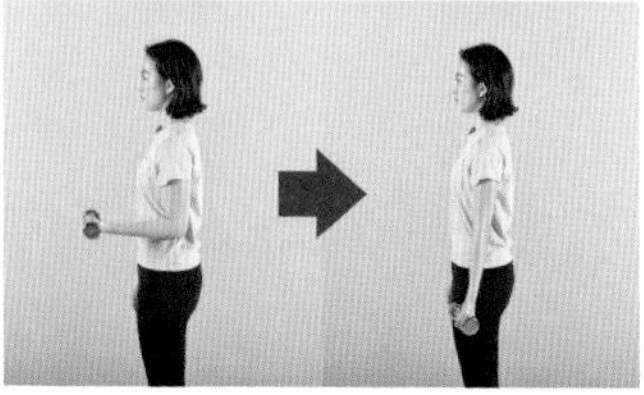

アイソメトリック収縮

・筋肉は変わらない
・関節角度は変わらない
・発揮できる力は
上記2つの中間程度

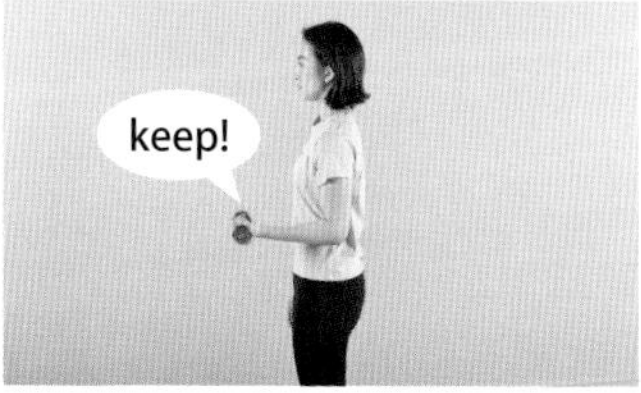

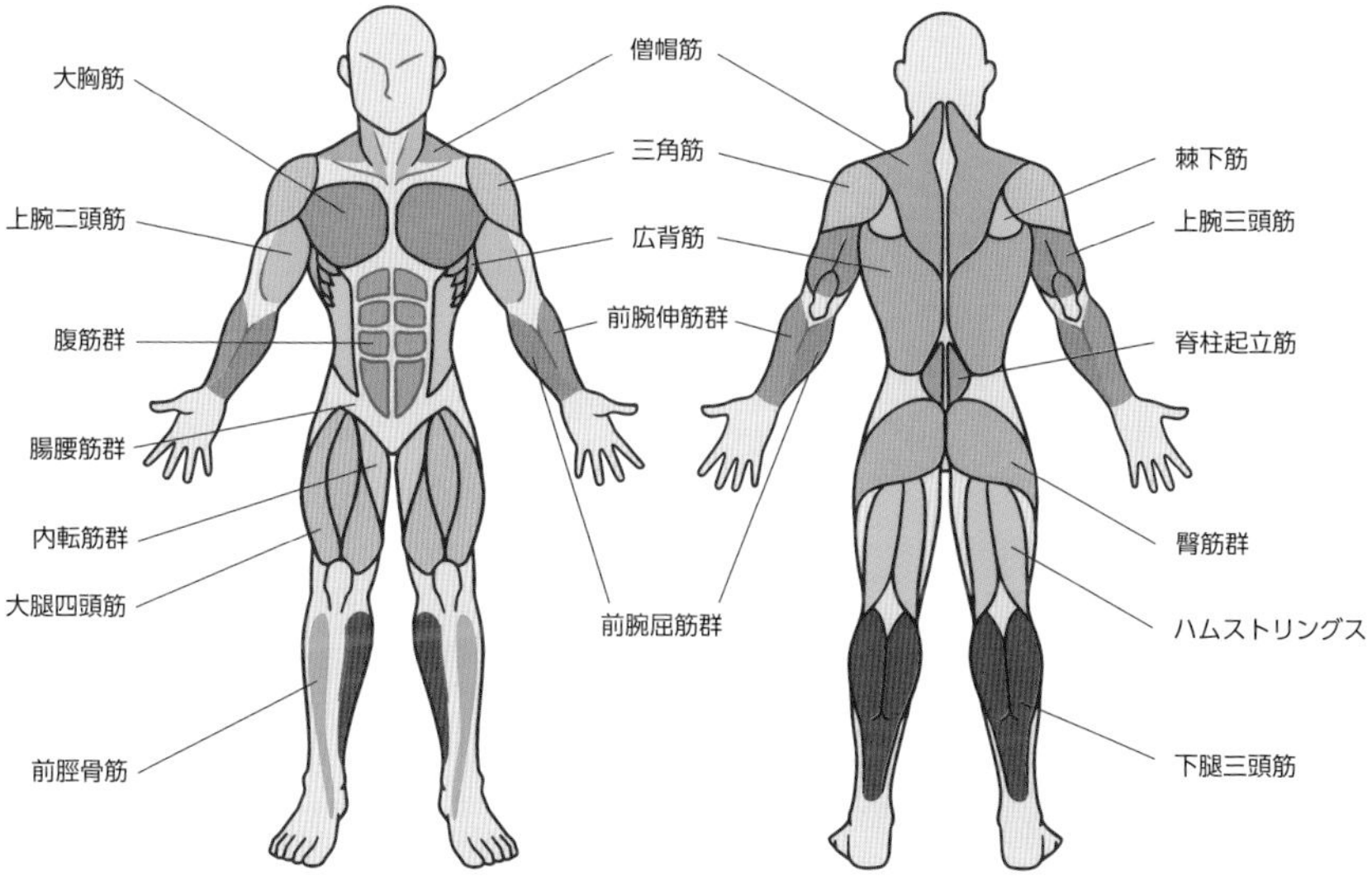

＜上半身＞

●僧帽筋

肩甲骨から背骨に渡って広範囲に伸びる筋肉です。基本的には肩甲骨を背骨側に引き寄せるように働きますが、上方の線維は肩を引き上げる方向に、下方の線維は肩を引き下げるように働きます。表層にある筋肉なのでわかりやすく、首をすくめたときに硬くなるのは、この僧帽筋の上部線維です。

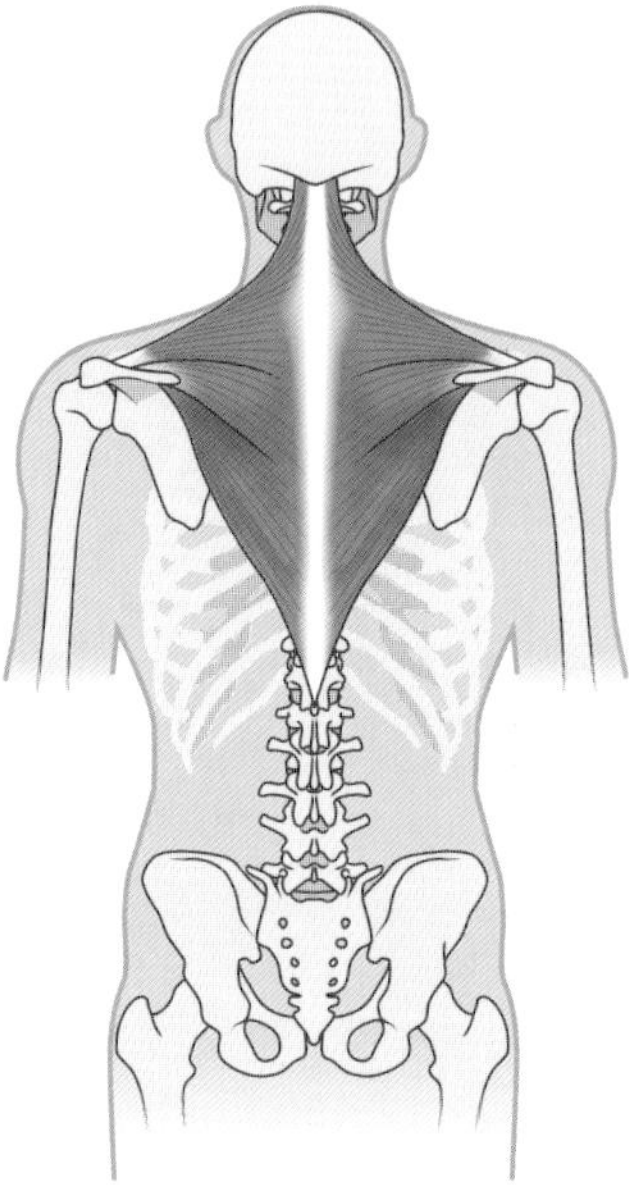

●広背筋

腕から背骨や骨盤に広範囲に伸びる筋肉で、主に腕を前や上から引く際に働きます。背面の筋肉でありながら、腕側の付着部は脇を通って腕の前方にあるため、広背筋が硬くなると腕が内側に捻られ（肩関節の内旋）、猫背姿勢を誘発してしまうという特徴があります。

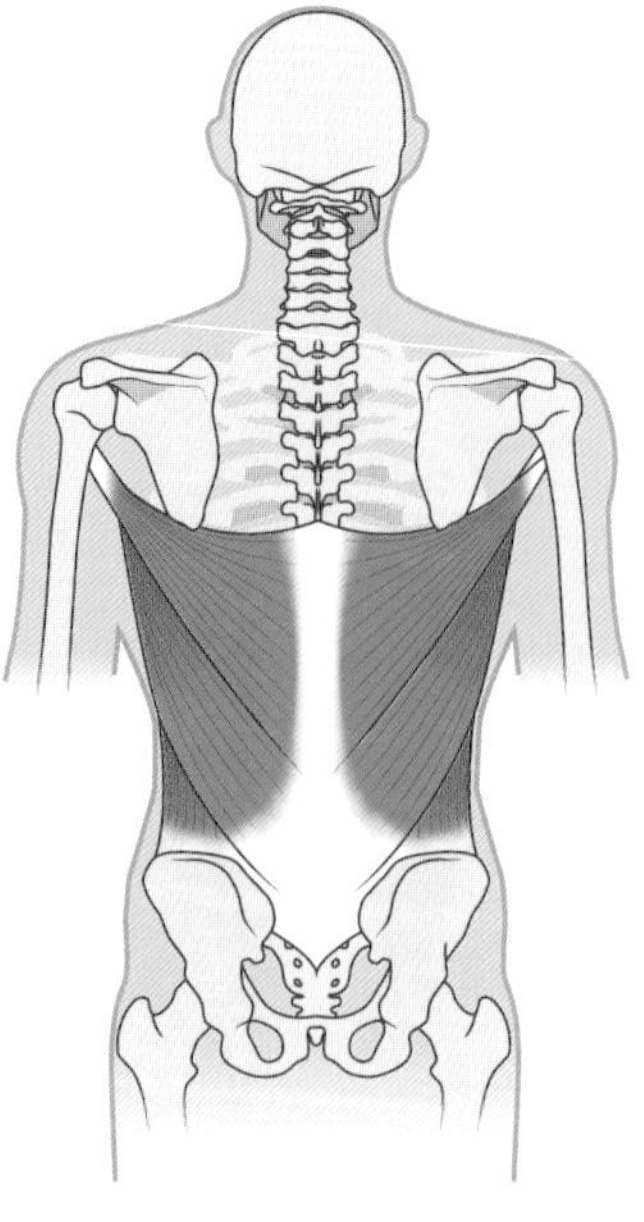

●大胸筋

腕から鎖骨や胸骨など前方に向かって伸びる筋肉で、主に腕でものを押す際に働きます。僧帽筋と同様に広範囲に放射線状に伸びる筋肉であり、腕を上に伸ばしたり、あるいは腕を引き下げるような動きでも活動します。

また広背筋と同様に、硬くなることで猫背姿勢を助長する筋肉でもあります。

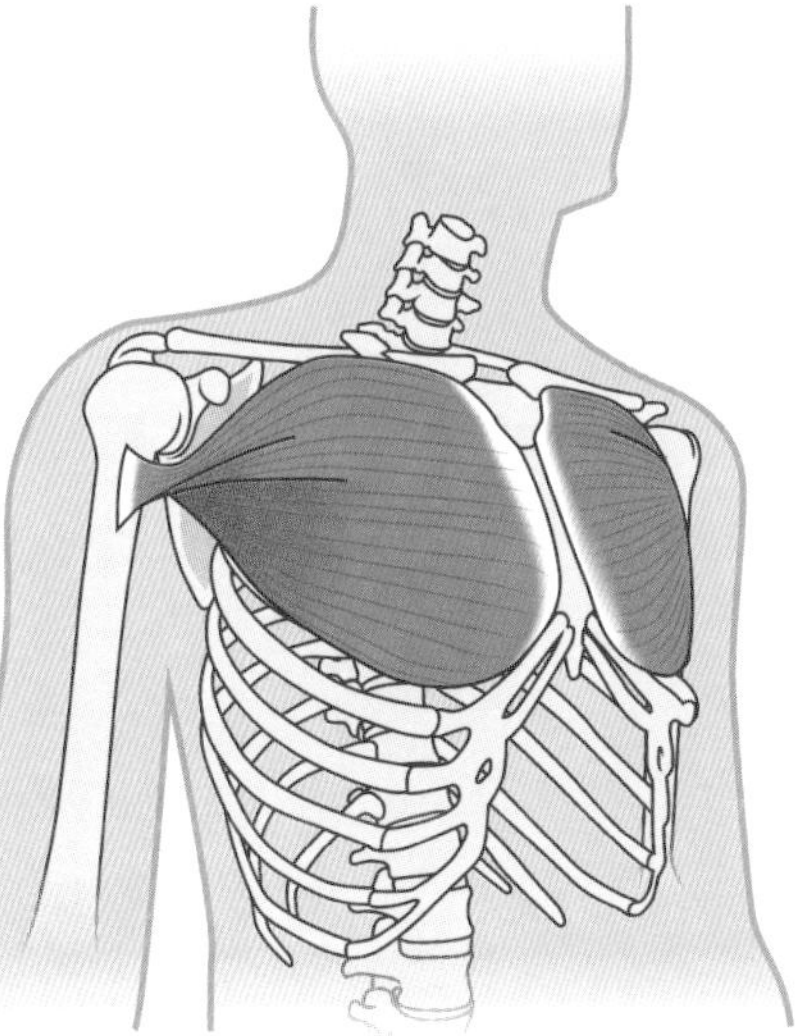

●三角筋

肩の外側につく筋肉で、肩を覆うように広がっていきます。前でも横でも、腕を上げる際に働きます。後述の回旋筋腱板は、この三角筋の奥（深部）にあります。

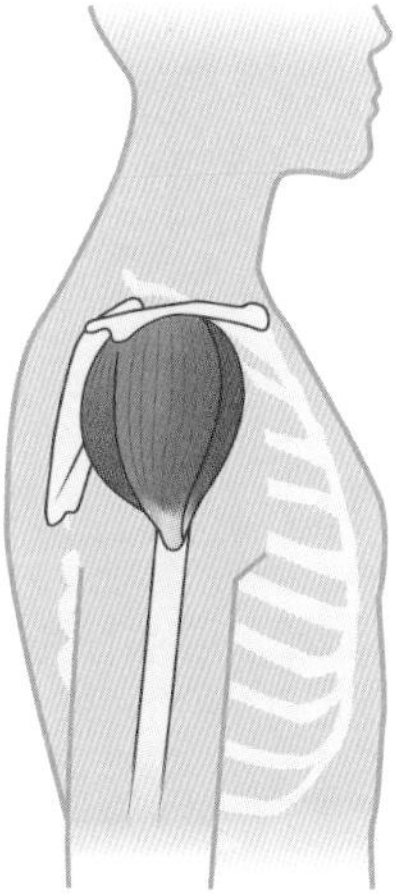

●回旋筋腱板（ローテーターカフ）

上腕骨と肩甲骨を繋ぐ、深層に位置する筋肉群の総称です（棘上筋、棘下筋、小円筋、肩甲下筋）。４つの筋肉が上腕骨を包み込むようについており、これらが協調的に働くことで、不安定な構造の肩を安定させる大切な役割を担っています。

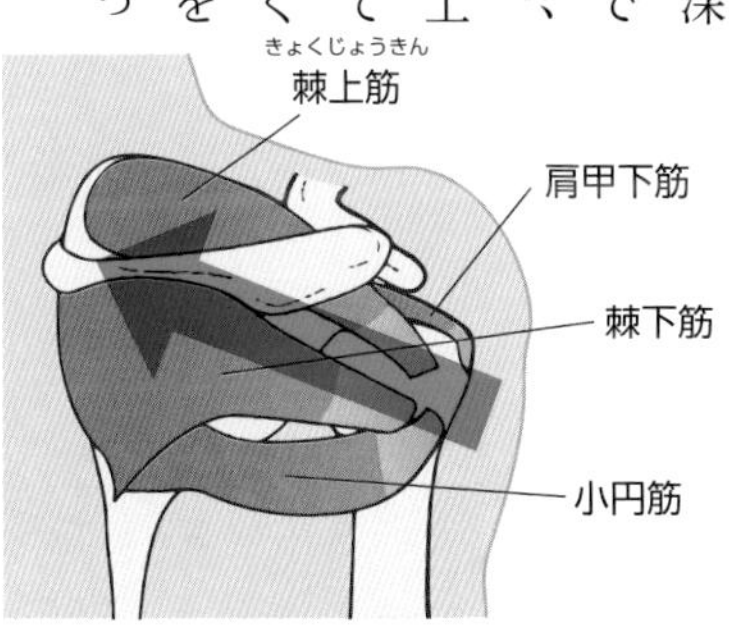

●上腕二頭筋

肘をまたいで腕の前面につく筋肉で、肘を曲げる際に働きます。文字通り2つの頭があり、1つは肘のみ、もう1つは肘と肩をまたぎます。この筋肉を伸ばす際には肘を伸ばすだけでなく、腕を後ろに伸ばす必要があります。

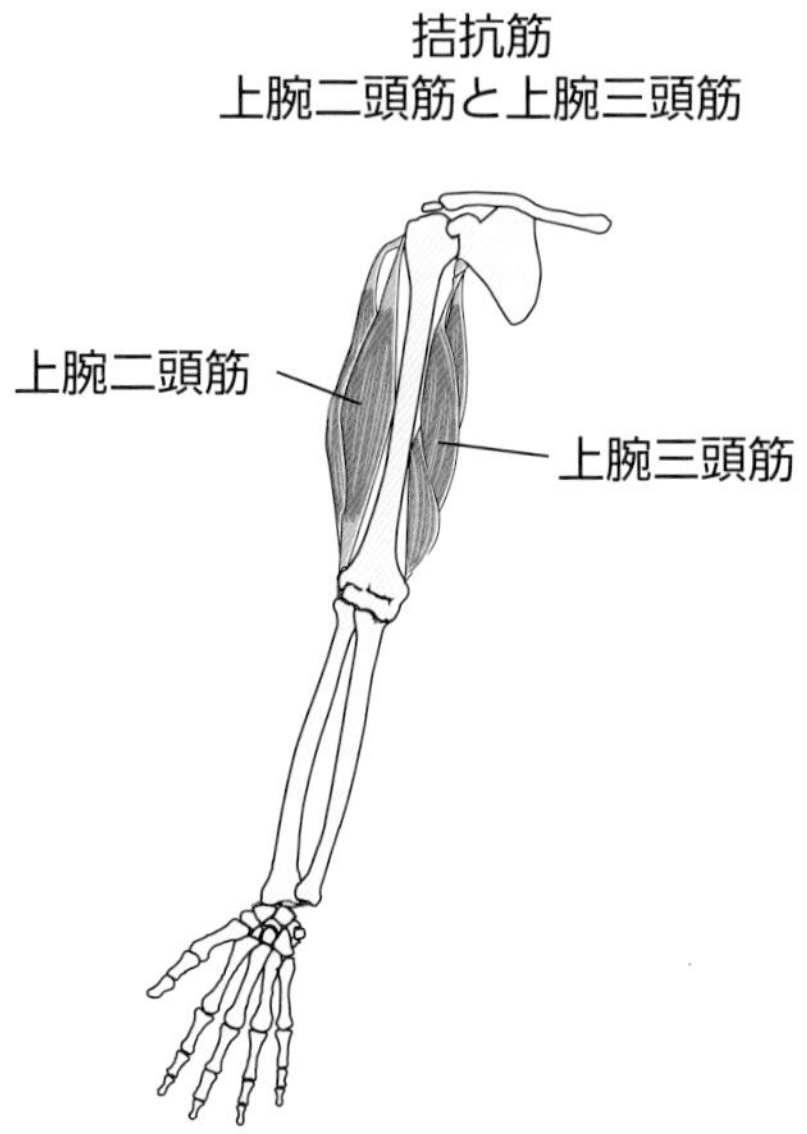

●上腕三頭筋

肘をまたいで腕の後面につく筋肉で、肘を伸ばす際に働きます。3つの頭のうち1つは肩をまたいで肩甲骨にまで伸びているため、伸ばす際には写真のように腕を上げた状態で行うのが一般的です。

コラム7

肩のインナーマッスルはどう鍛える?

肩の障害予防に大切とされる回旋筋腱板(ローテーターカフ)は、肩を安定させるために複数の筋肉が協調的に関節を安定させるよう働きます。ローテーターカフの強化は、以前までは左の写真のようなチューブ等を使ったエクササイズが主流でした。もちろんこれらも効果的ですが、肩を安定させるためには肩の深部にある複数の筋肉を1つひとつ強化していくよりも、それらが協調的に収縮を起こすための工夫が効果的とされています。

■圧縮

肩の関節の方向に圧を加えるような負荷をかけることで、ローテーターカフ全体の協調的な収縮を促すことができます。

ベア (P126)

サイドブリッジ (P128)

フロントブリッジ (P127)

■牽引

肩の関節を引っ張る方向に負荷をかけることで、ローテーターカフ全体の協調的な収縮を促すことができます。

デッドリフト (P146)

スーツケースキャリー (P133)

ラットプルダウン (P153)

■グリップ

手でものを握ることによって、脳が「何か重いものを持ち上げる」と予測し、ローテーターカフに予備緊張を起こすと言われています。

シングルレッグ RDL リロード (P137)

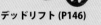

●前腕屈筋群／伸筋群

肘から先の前腕には、小さい筋肉がたくさんついており、1つひとつを覚える必要はありませんが、大まかな分類を理解しておくことをお勧めします。

まず手首の掌屈（手のひらを腕に近づける動き）時に働く筋群（前腕屈筋群）は主に前腕の手のひら側についており、肘の内側に伸びていきます。

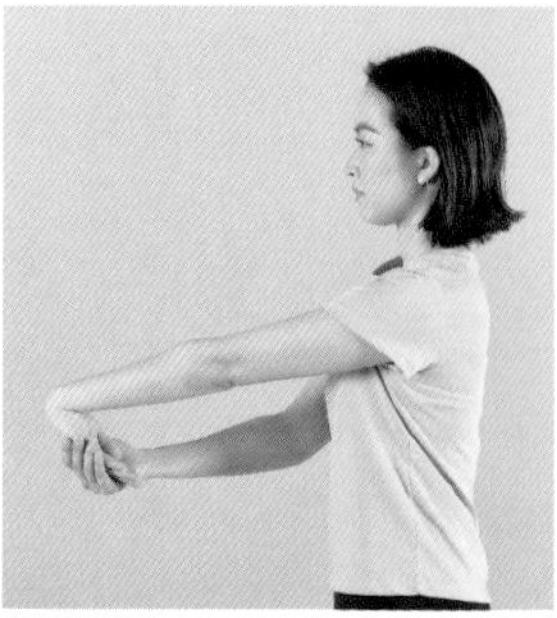

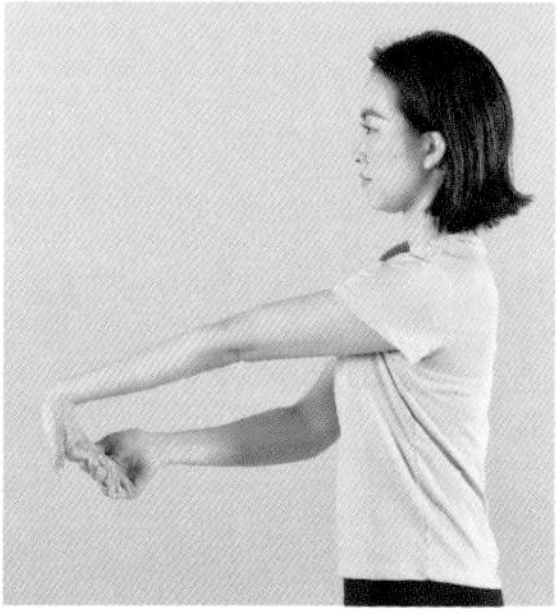

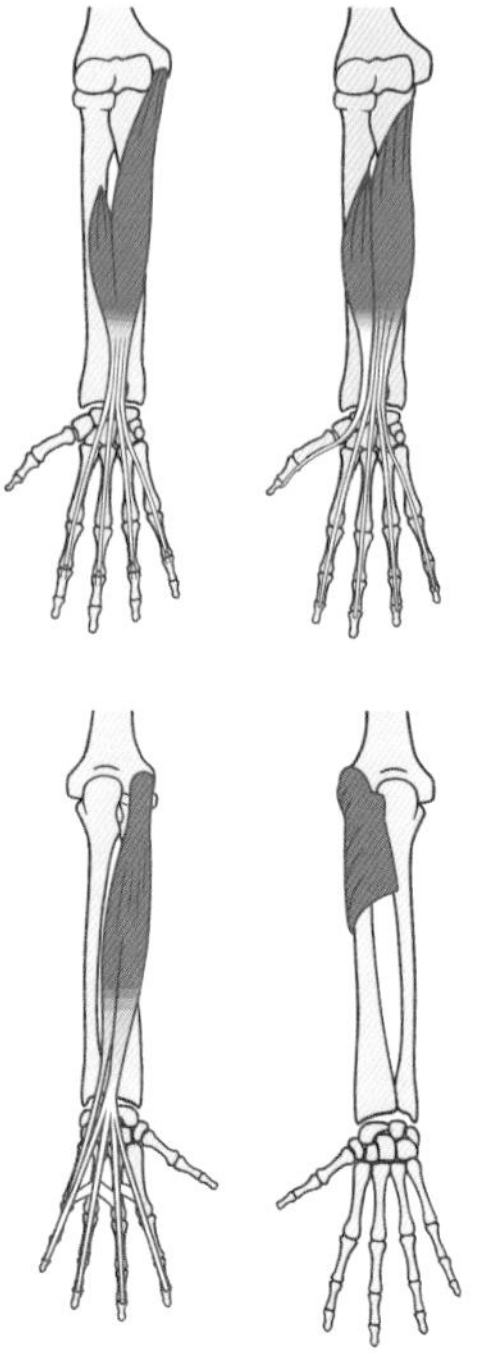

対して手首の背屈（手の甲を腕に近づける動き）時に働く筋群（前腕伸筋群）は主に前腕の背側についており、肘の外側に伸びていきます。

＜体幹部＞

●腹直筋

肋骨から真っ直ぐ骨盤まで伸びる、腹筋の中でも最も表層にある筋肉で、背骨を丸める働きがあります。特徴的なのは1本の長い筋肉ではなく、絵の通り腱で仕切られ、1本1本の筋線維は短い構造になっています。

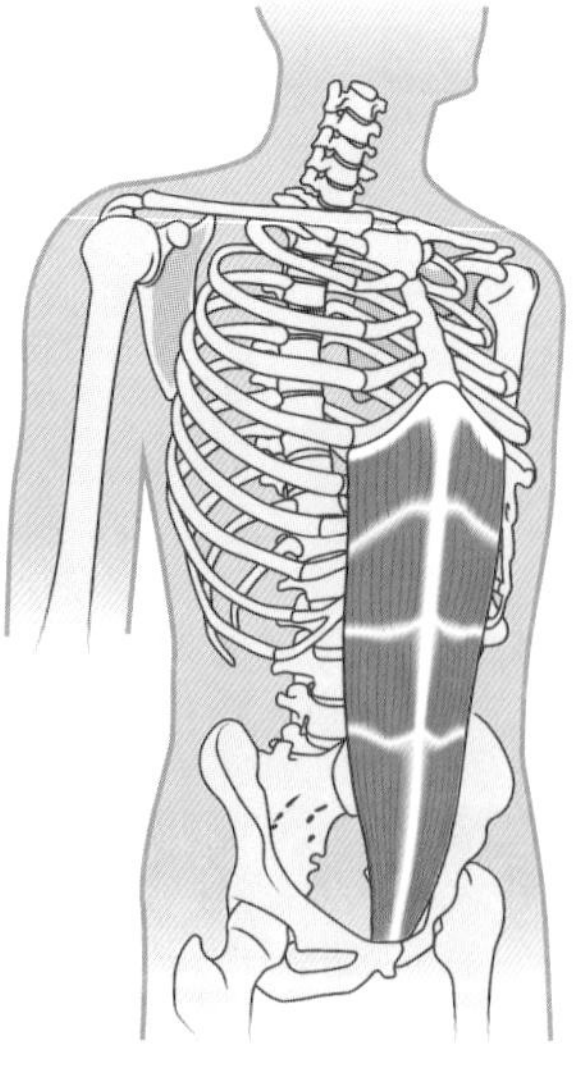

●腹斜筋（外腹斜筋／内腹斜筋）

脇腹には、表層にある外腹斜筋と、深層にある内腹斜筋があります。それぞれ斜めの方向に走っており、協力しながら背骨を側屈、回旋させます。イラストは外腹斜筋です。

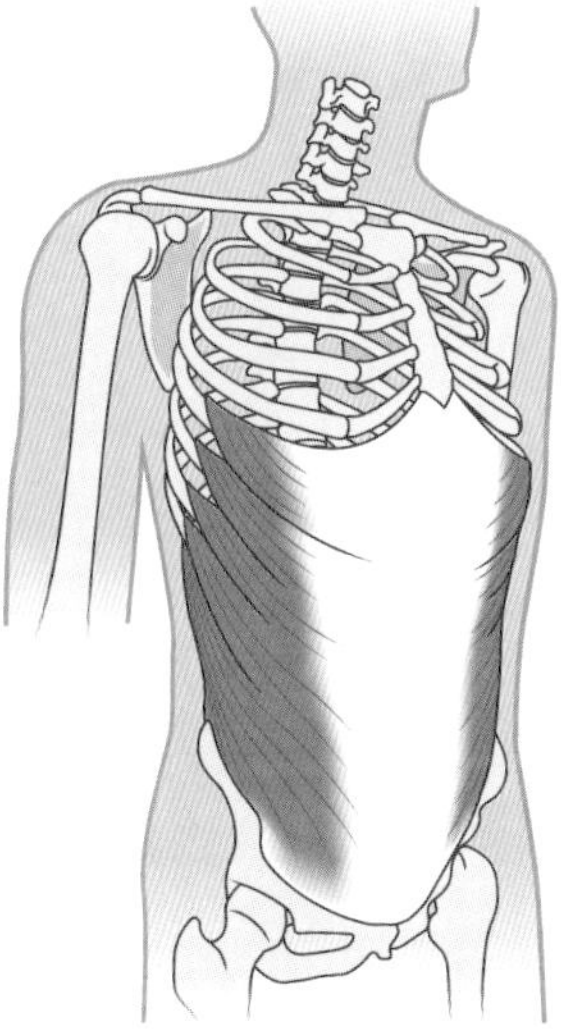

●腹横筋

腹斜筋のさらに深層に位置し、腹部を腹巻のように覆っている筋肉です。以前は、この筋肉を活性化させる目的でドローイン（お腹を凹ませるエクササイズ）が流行したことがありました。本書では、ドローインとは違った形での呼吸・体幹エクササイズを紹介していきます。

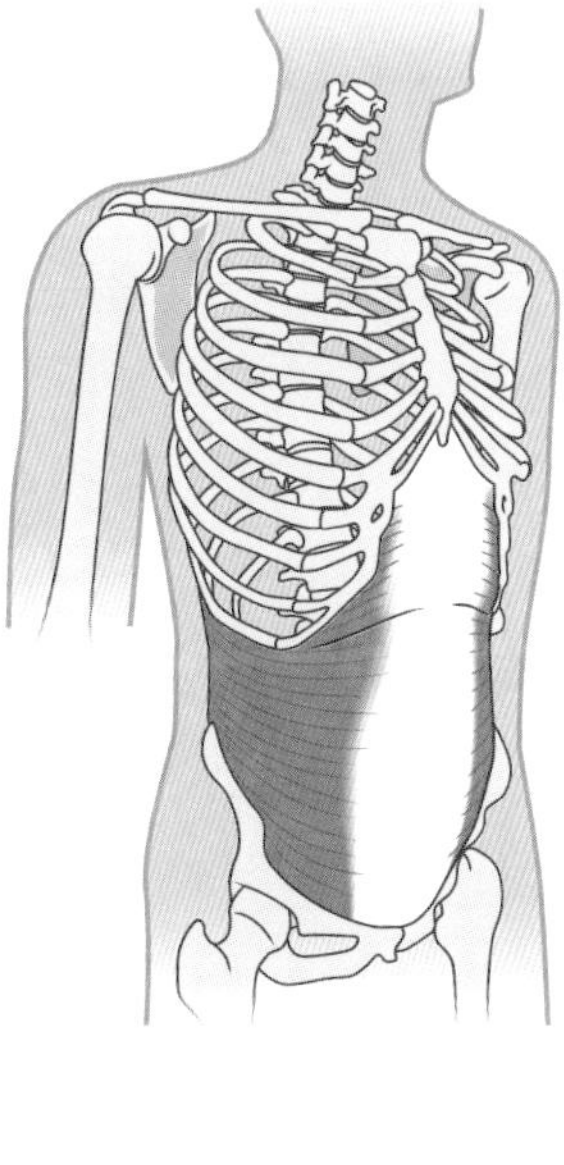

●脊柱起立筋

頭蓋骨から骨盤まで、背骨に沿って走っているのが脊柱起立筋です。背骨を反らせる作用があります。特徴として、腹直筋と同様に1本の長い筋肉ではなく、複数の細かく短い筋肉の集合体になっています。

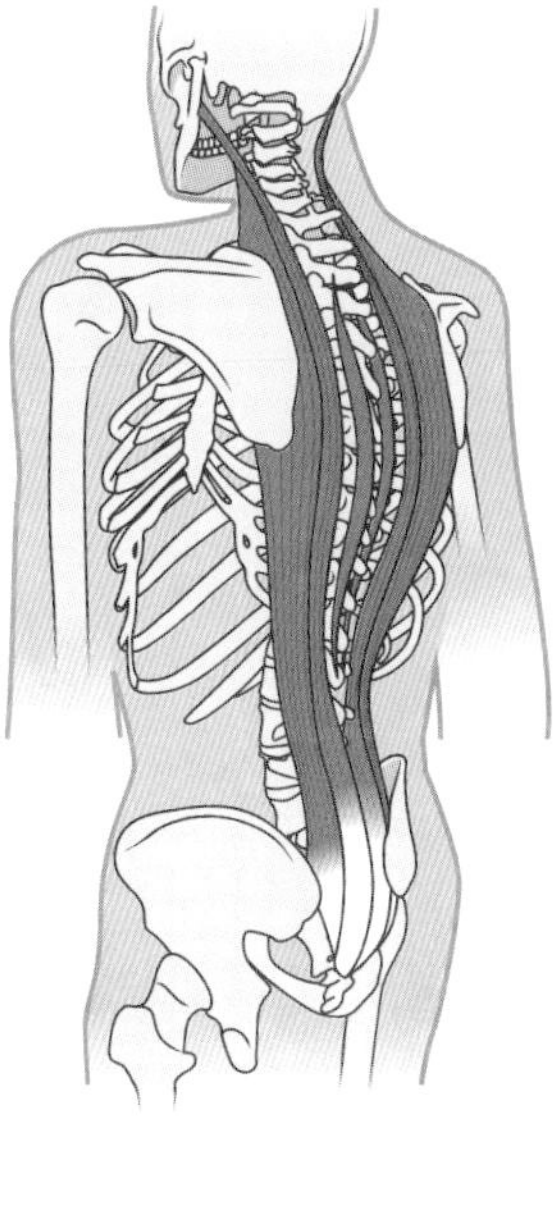

コラム8

筋線維の短い腹直筋や脊柱起立筋は、どう鍛えるのが効果的？

筋肉には「長さ―張力関係」というものが存在します。これはそれぞれの筋肉において、最も強い力を出すことのできる長さが概ね決まっている、という考え方です。

この影響は筋肉の線維が長いほど小さく、線維が短いほど大きくなります。仮に長い筋肉であれば数ミリの伸びは全体の伸び代の数％に過ぎませんが、短い筋肉が数ミリ伸ばされると急激に発揮できる力が落ちてしまうわけです。つまり、これらの筋肉は積極的に伸び縮みさせず、同じ長さで負荷をかけて鍛えていく方が良いと考えられます（アイソメトリック収縮）。

前述の通り腰椎は、肋骨や骨盤のサポートを受けていない、不安定な部位です。さらに各方向への可動域も広くないため、「動き過ぎることで痛む」という特性があります（詳細は「動きの効率性」の項で解説）。

筋力発揮、関節への負担の両面を見ても、左下の写真のような腹筋運動よりも、背骨をまっすぐに保ったまま体幹の筋群をアイソメトリック収縮で行う左上の写真のようなエクササイズのほうが安全であり、動きづくりにも効果的であることが分かります。

＜下半身＞

●大臀筋

お尻の表層につく大きな筋肉です。仙骨から下斜め外側に伸び、大腿骨に付着するこの筋肉は、主に股関節の伸展（脚を後ろに伸ばす）や外旋（脚を外側に捻る）動作で働きます。

股関節の伸展は走る、跳ぶなど多くのスポーツの中で必要になるばかりでなく、歩く、階段を登る、立ち上がるといった日常生活でも必要となる動作であり、その主たる動力源が大臀筋となります。

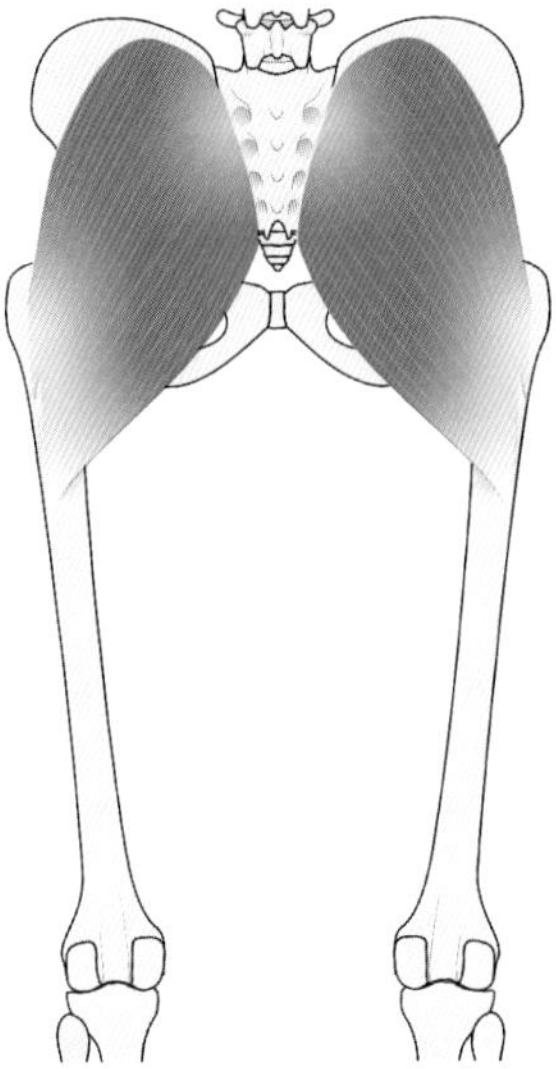

●中臀筋

大臀筋の外側あたりに位置する中臀筋は、股関節を外転（脚を外に開く）する際に働きます。ただ実際に人間が動く中では、骨盤の横ブレを防ぐために働く局面の方が多いでしょう。

例えば片脚支持の連続である歩行を見ても、片脚立ちの局面で中臀筋が働かないと左の写真のように骨盤が横

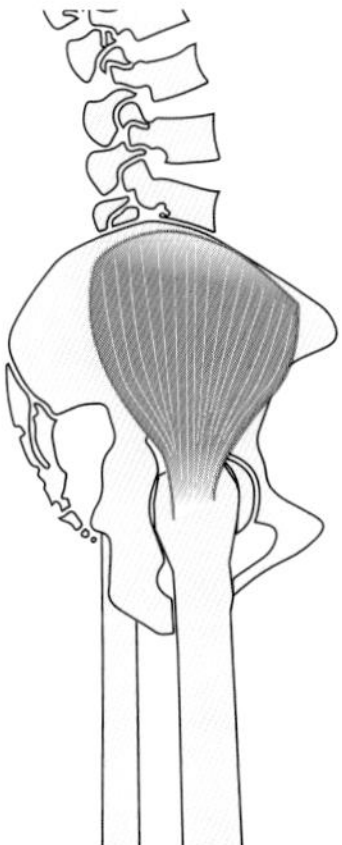

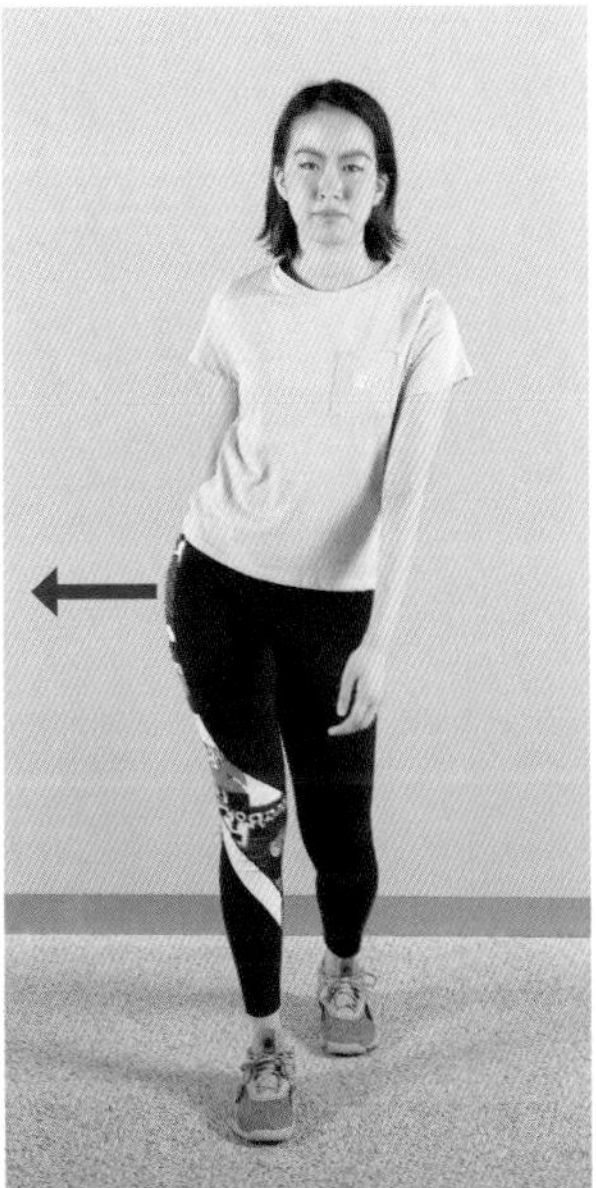

にブレる、いわゆる「モデル歩き」になってしまいます（モデルの方が筋力不足ということではなく、あくまで例えです）。

歩行にしても走行にしても、ブレなく効率的に前に進むために、中臀筋は骨盤の横方向の制御を担ってくれています。

●ハムストリングス

裏ももに位置する複数の筋肉の総称で、坐骨（骨盤）から脛骨（すね）まで伸びる筋肉です。膝と股関節の2つをまたぐため、膝の屈曲（膝を曲げる）と股関節の伸展（ももを後ろに引く）の働きがあります。

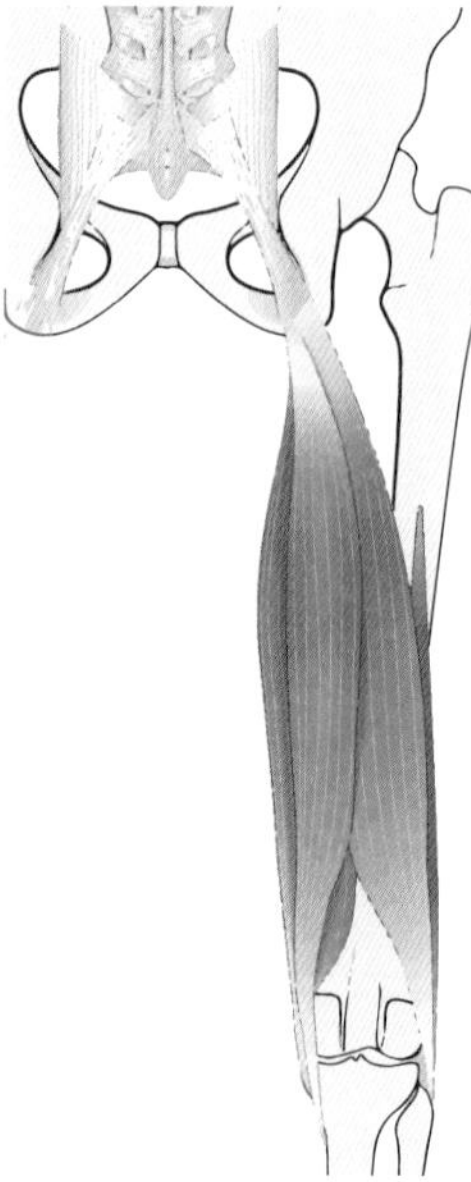

●腸腰筋

股関節の前面を通る大腰筋、腸骨筋という筋肉の総称で、いずれも股関節の屈曲（股関節を曲げる）に働きます。また大腰筋は背骨から、腸骨筋は骨盤から伸びているため、それぞれ背骨や骨盤を安定させる役割も果たしています。

図で見ると前面にあるように見えますが、実際には背骨や骨盤の内側に付着するため、深部にある筋肉です。

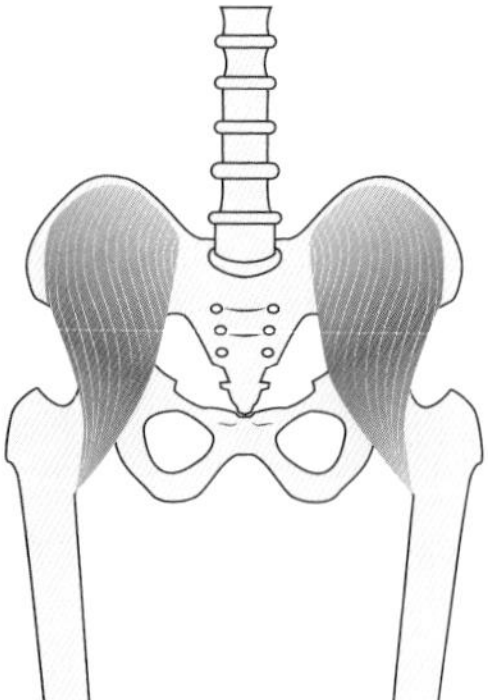

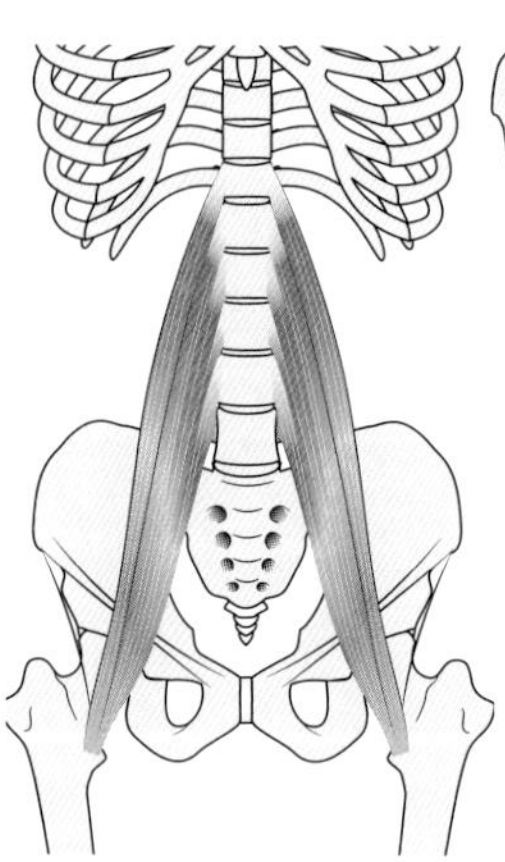

●大腿四頭筋

太もも前面に広がる大きな筋肉であり、4つの線維に分かれていますが、総じて膝の伸展（膝を伸ばす）の際に働きます。中でも大腿直筋と呼ばれる線維のみ股関節もまたいでいるため、この筋肉を伸ばすには膝の屈曲と股関節の伸展を同時に行うような、下の写真のような姿勢が効果的とされます。

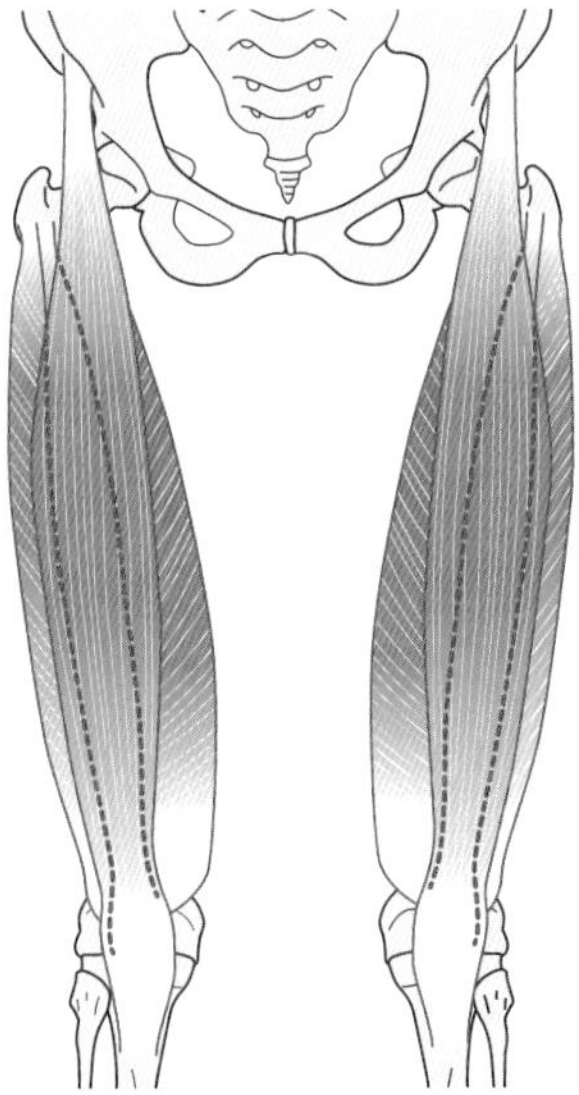

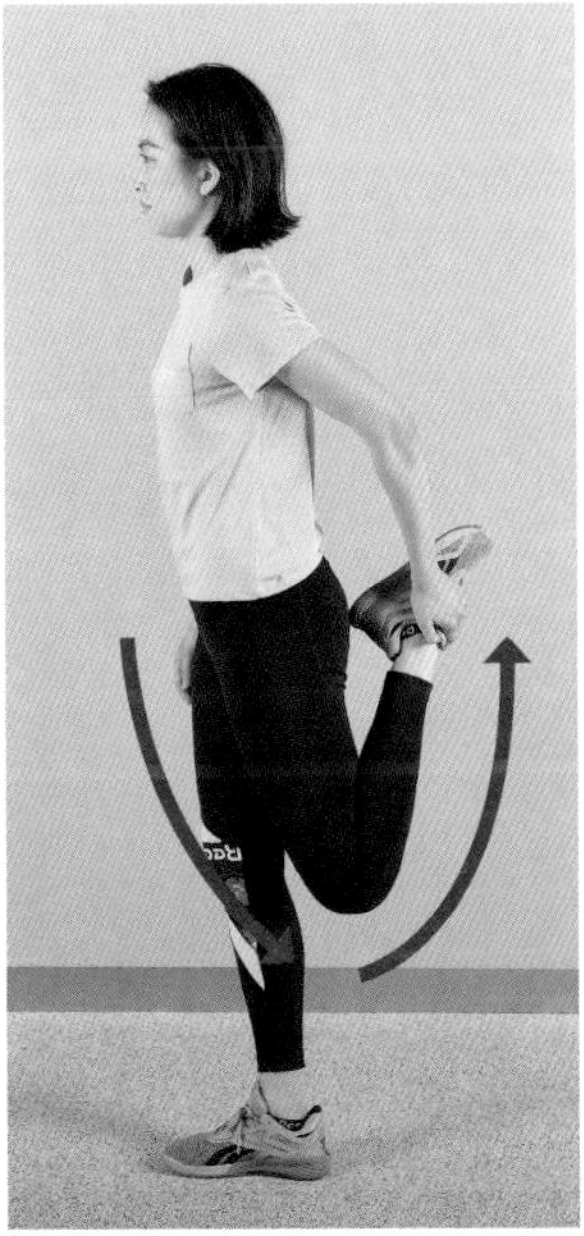

●大腿筋膜張筋

太ももの外側に位置する筋肉で、主に股関節の外転（脚を広げる）の働きがあります。骨盤から股関節、膝をまたいですねまで伸びる長い組織ですが、そのうち筋肉は上端のほんの一部で、それ以外は靭帯に移行する稀な筋肉です。

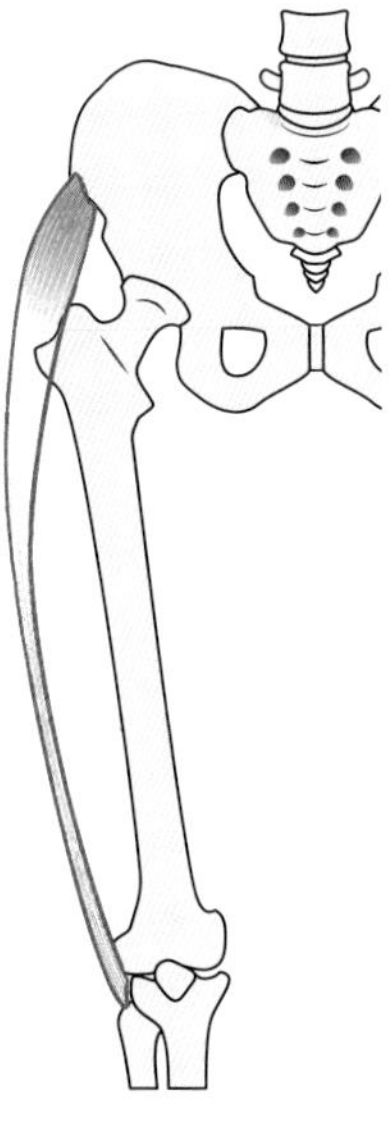

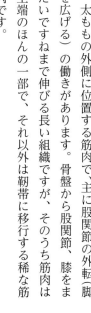

●**内転筋群**

太ももの内側に位置する筋肉で、主に股関節の内転（脚を閉じる）の働きがあります。片脚立ちをする際、前額面の横ブレを安定させるために、中臀筋と共に活動すると言われています。

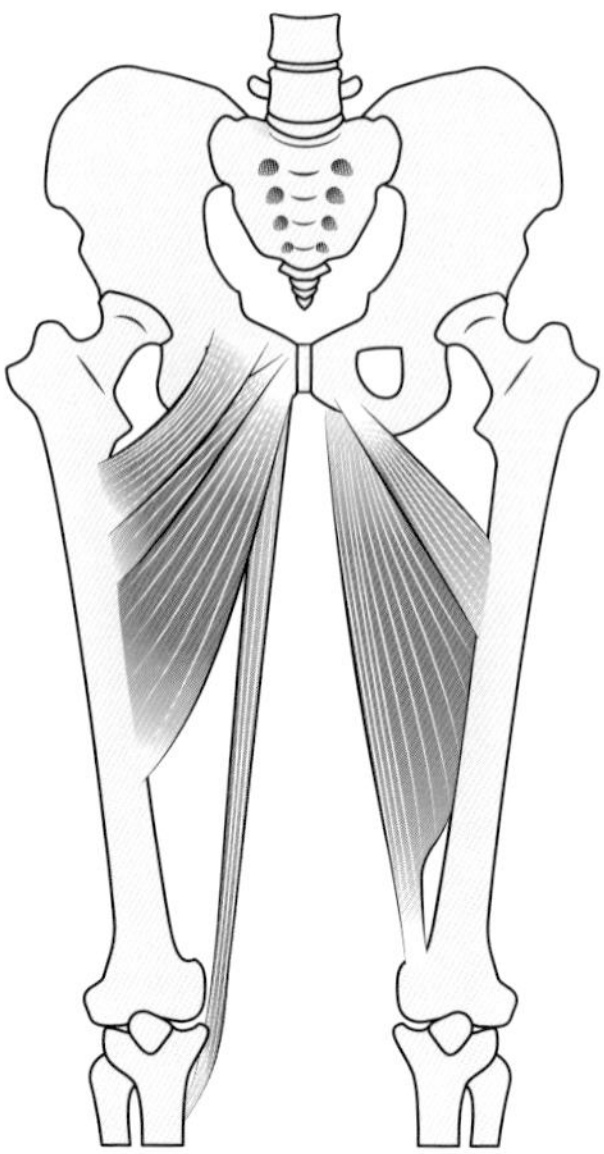

●**下腿三頭筋（腓腹筋／ヒラメ筋）**

ふくらはぎの後面につく筋肉で、表層の腓腹筋と、深層のヒラメ筋に分かれ、いずれもアキレス腱に繋がり、踵の骨（踵骨）に付着します。

足関節（足首）の底屈（つま先立ちをする動き）の働きがありますが、腓腹筋は足関節だけでなく膝もまたぐ筋肉であるため、膝の屈曲にも関わります。そのため、これらの筋肉を伸ばす際には、図のように膝の角度を変えることで伸びる筋肉を分けることができます。左のイラストは主にヒラメ筋、左ページのイラストは主に腓腹筋のストレッチになります。

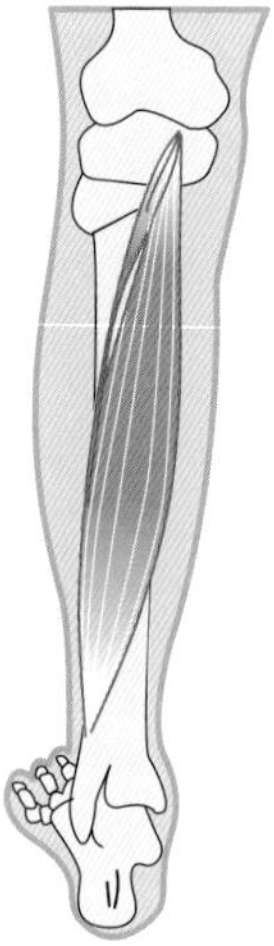

ヒラメ筋

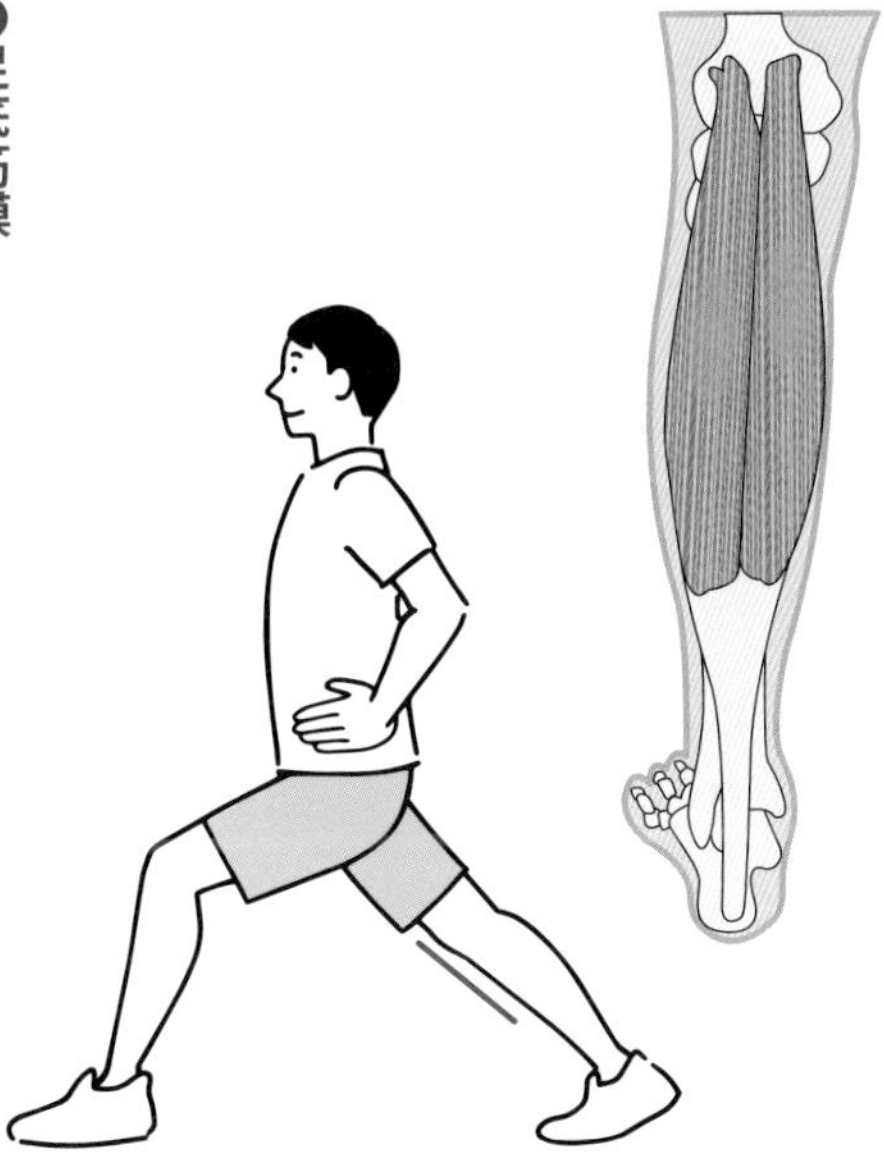
腓腹筋

●足底筋膜

足裏全体を覆うように広がり、踵側に付着する膜です。足底筋膜は筋肉ではありませんが、足裏のアーチを維持したり、バネの力で動きをスムーズにする役割があります。前述の通り扁平足などで足部の骨格が崩れると、その能力を発揮するのが困難になってしまいます。この足底筋膜を伸ばす方法として、足裏のマッサージの他に、写真のように足の指を反らせる方法があります。

コラム9

筋肉痛を正しく理解しよう

筋肉痛が細かな筋線維の損傷であることは広く知られていますが、なぜ運動した翌日などに遅れて現れるのかは意外と知られていません。

これは、侵害受容器という痛みを感知するセンサーが筋線維に届いていないことに起因します。筋損傷は炎症を起こし、それが筋肉を覆う膜に届いた時点で体が痛みを感知するため、時間差が生まれるのです。

また筋肉痛には2つの要因があると言われています。1つは前述の細かな筋線維の損傷、もう1つは血液循環不良によるものです。

運動した後、筋肉の中には疲労物質が蓄積され、通常は血液循環で流れていくものですが、血液循環が滞っている場合には疲労物質が筋肉内に留まり、痛みを発生させると言われています。

この場合、血液循環を促すことで改善が早まると考えられます。これが巷で「筋肉痛は走れば治る」と言われる理由かもしれません。

よって筋肉痛に対する適切な対処は、十分な休息や栄養補給で組織の修復を早めること、適度な有酸素運動や入浴などで血液循環を促すこと、となります。

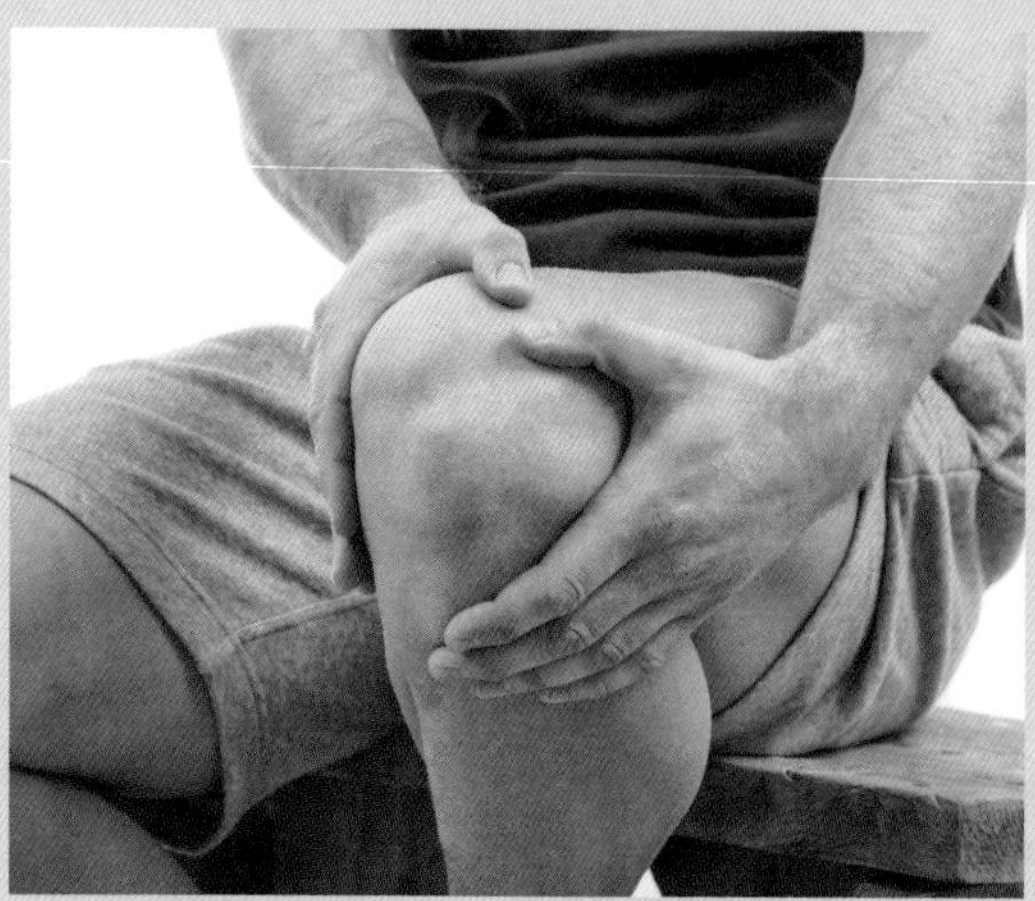

■神経

一方、筋肉の働きを司る神経は、脳や背骨の中を通る中枢神経と、そこから体の末端に向かって伸びる末梢神経に分類されます。人間の動きは基本的に全て脳（中枢神経）によって制御されます。その伝達を担う末梢神経は①体性神経系と②自律神経系に分類されます。

＜体性神経系＞

体性神経系とは、意思によって体を動かすために脳から筋肉など各組織に神経指令を送ったり、体のどこかで感じた感覚を脳に伝えるなどの役割があります。

例えば我々が手を上げるとき、脳からは手を上げるために必要な筋肉に神経指令が送られ、筋線維が収縮を起こすことで関節が動きます。スポーツに限らず日常生活においても、人間が動く上で神経と筋肉の連動、すなわち運動制御は不可欠なものです。

ちなみに神経指令は1つの動作に対して1回きりではなく、必要な筋力発揮の大きさに応じて司令の回数が増えていきます（神経指令が送られる回数のことを「発火頻度」と呼びます）。

走り高跳びの選手では、跳ぶ前の踏み込む一瞬の間に、脳から約50回の神経指令が送られると言われています。

また、脳からの指令以外にも体を動かす仕組みがあります。転びそうになったり、熱いものを触ったりと、体が危険を察知した際には、脳を介さず素早く筋肉に指令が送られます。この流れは「反射」と呼ばれ、体の防衛反応として備わった機能と考えられています。

スポーツ動作の中では、この反射を利用した動作が重要と言われています。相手やボールなどに素早く反応するために、毎回脳からの指令に頼っていてはスムーズな動きが達成されません。詳細については「体づくりのコンセプト」の項で詳しく解説していきます。

神経系

中枢神経

末梢神経

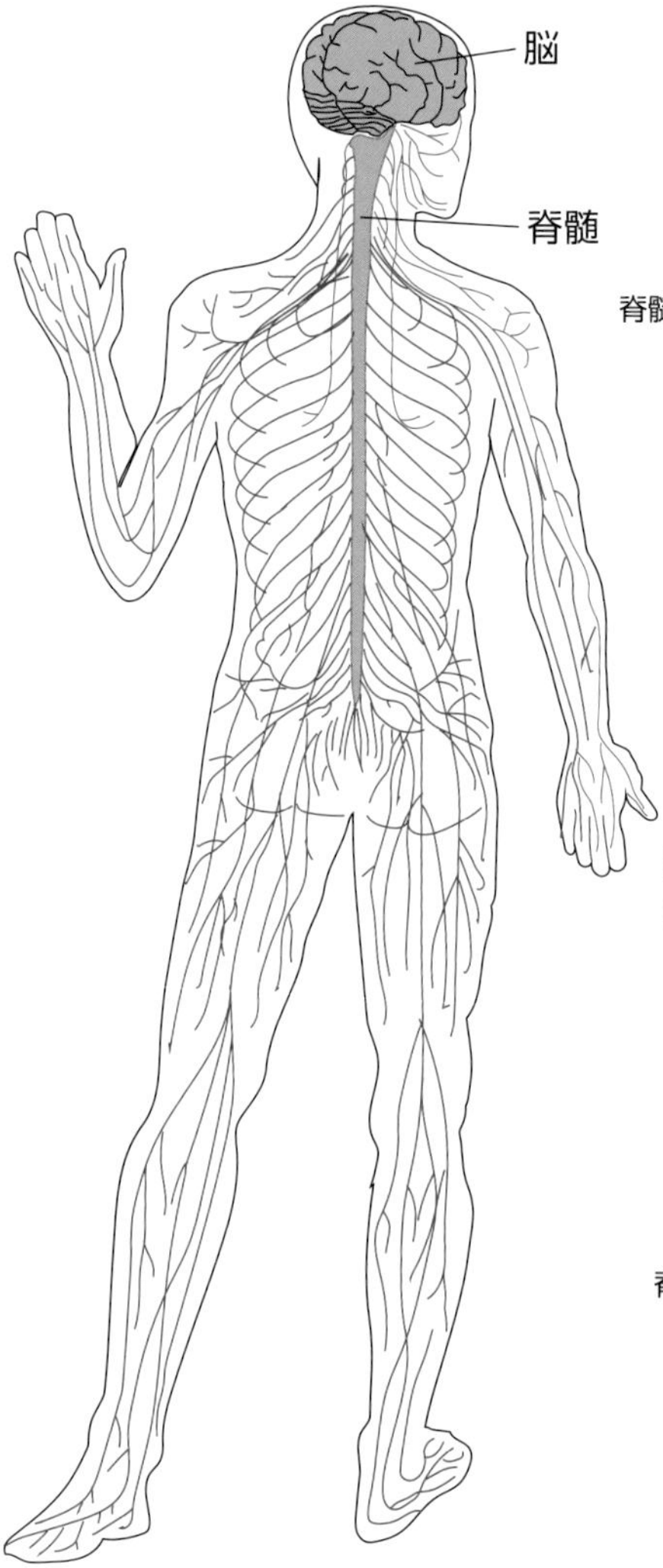

・全身の感覚器官で得た情報は、感覚神経を介して脳に送られる。
・脳からの指令は、運動神経を介して全身の筋肉に送られる。

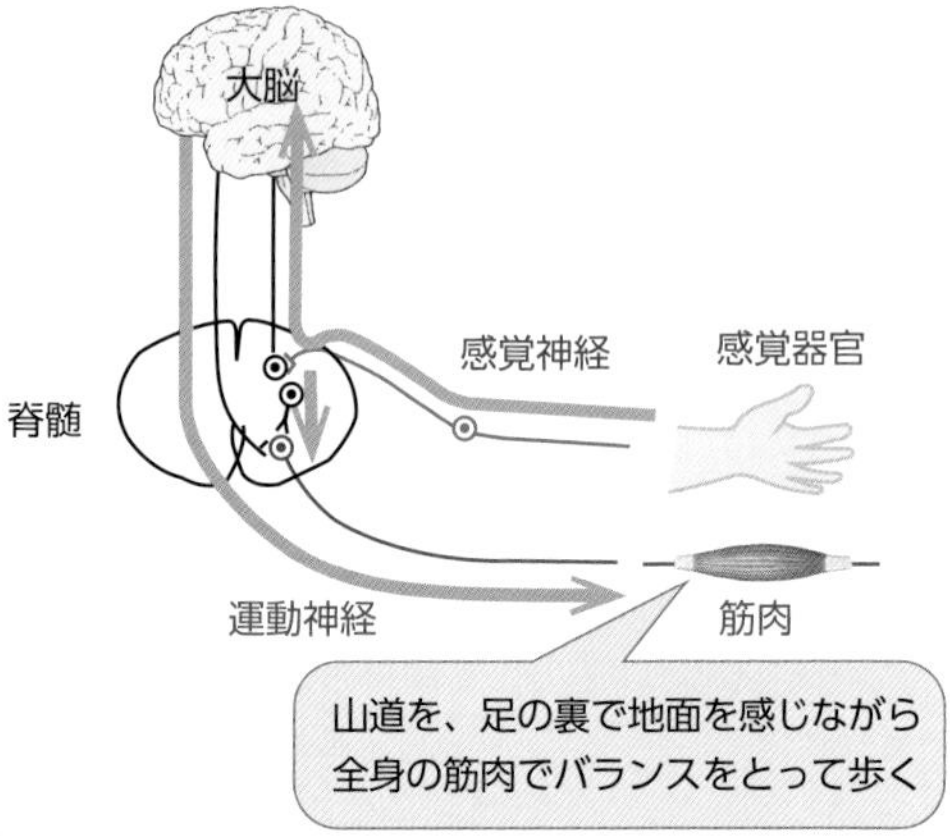

「反射」は、感覚器官で得た情報を脳まで送らず、筋肉に指令を送る。

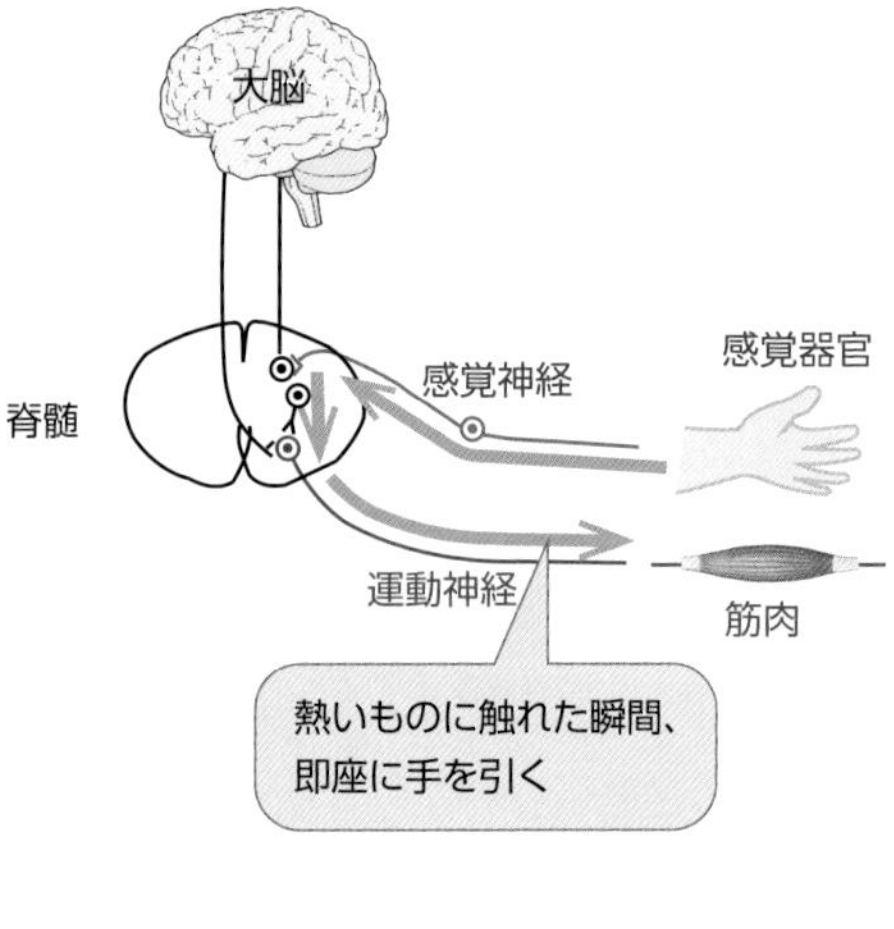

コラム10

筋肉はどのように強くなるの？

太くたくましい筋肉を見ると「きっと筋力が強いのだろう」と感じると思いますが、実は「筋肉量」と「筋力」はイコールではありません。

もちろん細い筋肉より太い筋肉の方が強い力を出しやすいです。ただ前述の通り筋肉は神経指令によって働くため、単に筋肉量が多くても、神経指令が高頻度で筋肉に届き、その指令に筋肉が反応できる状態でなければ、筋力は強くなりません。

トレーニングを始めたばかりの方は、しばらく筋肉量に変化がなく、数週間～数ヶ月後に筋肉量が増え始めることがあります。これはトレーニング開始初期に神経系の機能が先に発達し始め、その後に筋線維が太くなるという段階を踏むためです（トレーニング直後に筋肉が腫れ上がり、「筋肉がついた！」と錯覚することがありますが、それは筋肉内に溜まった疲労物質を薄めるために筋肉に水分が集まった結果であり、筋肉はトレーニング直後には肥大しません）。

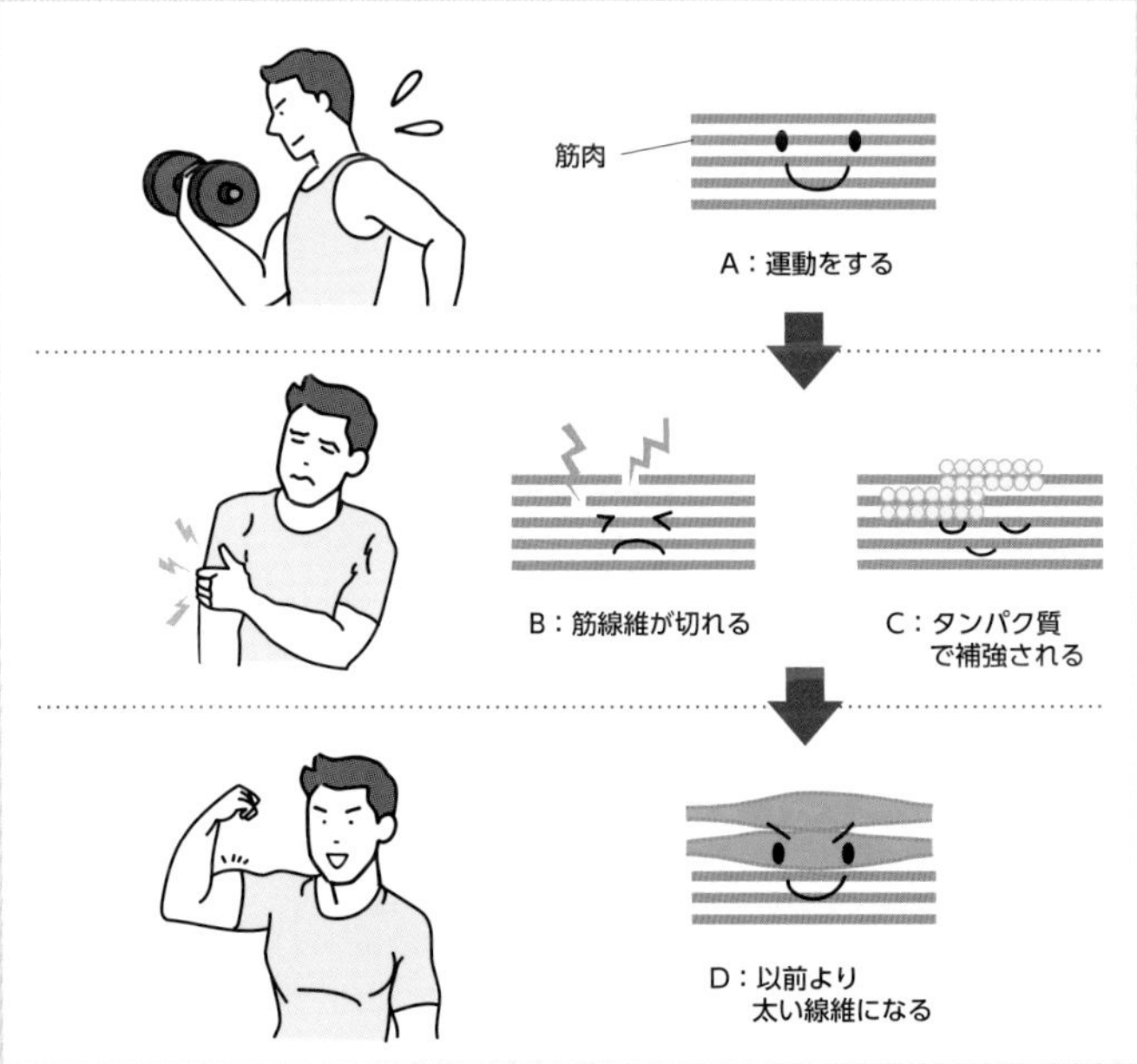

＜自律神経系＞

自律神経系は、意思に関係なく体の機能を調整する役割を担っており、交感神経と副交感神経に分かれています。交感神経は体を活発に動かすときに働き、副交感神経は体を休める時に働きます。

通常、日中は交感神経、夜間は副交感神経が優位になることが知られていますが、1日の中でも波を打つように互いにバランスを取っており、また外部からの刺激に対しても敏感に変動を起こします。

交感神経が優位な場合、体は動く準備に入っていきますので筋肉は緊張し、また胃腸など内臓の働きは抑制され、心拍数は増えます。

逆に副交感神経が優位な場合、体は休む準備に入っていますので、筋肉は緩みやすく、また内臓の働きは活性化され、心拍数は減ります。

つまり運動前にはなるべく交感神経が優位に、運動後には副交感神経が優位になるよう体に働きかけることが大切です。

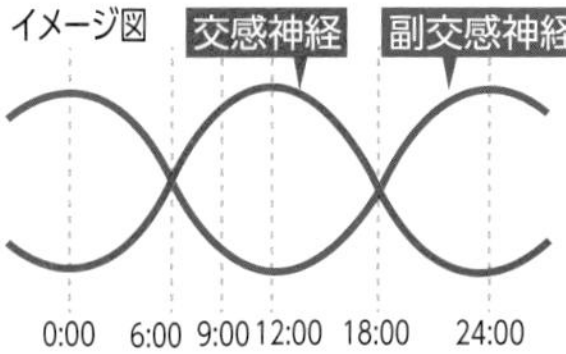

コラム11

動いていないのにお腹が減るのはなぜ？

運動をしていない日に限って「やたらとお腹が空く」と感じたことはありませんか？ 消費エネルギーが少ないはずなのにお腹が空くのは、この自律神経系の影響と考えられます。運動をしないと、体は副交感神経が優位なまま過ごすことになり、胃腸の働きは活発なままなので、食べたものを消化するスピードも早くなります。

運動すれば、その分エネルギーを消化してお腹が減るのは当然ですが、動いていない日にお腹が空くのも、決して不思議なことではないのです。

3章

痛みにくく動きやすい「動きづくり」のコンセプト

本章では「動きの効率性」と「動きの多様性」を中心に、「痛みにくく動きやすい『動きづくり』のコンセプト」を解説します。このコンセプトを理解することで、4章以降のセルフチェックとエクササイズの実施がスムーズになるでしょう。

01 治療だけでは、痛みを予防できない

痛む場所に原因はない

もしあなたが体のどこかに不調や痛みを感じた場合、まず駆け込むのは病院か治療院でしょう。病院は不調を感じる場所に何が起こっているのかを診断してくれます。治療院は、患部に電気治療やマッサージなど適切な処置で痛みを緩和させてくれるでしょう。しかし、痛みの原因が「動き方」であった場合、不適切な動きが直らなければ、またその患部に負担が集中し、痛みが再発してしまいます。

下の右写真をご覧ください。立った状態で腕を真上にあげるバンザイの動きです。正常であれば肘を伸ばしたまま両腕は耳の横まで到達することができますが、この動きには肩の関節以外に背骨（特に胸椎）の関節可動域が必要です。試しに下の左写真のように背中を丸めた状態でバンザイをしてみてください。腕が真上まで上げられないばかりか、中には肩に痛みや違和感を感じる人もいるかもしれません。

胸椎の動きが出ないために、肩の動きが制限され、関節の中を通る筋肉が挟まってしまうことで痛みが生じます。四十肩・五十肩の痛みを持つ方に多い動作不良です。

ここで大切なのは、この時に痛みが起こるのは「肩」でも、その原因は「胸椎」の可動域の制限だということです。

それでも腕を真上に上げなければならない状況はスポーツでも日常生活でも多くあります。バレーボールでのスパイクやブロック、バスケットボールではシュート

やリバウンド、テニスのサーブ等もそうでしょう。日常では高い位置の窓拭き、棚の上からものを取り出すときに、手を頭上に伸ばす必要があります。しかしその時、何かの原因で上半身の関節可動域が制限されると、腕を真上に上げられないため、他の場所を代償的に動かし、腕を上げようとします。

　下の写真をご覧ください。右は正常なバンザイ動作、左は肩が上がらないために腰を反ってバンザイ動作をしています。つまり肩や胸椎の可動域制限を、腰椎を反らせることによって解決しようとしているのです。このように腰を反ってバンザイ動作を繰り返していれば、いつか腰を痛めることが容易に予想できます。

　ここでも大切なのは、痛みが起こるのは「腰」であり、それを引き起こしている原因は「肩」や「胸椎」にある、ということです。

　本書では一貫して「痛む原因は患部にない」という考え方をお伝えしていきます。体のどこかに痛みや不調を感じると、その部位に何が起こっているのかが気になってしまうものですが、特に慢性障害の場合、他の部位の問題のしわ寄せが痛みを引き起こすことが多いのです。そのため、痛む患部を治療しても、動き方自体を改善しなければまた同じ場所に痛みが出てしまいます。

　では、障害のリスクを減らすために、どのような動きづくりをすれば良いでしょうか。

　本書の後半では、痛みにくい体をつくるための順序として、①動きの問題点を見つけ出すためのセルフチェック、②見つかった問題点を解決するエクササイズを紹介していきますが、その根底にある考え方は以下2点が中心となります。

02「動きの効率性」

動きの効率性とは？

動きの効率性とは、言い換えると「最小限の努力やエネルギーで意図する動作を行えること」、つまり不要な努力や特定の筋肉や関節などの組織へ過負荷をかけずに課せられた動きを行える能力を言います。

前述の通り、慢性障害は特定の組織への過負荷や、回復力が追いつかないことによって起こるため、動きの効率性は障害発生率に影響を及ぼすことは疑う余地がありません。またスポーツのパフォーマンスに置き換えるなら、意図する動作を最小限の努力で行えることで、余力を技術や状況判断に費やすことができるため、良い成績にも繋がりやすくなると考えられます。

体の各関節には、それぞれに役割がある

体には、膝や肩、股関節など沢山の関節がありますが、その構造は関節ごとに違っており、動かせる角度や方向にも違いがあります。前述の通り膝は矢状面以外の方向には可動域がなく、無理に捻ろうとする（あるいは捻られるような負荷がかかる）と、靭帯や軟骨、半月板などの組織を痛めてしまいます。対して股関節は球関節の形状になっているため、動く範囲が広いのです。

大切なのは、それぞれの関節の構造・役割に沿った動きづくりが必要であるということです。左の図は、それぞれの関節の役割をまとめたものです。

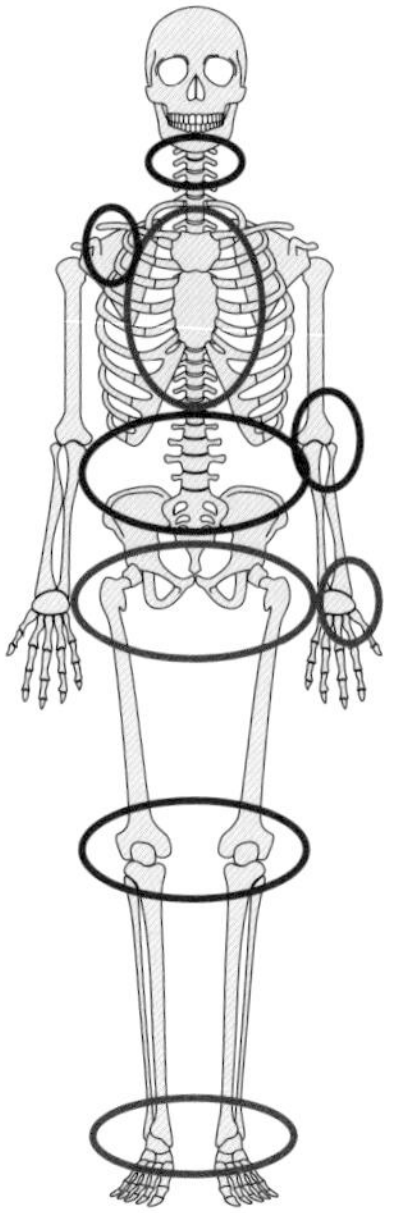

赤い丸がついている部分は「モビリティ（可動）関節」です。モビリティ関節の定義は、前述の2つ以上の動作面（矢状面、前額面、水平面）に大きな可動域を持っている関節です。

対して青い丸がついている部分は、より安定性が必要な「スタビリティ（安定）関節」です。「スタビリティ関節」の定義は、特定の1方向にのみ動き、主に安定することが役割となる関節です。例えば胸椎は、多方面に可動域のある部位であり、また前述の通り胸椎の可動域が少ないことで肩など上半身の動きに制限が生まれるため「モビリティ関節」に分類されます。

逆に腰椎は、前後の矢状面の動きに可動域があるものの、それ以外の側屈・回旋といった動きには可動域が少ないため、過剰に動かされると痛むリスクがあります。この理由から腰椎は「スタビリティ関節」に分類されます。なお、巷で呼ばれる「体幹」の定義にはばらつきがありますが、本書では、主に腰椎部分を「体幹」と呼び、安定させるべき部位として扱います。

股関節は球関節の形状で、多方面に多くの可動域を持っているため、「モビリティ関節」、膝は蝶番の形状で、前後にしか可動域がないため「スタビリティ関節」に分類されます。

お気づきの通り、主要な関節はモビリティ関節とスタビリティ関節が交互に割りあてられています。仮に全ての関節がモビリティ関節であれば、ゴム人形のように安定感がなく、逆に全ての関節がスタビリティ関節であれば、ロボットのように動きが機械的になります。

ムチがしなやかに目標物を打てるのは、柄の部分が硬いからであり、安定すべき部分と動く部分が存在することで、人間は動作を効率的に行うことができるのです。

写真のフンニングフォームを比較してみてください。上は腰椎を安定させたまま上半身・下半身が動いている

のに対し、下は上半身・下半身の動きにつられて腰椎が大きく動かされているのがわかると思います。どちらが速く走れそうか、一目瞭然でしょう。

コラム1

腰椎を動かすほど障害のリスクが高まる

前項で腹直筋や脊柱起立筋といった体幹周囲につく筋肉は、長さを変えずに鍛えるべきとお伝えしましたが、その理由は腰椎への負担にもあります。腰椎は屈曲（丸まる）すると、椎骨の間にある緩衝材の役割を果たす「椎間板」という組織に多大なストレスがかかることが研究で明らかになっています。その報告を受け、アメリカ軍で行われる体力測定からも、上体起こし（腹筋運動）が除外されたと言われています。

改めて腰椎には不要な動きを起こさせず、適切な位置で安定させるトレーニングを積むことが必要であることが分かります。

体は複数の筋肉を、適切なタイミングで使用して動いている

トレーニングをする際、多くの方は「どの筋肉を使うのか」「どの筋肉を使っている感覚があれば正解か」ということを気にします。巷でも体幹やお尻など特定の筋肉を鍛えるメソッドは多く存在します。

しかし、特定の筋肉を鍛えただけでは、動きには変化が起こりません。人が動く際には、複数の筋肉が協調的に関節を動かし、動作を行っているからです。仮に1つの筋肉を徹底的に鍛えたとしても、動作自体の力強さや速度、クオリティには大きな影響は期待できないでしょう。

下の絵をご覧ください。左は片脚立ちの瞬間、右はものを投げる

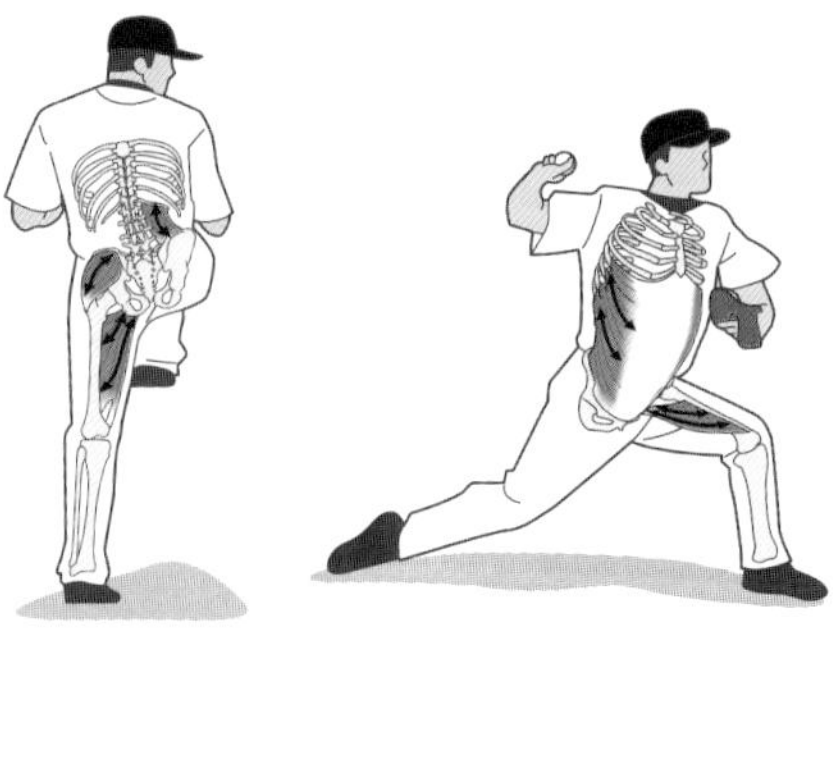

瞬間に主に活動する筋肉群を示しています（もちろん絵に示されたもの以外にも、たくさんの筋肉が活動していると考えられます）。人間が起こす一挙手一投足で複数の筋肉が協調的に働いているのが分かると思います。

繰り返しになりますが、上記のような効率的な動作は、単体の筋肉を鍛えるだけでは習得することができません。例えばマシンに座ったまま行うトレーニングは個々の筋肉を鍛えることには効果的であり、動きが規定されているため安全ですが、「痛みにくく、動きやすい体づくり」を目標とするならば、それだけでは不十分と言えます。

また、複数の筋肉が活動する場合、そのタイミングも重要です。下の写真のように仰向けで、膝を伸ばしたまま脚を持ち上げてみましょう。

これは股関節屈曲の自動可動域を評価する方法の1つです。両膝を伸ばしたまま上げた足のくるぶしが軸足側の膝の垂線を越

えられたらクリアとするものです。

ただ、このテストは単に股関節の動きのみをチェックするのではなく、股関節が動く直前に体幹周囲の筋肉に力が入っているかのチェックを兼ねています。

体幹の筋群が、動作の直前に働くことは既に多くの研究で明らかになっており、脚を上げる際、体幹の筋肉に力が入っていないと、骨盤は前傾し、その時点で裏もも（ハムストリングス）は伸ばされているため、股関節を

屈曲しても早い段階で筋肉の伸びが限界を迎えてしまいます。

しかし、足を上げる直前に体幹の筋肉に力が入っていると、骨盤は正常な可動域を確保することができます（このテストの詳細はP97を参照）。

また、大臀筋（お尻の筋肉）にも同じことが言えます。大臀筋は体の中で最も大きい関節である股関節をパワフルに動かす筋肉ですが、その機能をハムストリングス（裏ももの筋肉）や脊柱起立筋（背中の筋肉）が取って変わってしまうことがあります。

下の写真のように、腰、お尻、裏ももを触れながら脚を持ち上げると、筋肉が働く順番をチェックすることができます。理想的なのは、大臀筋と逆側の脊柱起立筋が先に硬くなり、その後に同じ側の脊柱起立筋とハムストリングスが硬くなる（少なくとも同時）という順番です。この時、大臀筋の前に同じ側の脊柱起立筋やハムストリングスが硬くなってしまうのは、機能不全の兆候です（詳細はP104を参照）。

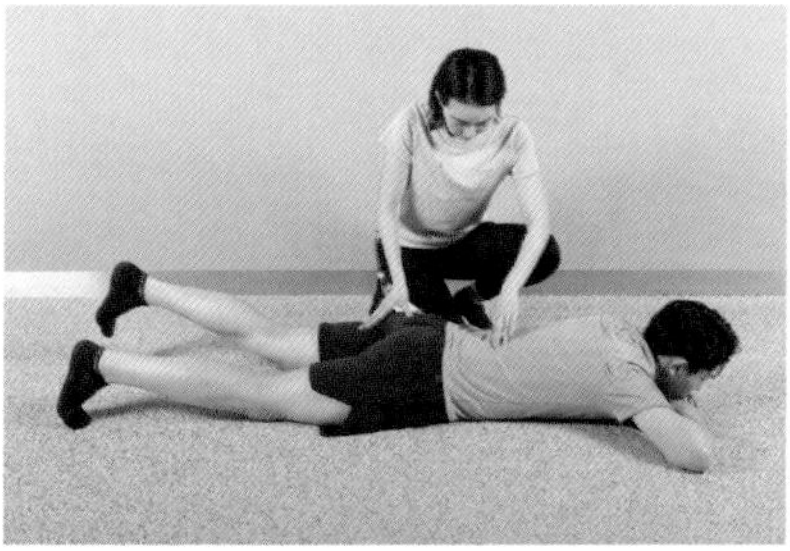

強い筋肉が大きな力を発揮し、そうでない筋肉の負担を減らす。このような筋力発揮の割合の変化も、効率的な動きづくりに必須となります。

体に備わったバネを利用する

「高くジャンプしてください」と指示されると、ほとんどの方が一旦しゃがんでから上にジャンプを行うはずです。上に跳びたいはずなのに、なぜ人は直前にしゃがむことを選択するのでしょう？

これは筋肉や腱に備わっている「伸ばされた後に強い力を発揮する」という性質によるものです。ジャンプに必要な膝、股関節回りの筋肉は、しゃがむ動作によって伸ばされるため、その後のジャンプをより力強く行うことができるのです。

これには①伸張反射、②弾性エネルギー、という2つ

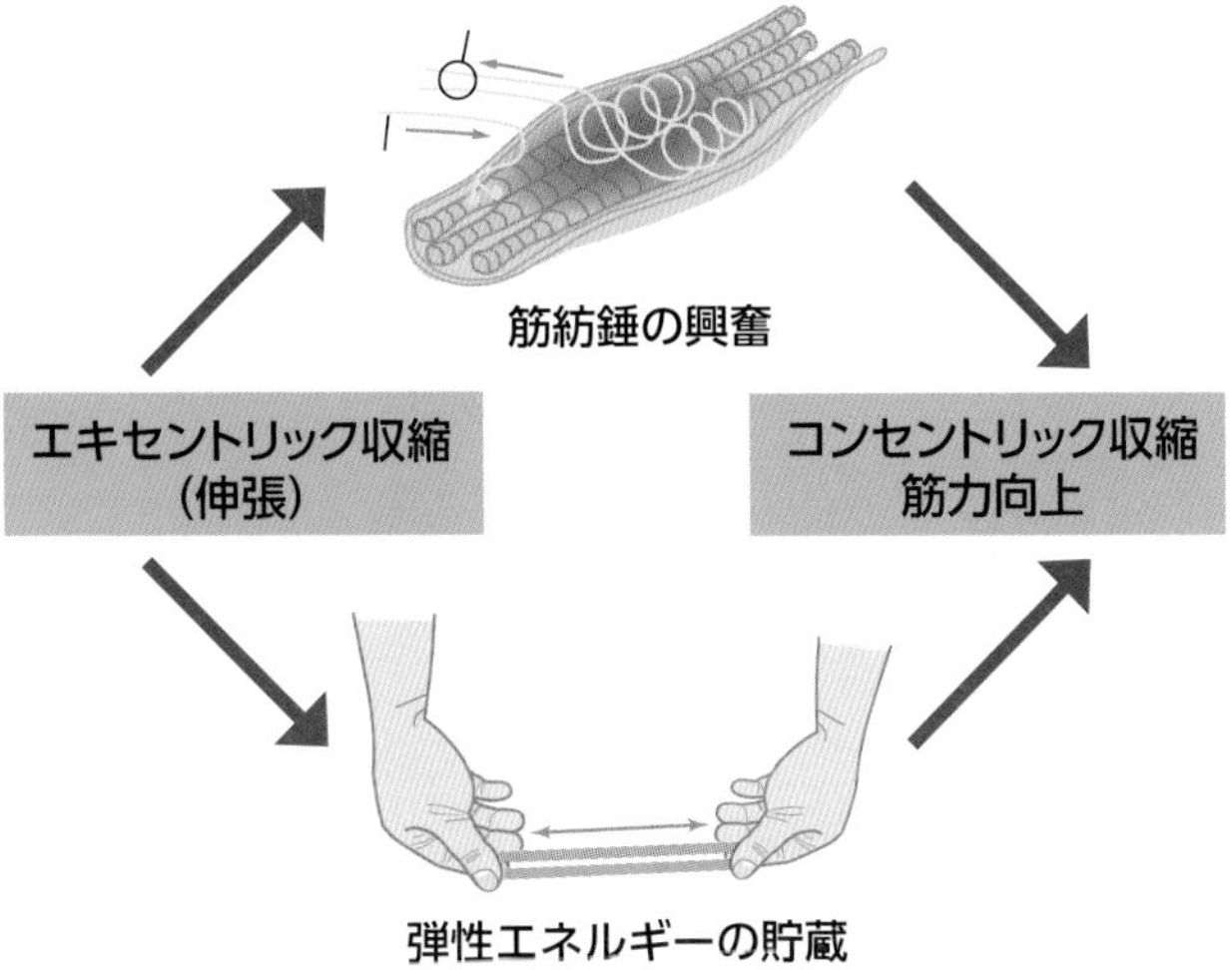

の要素によって得られるバネの力が影響しています。

①伸張反射

伸張反射とは、先に述べた反射の一種で、元々筋肉に備わっている防衛機能です。筋肉には「筋紡錘」と呼ばれるセンサーがついており、筋肉の長さやその速度を感知しています。筋肉が急激に引き伸ばされると、筋肉が千切れてしまわないように防衛反応として筋収縮を起こし、ケガを防ごうとするのです。

つまり筋肉が強く、また急激に伸ばされるほど、その直後の筋収縮が強くなるのです。人間は特に意識をせずとも自然にこのバネを利用して効率よく動いています。

②弾性エネルギー

筋肉や腱は、骨や靭帯と違って伸張性があり、「弾性」という、引き伸ばされた後に元の長さに戻ろうとする性質が備わっています。ゴムをイメージしていただくと分かりやすいでしょう。この作用のおかげで、効率的に関節を動かすことができるわけです。

コラム2

体には様々な防衛機能が備わっている

皆さんは、座った状態で居眠りしている最中に、倒れる寸前で起き上がるという経験をしたことはありますか？　この現象も、伸張反射含め、体に備わっている防衛反応によって起こることなのです。

例えば居眠りしている最中に左に頭をかしげていくと、右の首の筋肉が伸ばされ、左のお尻に強く圧がかかり、やがて背骨全体が左に傾いていきます。このような姿勢や位置、バランスの変化を体の隅々に張り巡らされた様々なセンサー（固有受容器）が、瞬時に「このまま傾くと倒れてしまう」と認識し、バランスを整えるための神経指令を筋肉に送ります。これによって睡眠中に意識がない状態でも、倒れる寸前で元の位置に戻ることができるのです。

この時に起こる反射は、危険を回避するために脳を介さず筋肉に指令を送ります。同様に、つまずいて転びそうな時に、とっさに足が前に出るのも、熱いものに触れた時に手を引くのも、脳からの指令を待っていては危険を回避できないため、反射が利用されます。

実は私たちが何気なく歩いている際にも、このバネの作用は知らず知らずに動きをスムーズにしてくれています。

左の上写真は、歩いている最中に左脚を前につく局面です。この時、接地した左脚のお尻や裏ももの筋肉は引き伸ばされます。すると、伸びた筋肉は縮む力を持つため、次なる一歩を踏み出す原動力になります。

また、股関節の前面でも同じことが起こっています。左の下写真で右脚を前に出した際、左の股関節は後ろに残されるため、相対的に股関節の前の筋肉が伸ばされる状態になります。伸ばされた筋肉は縮む力を保つため、次に左脚を前に動かす原動力になるわけです。

いずれも、歩いている際に「筋肉の伸びを感じられるほど」伸ばされるわけではありませんが、体の中ではこのようなメカニズムが作用しているのです。

スポーツや日常の中で起こる動きのほとんどは、このバネの作用を用いて行われるため、動きづくりの最終ゴールはバネの要素を用いた動作感覚を習得することとなります。

バネの作用を利用するトレーニングは、後半の「プライオメトリクストレーニング」の章で詳しく解説をしていきますが、筋肉が急激に伸び縮みする動作になるため、特にまだトレーニングの習慣がない方は、強度や量を考慮しながら開始する必要があります。

また、本書で紹介できる内容には限りがあるため、本格的にこのようなトレーニングを日常的に取り入れていく際には、専門家あるいはプライオメトリックに関する他の専門書なども参考にしながら、無理のない範囲で導入していくことをお勧めします。

また、反射による筋肉の働きは、動きの改善にも有効であることが近年特に叫ばれており、そのアイデアについては、「動きの多様性」の中で詳しく解説していきます。

03「動きの多様性」

様々な動きを経験する

NBA（アメリカプロバスケットボール協会）がリリースした「ユース世代の育成ガイドライン」では、学生時代に複数の種目を経験していた選手ほど、出場試合が多く、大ケガが少なく、選手生命が長いという結果が示されました。

特にスポーツに熱心に取り組むほど、そのスポーツに近しい動作のトレーニングを集中的に行いがちですが、それだけでは「動きの多様性」という視点では不十分と言えます。

一見そのスポーツに関係がないように見えても、多種多様な動きを経験することが、障害予防やパフォーマンスの向上に繋がると考えられます。

例えば「ものを拾う」という何気ない動作でも、人間の体はいくつかのパターンで動作を行うことが可能です。

写真❶：股関節を多く動かしてしゃがむ
写真❷：膝関節を多く動かしてしゃがむ
写真❸：背骨を多く動かしてしゃがむ
写真❹：背骨を動かさず、股関節と膝関節をバランスよく曲げてしゃがむ

前項の「各関節には役割がある」の内容を踏まえると、背骨を丸めながらしゃがむ❸の動作は、スタビリティ関節である腰椎が大きく動かされているため、効率的な動作とは言えません。仮にバーベルを担いでスクワットをする際、背骨を丸めたこの状態で行うのは大きなリスクがあります。

しかし、背骨にもある程度の可動域があり、日常生活を送る中で背骨を丸める局面は決してゼロではありません。背骨が1本の棒のように全く動かない状態では、逆に生活しづらいでしょう。

また、スクワットを行う際に「膝に負担がかからないよう、お尻を引いて股関節を動かしましょう」という指導がよくなされます。おそらく❷の動作よりは❹、あるいは❶の動きが「正しいスクワット」と認識している方が多いと思います。

しかしスポーツを行う上で（対人スポーツなら特に）、相手の動きに対応するために様々な動きのパターンを身につけておくことが効果的です。本書では❹の動きを正しいスクワット動作と考えますが、❶の股関節主導の動きは膝への負担が少ない反面、腰に負担がかかります。同じように❷の膝関節主導の動きは腰や股関節への負担が少ない反面、膝に負担がかかります。**唯一無二の「正しい動き」があるわけではなく、様々な動きのパターンを経験・習得し、全身に負担を分散できる「多様性」が、障害予防やパフォーマンス向上のために大切というわけです。**

これらの理由から、自分の生活やスポーツに近しい動作でなくても、多様性を養うために様々な動作を体験する必要があります。アイデアとしては、いつも取り組んでいる以外のスポーツを体験してみる、書籍やインターネットで見かけたトレーニングや身のこなしを試してみるなど、なんでも構いません。

しかし、「なんでも良い」となると漠然とし過ぎてしまうため、本書では**主要なモビリティ関節は3面方向（前後、左右、回旋）に動かし、主要なスタビリティ関節は3面方向の負荷に対して安定させる**、という考え方でエクササイズを構成しています。

コラム3

着目すべきは、「姿勢」ではなく「動作の自由度」

肩こりや腰痛などの代表的な慢性障害の理由を「姿勢が悪いから」と決めつける場合がありますが、これには注意が必要です。

例えば「脚長差（左右の脚の長さの差）と腰痛の関連」や「頚椎の湾曲の角度と頚部痛の関連」などを調査した研究では、いずれも「関連性はなかった」という結果が出ています。これらの研究結果は、姿勢の崩れが痛みの直接的な原因ではないことを物語っています。

機能改善の関連書籍では、少なからず姿勢改善のためのアイデアが掲載されますが、本書では思い切って「姿勢」の概念を取り除いています。その理由は上記の「痛みとの直接的な関連がない」ことと、「常に良い姿勢でい続けるのは現実的でない」からです。

例えば学生の皆さんが1時間授業を受ける時、ビジネスパーソンの皆さんがデスクワークに追われる時、常に背骨を一直線に保ち続けるのは至難の業です。どんな姿勢であろうと、長時間同じ姿勢を取り続けることが、動きの多様性を損なうリスクになるのです。

私は姿勢改善を目的とされるクライアントにはすべからく「長時間同じ姿勢でいる生活習慣を変えること」をお勧めしています。具体的には15～20分ごとにスマホのアラームをセットし、合図が鳴ったらどんなに大切な作業の途中でも手を止めて立ち上がり、ストレッチをしたり、数分歩いて作業を再開する、といった具合です。あるいはスタンディングデスクで姿勢を変化させやすくするのも良い手段でしょう。

3つの面の運動を取り入れる

前章で、人間の動作は大きく3つの面に分類されることをお話ししました。これを動作の多様性に置き換えると、1つの面の動作を繰り返していると多様性の向上に結びつかないことが見えてきます。

前に歩くだけでも3面運動なので（前章参照）、前に進むことに特化した短距離走、長距離走のランナーにとっても、矢状面だけでなく前額面（横の動き）、水平面（捻りの動き）の動作を積極的に行う必要があります。アメリカでトレーニング指導者のライセンスを発行しているNational Academy of Sports Medicineという団体も「スポーツ障害の多くは前額面、水平面の動作で起こる」という見解を示しています。

特に本書で強調したいのは水平面の動作を強化することの重要性です。理由は、捻りの動作には負荷をかけにくいという特性があるからです。左の写真は、ダンベルを持って肩を動かしている様子です。矢状面、前額面に

矢状面の動き

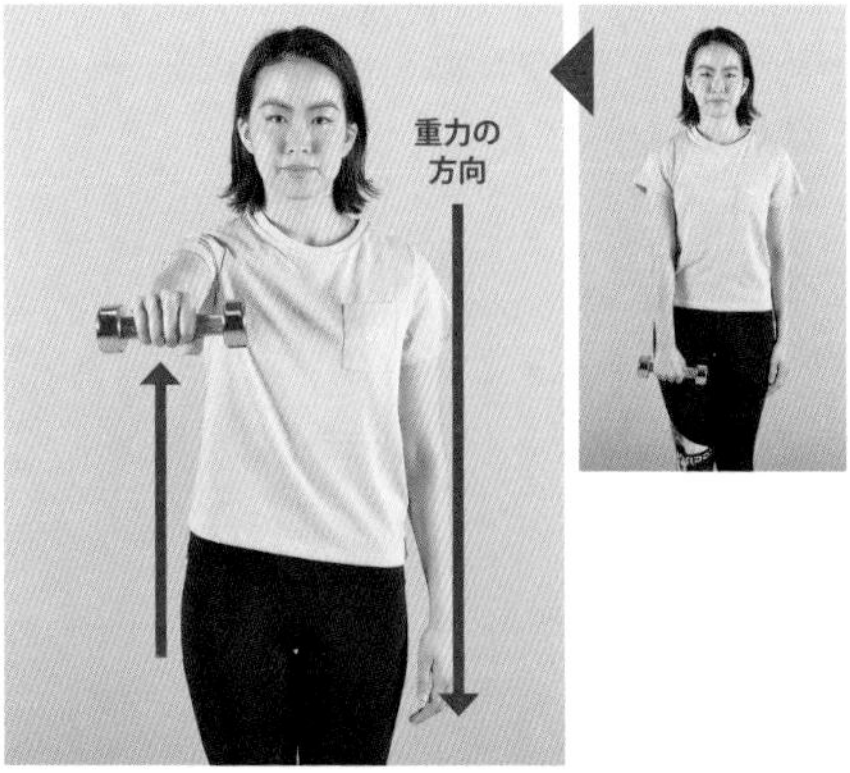

前額面の動き

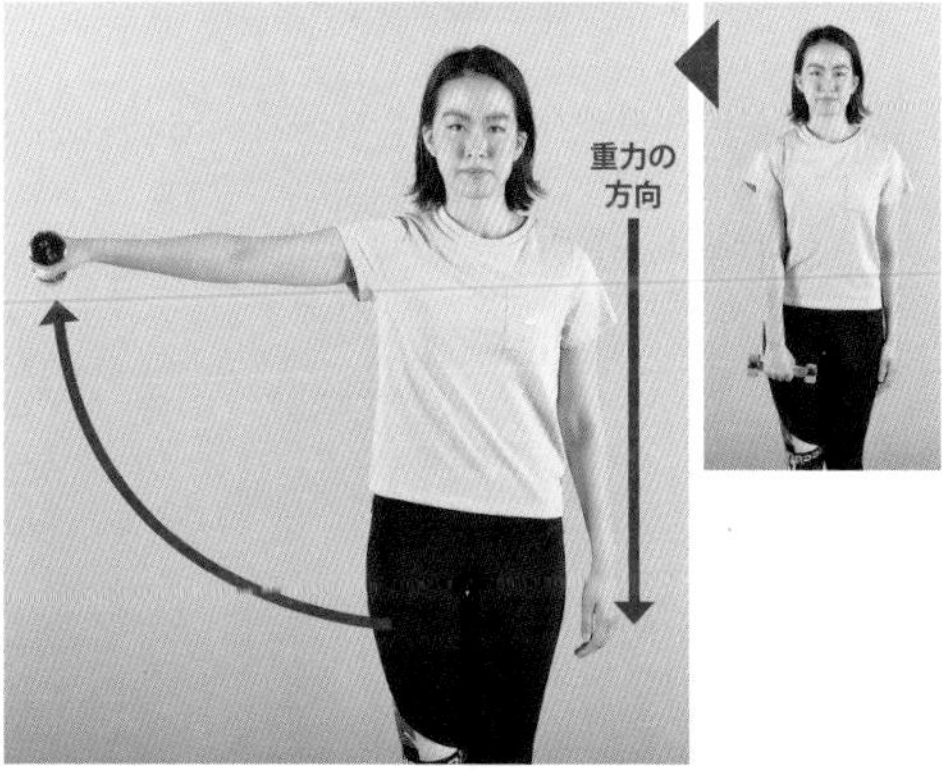

水平面の動き

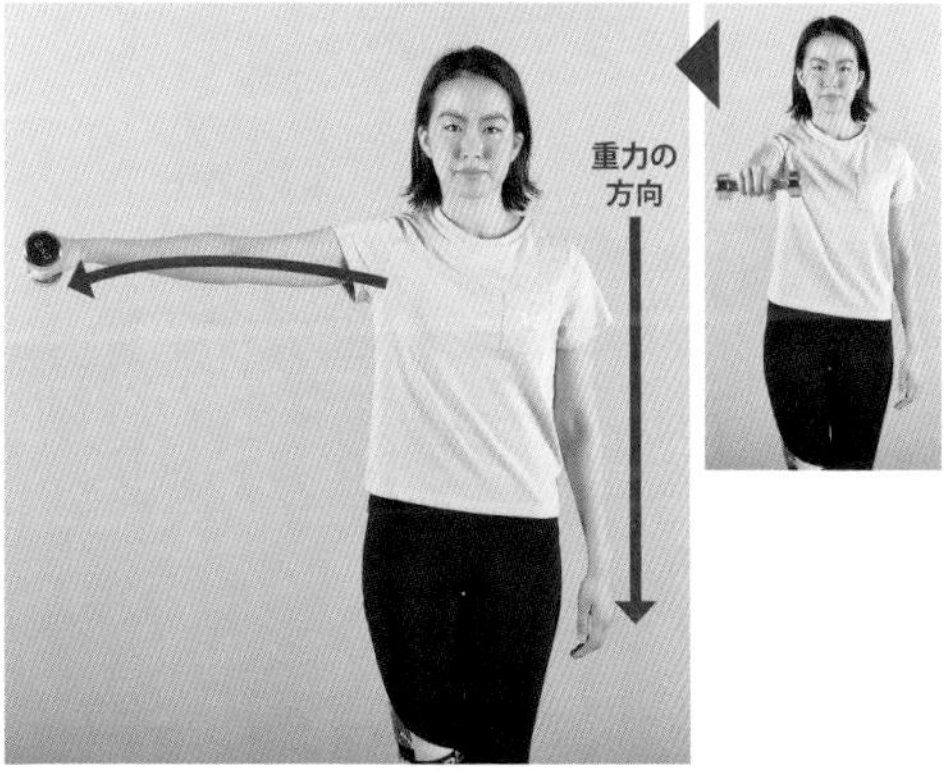

肩を動かすと、その動きそのものに負荷がかかっているのが分かりますが、肩を水平面に動かしても、ダンベルは下向き（重力方向）に落ちるため、水平面の動きそのものに効果的に負荷をかけることができません。

　本書でも水平面の動きや負荷を伴うエクササイズを紹介しますが、実際にはエクササイズバンドやケーブルマシンなど、重力方向以外の向きに負荷をかけられる器具があると、バリエーションを広げやすいです。

　また、既にトレーニングジムやフィットネスクラブでトレーニングをしている方は、積極的にフリーウエイト種目を行うことをお勧めします。マシントレーニングは多くの場合、動く方向が決まっており、3面上の負荷をかけることが難しいです。例えば図のようなレッグエクステンションマシンは、矢状面の動きに特化した動作ですが、同じ膝の曲げ伸ばしを片脚スクワットで行うとどうでしょう。膝を曲げ伸ばしするだけでなく、片脚支持になることで前後の揺れ、膝を真っ直ぐに保つために水平面上の不安定性に耐えるための筋力を強化することができます。

　マシンを利用したトレーニングの全てを否定するわけではありませんが、痛みにくく動きやすい体づくりのコンセプトを考えると、マシントレーニングだけでは完結しないということになります。

様々な環境変化に適応させる

運動学習も筋力トレーニングと同様で、同じ刺激や動作を繰り返しているだけではマンネリを起こしてしまい、習熟度が上がれば上がるほど練習の効果が現れにくくなります。新しい技術を練習したての時にはメキメキと上達したのに、ある程度のレベルに達すると序盤ほどの上達具合を感じられなくなるのはそのためです。

　継続的に運動制御を発達させるためには、徐々に環境に変化を加える必要があります。以下に、スクワットやランジの動きを元に、代表的な刺激変化の例を紹介します。

①環境：普段履いているシューズではなく、裸足や芝生で行うなどに変える

②ポジション：両脚から片脚、スプリット、ワイドスタンスなどに変える

③方向：真っ直ぐ前へのランジから、横方向や斜め前へのランジなどに変える

④高さ：浅めのスクワットから､深くしゃがむスクワットなどに変える

⑤距離：短い距離でのランジから、遠くに足をつくランジなどに変える

⑥負荷：姿勢が崩れない範囲で扱う重りを増やす

⑦速さ：ゆっくり行うスクワット、速く行うスクワットなどに変える

⑧間隔：1回1回丁寧に行う動作から、間隔を空けずに行う動作へ。あるいは1週間や1ヶ月単位で、エクササイズを行う頻度を増やす

⑨器具：ダンベルで行っていた種目を、ケトルベルやチューブで行う

これは次項の「運動学習」にも繋がりますが、体に動作を学習させるためには、様々な環境変化に対しても、同じ動作を行えるよう強化を行う必要があります。

特にウエイトトレーニングを熱心に行う方は、この変化を「扱う重量」のみで捉えがちですが、様々な環境変化を与えることで、体はその動作をより良く学習してくれます。

痛みが動きの多様性を減少させる

人は一度ケガをしたり、体のどこかに痛みを感じると、無意識に患部を守ろうとする防衛反応が起こります。足を痛めた人が、逆脚に体重をかけて足を引きずるように歩く姿をイメージすれば分かりやすいと思います。痛みをかばうことは、患部の状態を悪化させないために必要な反応ではありますが、多くの場合、患部の痛みが解決した後も、崩れた運動パターンが持続してしまいます（この例であれば、足の痛みが無くなった後も、その足をかばうような歩き方、走り方になってしまう）。

このように、痛みをきっかけに身についたアンバランスな動きを脳が学習してしまうと、今度は逆側の脚に負担が偏ることになり、他の部位のケガ、痛みの原因になってしまうことがあります。同様に、一度痛みを覚えると、再発への恐怖で活動量が減り、動きの多様性が減るということも起こります。例えば度重なる腰痛に悩む人は、腰への負担を極端に恐れ、日常の動きを必要以上にゆっくり行ったり、あるいは無理な体勢を取らないよう無意識に体を守ろうとしがちです。これも体を守る防衛反応ではありますが、極端な再発への恐れは、動きの多様性を損なう要因になりかねません。

1章でお話しした通り、人間の体は神経指令によって動きます。その神経指令がなければ筋肉は活動することがなくなり、神経の伝達速度や、筋肉の強度も下がり、発揮できる力も小さくなってしまいます。逆に言えば、運動を継続することで神経指令の伝達速度は維持することができます。

もし体のどこかに障害や痛みを感じた場合、その多くは患部以外の場所に原因があります。痛くない他の部位を積極的に動かす事で、患部への負担が軽減される可能性もあります。3章でも、胸回りを動かすことで肩の痛みが軽減される例を紹介しました。痛みを過敏に捉えて運動を中止してしまうのではなく、その中でもできることに目を向けて、動きの多様性を維持させる必要があります。

04 動きは「神経」が学習する

効率的で多様な動きをどのように学習するのか

ここまでで、痛みにくく動きやすい体をつくるためには①動きの効率性、②動きの多様性が必要であることをご理解いただけたかと思いますが、ここで大切になるのは、「効率的で多様な動きを、体はどのように学習するのか」ということです。

それは、どこか特定の筋肉を鍛えることで動きが学習されるのではなく、効率的な動き、多様な動きを繰り返し経験することにより、脳や神経系がその運動パターン（関節の動きや筋肉の使い方を司る神経回路）を学習し始めるのです。

動きを身につけるとは、どういうことか

「動きを身につける」とは、単に意図した新たな動きや技術を実施することだけではなく、次のような条件があります。

①不必要な筋力発揮がないこと

動作習得の目標の1つは、特定の動作を「最小限の努力で」行えるようになることです。動作そのものや、その速度、力強さが変わらずとも、以前よりも少ない努力量で行えるようになっているなら、それは動きが学習されてきた証拠と言えます。

スポーツで新しい技術を学ぶとき、最初は不必要に力んでギクシャクした動きだったのが、慣れるにつれて不要な力が抜け、スムーズな動作に変わっていきます。これが「動作を学習している」サインと言えます。

これはエクササイズでも同じで、動きに慣れてきたらその動作を「余裕で」行えるようチャレンジする必要があります。

分かりやすい例で言えば、動作中に息を止めないことです。筆者もエクササイズ指導中にあえて会話しながら、呼吸を促すことがあります。

②乱れに強いこと

同じ環境で、同じ動きを寸分狂わずできるようになるだけでは、「動作を身につけた」とは言えません。様々な環境の変化に対しても同じ動作を行えることが、本当の意味での「運動学習」となります。つまり動作は「乱されることによって学ぶもの」なのです。

前項でも触れましたが、自体重のスクワットを続けていても、体は「自体重でのスクワット」を覚えるだけで、片脚荷重、重りを持つ、素早く行う、など環境が変化した際にその動作が乱れてしまいます。

自分の体重のみを扱う動作だけでなく、バランスパッドなど不安定なものに乗ったり、あるいは重りを持ったり素早く行うなど、様々な環境変化の中で安定して同じ動作を繰り返すことで、運動学習は促進されていきます。

筆者が積極的に使うのは、チューブやウォーターバッグと呼ばれる水の入った重りです。予測のできない不規則な負荷をかけられた中でも、同じクオリティで動こうと取り組む中で、運動学習が促進されます。

脚を1歩前に踏み出す「フロントランジ」というエクササイズを例に、環境変化のバリエーションの一例を紹介していきます。❶はウォーターバッグを振りながら行うことで、足を踏み出した際の不安定性をつくり出す方法です。❷はバーベルの左右にチューブで重りをぶら下げることで、脚を踏み出した際に左右の重りが揺れ、同じく不安定性を生み出すことができます。❸は脚を前後に開いた状態を維持し、両手に持ったチューブをパートナーに揺らしてもらっています。❹はチューブの間に重りをかけ、同じく脚を踏み出した際の不安定性をつくり出すバリエーションです。

3

2
REEBOK

4

繰り返しになりますが、エクササイズはなるべく同じ環境で繰り返さず、絶えず様々な環境の変化を取り入れることが大切です。

ただし、最初は安定した環境で正しい動作ができるようになりましょう。まず意図する動きを理解し、ある程度の完成度に至ってから、環境を変化させていくことをお勧めします。

どのようにして動きを身につけていくのか

脳が動きを学んでいく過程には、段階があります。

①運動制御（モーターコントロール）

神経指令を通じて動作を起こす（制御する）一連の流れを「運動制御（モーターコントロール）」と呼びます。例えば手を上げる、床に転がったボールを拾うといった基本的な動きから、野球で豪速球を打ち返す、動きながらバスケットのゴールにボールを入れるといった高度な動きまで、脳や神経はその時々に応じて必要な筋肉群を、適切な量・タイミングで働くよう指令を送り、動作を起こしているのです。

しかし、各筋肉に送られる神経指令に誤作動があれば、当然効率の良い動きは身についていきません。

②運動学習（モーターラーニング）

ある運動パターンを一定期間、回数を続けるうちに、ある程度長期的な記憶として脳や神経系に定着していきます。この過程を「運動学習（モーターラーニング）」と呼びます。例えば自転車の運転を練習する際、転びながらもバランスを保って運転できるようになる過程は運動制御です。その後運転に慣れてくると、特別な努力や意識なく乗りこなせるようになり、一定期間自転車に乗らず、久々に運転するような時にも操縦方法を覚えている。この段階が運動学習された状態となります。

本書では①運動制御、②運動学習の両面にアプローチするために、後半のエクササイズではベースとなる動きに加え、「バリエーション」となるエクササイズを紹介しています。

コラム4
スポーツ中に体のことを気にしてはいけない

ここまで解説してきた「動き」に関する知識が身につくと、ついスポーツ中にも「体幹を安定させなきゃ」「膝は真っ直ぐ動かそう」などと考えてしまいがちですが、これには注意が必要です。スポーツパフォーマンスに関して、「自分の体の内部への集中」と「自分の体の外部への集中」を比較する研究では、後者が効果的であると示しています。

例：バスケットボールのシュートに対する指導方法に関する研究では、「手首のスナップに焦点をあてて指導」した群と、「リングの中心を狙うことに焦点をあてて指導」した群では、後者の方がシュートの確率が高く、また筋活動も低かった。

※「筋活動が低かった」とは、より効率の良い動きでシュートを打てていることを意味します。

人間の動作は複合的であり、特定の部位を意識し過ぎることで動作全体のバランスが崩れる可能性があります。また対人競技ともなれば様々な判断や環境への対応が求められるため、自分の体を意識する余裕などないでしょう。

スポーツ中は体や動きのことは一旦忘れて、目の前のプレーに集中することをお勧めします。

4章

セルフチェック

痛みにくく、動きやすい体を手に入れるためには、まず今の体の状態を適切に把握しておく必要があります。各部位のセルフチェックを行い、自らの課題を見つけ、改善に繋げていきましょう。

01 セルフチェックのポイント
02 チェック方法
主要項目（自動関節可動域のチェック）
補助項目（①他動関節可動域のチェック）
（②筋活動のチェック）

本章で紹介するセルフチェックの動画はこちら

01 セルフチェックのポイント

自分に何が必要か、体の状態を確認する

体の機能を適切にチェックする

ここまで、障害とパフォーマンスの関係、体が動く仕組み、動きの効率性・多様性、さらには体が動きを学習していく過程について学んできました。ここからは、体の機能が現在どの程度備わっているかをチェックする方法について紹介していきます。

前述の通り、体の仕組みはほぼ万人共通ながら、体の動かし方は人それぞれ違います。前屈をして床を触れる人もいれば触れない人もいますし、片脚支持でバランスを保てる人もいれば不安定な人もいます。自分にとって優先順位の高いエクササイズが何なのかを知るためには、自分の体に備わった機能をチェックする必要があります。

例えば皆さんが風邪を引いた際、薬局に出向き自分で選んだ市販の薬と、病院で診察を受けて処方箋で出された薬と、どちらが効果的かといえば一目瞭然で後者でしょう。それは、病院で「診察」という段階を踏んでいるからです。動きづくりに関しても適切なチェックをすることで、自分にとって何が特に必要なのかが見えてきます。

体の機能をチェックする上で、大切ないくつかのポイントを先に紹介しておきます。

①痛む部位だけでなく、全身をチェックする

痛みを感じると、その部位に意識が向きがちですが、体の機能チェックは全身行う必要があります。

前の章でも触れましたが、特に慢性障害の場合、痛みとその原因は違う場所にあることがほとんどです。体には「運動連鎖」と呼ばれる作用があり、文字通り鎖（チェーン）のように、一ヶ所を動かすと、それに付随して他の

股関節屈曲のセルフチェック（詳細は P97）

部位が動くようにつくられています。どこか一部でも弱点があれば、そこで痛みを発してしまうか、あるいはそれをかばうように全体のバランスが崩れていき、全く別の部位の痛みや不具合を引き起こしてしまいます。トレーニングを始めるにあたり、自分の課題がどこなのかを知る必要があるのです。

既に痛みを抱えている方も、その原因は体のどこに潜んでいるか分からないため、先入観を持たず全ての部位をチェックしてみることをお勧めします。

②重力に対して姿勢を維持しながらチェックする

地球上には常に重力が存在しており、私たちは常に重力という負荷に対抗しながら動いています。スポーツも同様に基本的に立った状態で行われます（水泳など特殊な環境で行うスポーツは除く）。体の機能をチェックする際にも、この重力の影響を無視することはできません。

そのため、本書で紹介する主要なセルフチェックは、重力に対して姿勢を維持したまま行うものを選んでいます。これは私たちが日常やスポーツを行う環境に最も近い状態での関節の自由度を確認する必要があるためです。

③自動関節可動域をチェックする

スポーツでは当然のように「自分で動かせる範囲」がどれくらいなのかが重要ですので、本書では

股関節伸展のセルフチェック（詳細は P98）

自動関節可動（P44参照）をチェックできるものを主要項目として選んでいます。つまり関節の可動域だけでなく、筋力が伴っているかを同時にチェックすることになります。

ただ、後半に補助項目として受動関節可動域と筋活動のチェックを追加しています。これらは、比較的トラブルが起こりやすく、自動関節可動域以外に確認したほうが良いと考えられる部位です。

④エクササイズ自体がチェックになる

ここから紹介するセルフチェックで、体に潜む課題の全てが見つかるわけではありません。人体には多くの関節があり、それぞれが多方向に動くため、全ての関節運動をチェックするのは現実的ではありません。例えばチェックでは何も問題が見あたらないにも関わらず、実際にエクササイズをしてみると上手くできない、または大きな左右差が見つかるという場合も多々あります。

大切なことは、セルフチェックに限らずエクササイズ中でも「自分の体のクセを見つける」視点を持つことです。苦手な動きを見つけて、克服できるよう取り組んでいけば、体は良い状態に近づいていくことは間違いありません。

セルフチェックで見つかった課題は、具体的にはエクササイズ前のセルフマッサージ、そしてエクササイズ中の注意点に反映されます。チェックに基づいて推奨されるエクササイズが大きく変わるわけではありません。ただ、人それぞれに気をつける点は違うため、チェックの内容を念頭におきながらエクササイズを実施してみてください。同じ動きでも、ある人は股関節を大きく動かすことを意識し、ある人は体幹を安定させることを意識する、といった具合です。

足関節背屈のセルフチェック（詳細はP100）

セルフチェックの流れ

❶主要項目のセルフチェックを行う

クリアできない関節運動については下部に記載している
「追加チェック」も行う

主要種目は、重力に対して姿勢を維持しながら行う、自動関節可動域のチェックです。追加チェックは、同様の関節運動を重力の影響を省いたり、他動関節可動域に置き換えたりするチェックです。

↓

❷補助項目のセルフチェックを行う

補助種目には、以下が含まれます。

①他動での関節可動域を見るチェック

②特に障害予防で必要となる筋活動パターンのチェック

(筋活動パターンとは、各動作における周辺筋群の活動のバランスやタイミングを指す)

↓

❸エクササイズを行う

実際にエクササイズを実践します。それぞれの動作で、セルフチェックで見つかった課題の関節運動を意識しましょう。また、❷で基準に達しなかった関節運動は、エクササイズの途中にセルフマッサージを行います(次章にて解説)。

実際に体を動かしてみよう

02 チェック方法

ここからは、実際に体を動かして全身の関節の可動域をチェックしていきます。自動関節可動域と受動関節可動域を確認して、各部位で動きに制限が見られるかどうか確かめていきましょう。

主要項目（自動関節可動域のチェック）

肩関節の屈曲の可動域チェック

手を上げる動作

❶

壁際にあぐらをかいて座る。背骨から後頭部を全て壁につける。

❷

肘を伸ばしたまま、両手を前から上げる。親指で壁を触ることができればクリア。

手を上げる際、腰が反らないよう、壁に背骨を密着させたまま行う。

NG

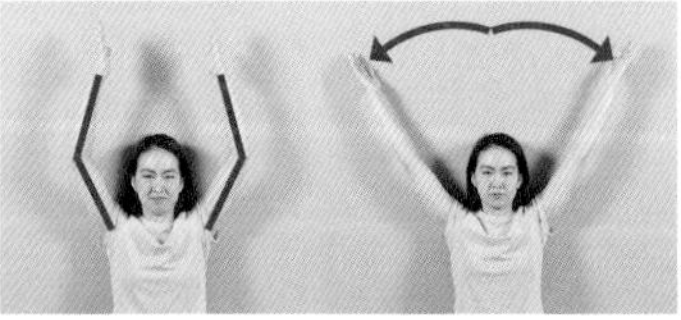

手を上げる際、肘が曲がったり、両腕が開いたりしてしまう。

肩関節の外旋・内旋の可動域チェック

肩を捻る動作

❶

壁際にあぐらをかいて座り、腕を真横に開き、両肘を 90 度曲げたまま壁につける。背骨から後頭部、また肩甲骨を全て壁につける。

❷ 外旋

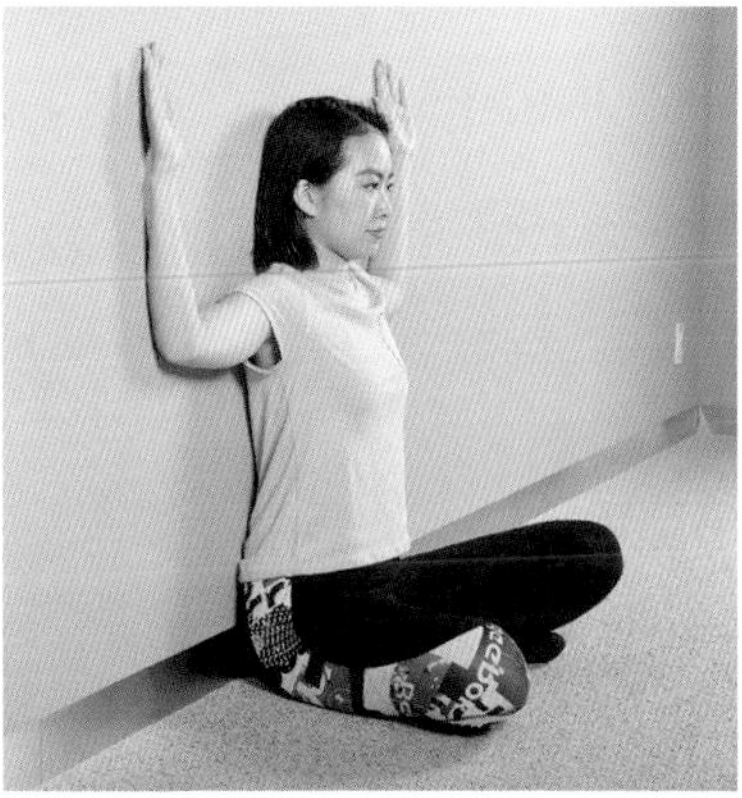

肘を 90 度に保ったまま、手の甲を壁につけるように腕を外向きに捻る。手の甲で壁を触れることができればクリア。

❸ 内旋

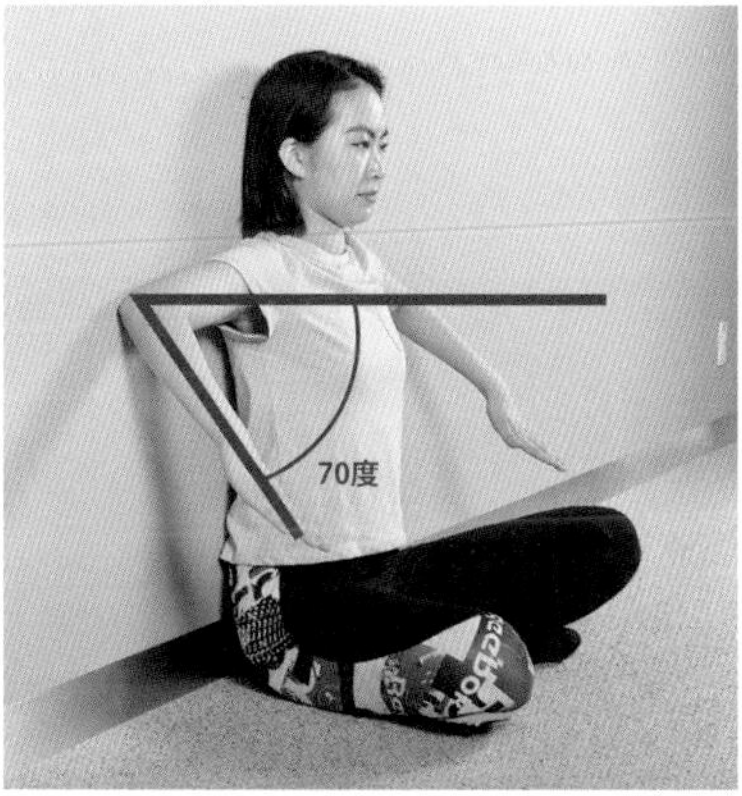

肘を 90 度に保ったまま、手のひらを壁につけるように腕を内向きに捻る。開始姿勢から 70 度腕を回すことができればクリア。

NG

外旋

腰が壁から離れてしまう。

手首を曲げて壁を触ろうとする。

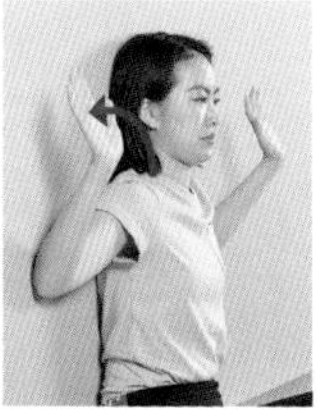

内旋

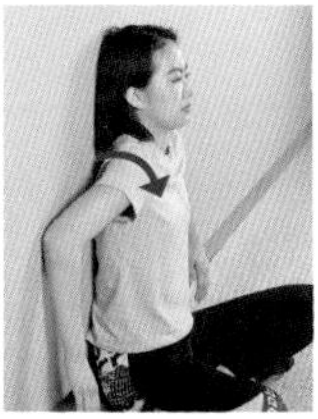

肩（肩甲骨）が壁から離れてしまう。

胸椎の回旋の可動域チェック

胸を捻る動作

あぐらをかいて座り、胸の前で両手を交差させる。胸を回旋させるように最大限後ろを向く。骨盤に対して、肩が45度回っていればクリア。

NG

上半身が左右に倒れてしまう。

正しい動作で45度の回旋ができない場合、追加チェックを実施

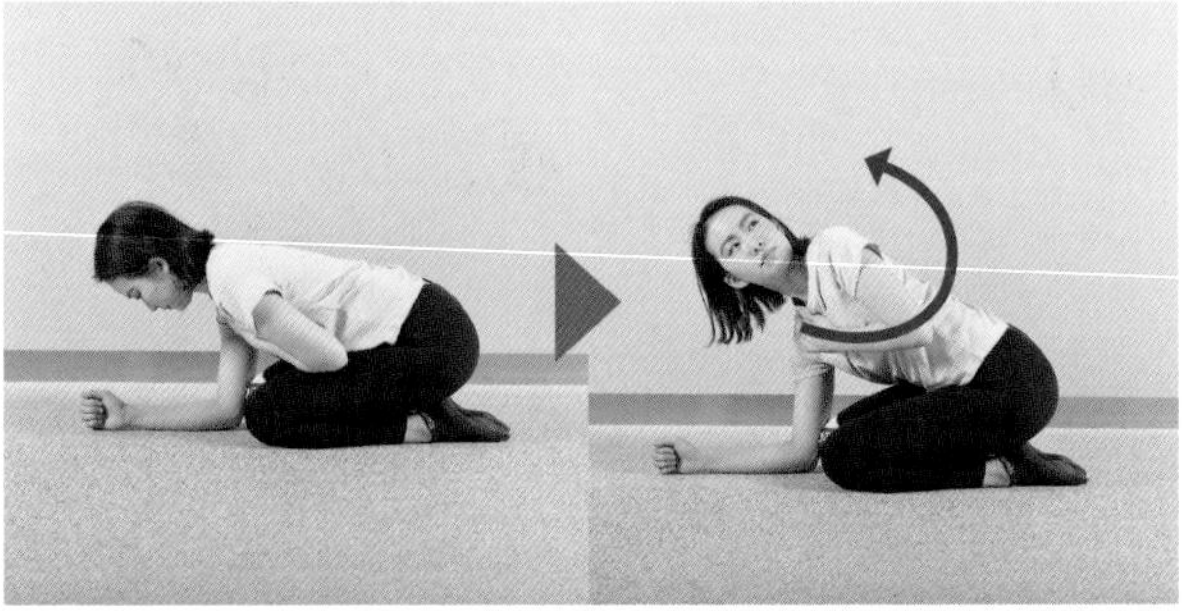

正座の姿勢から両手・両肘をつけそのまま可能な限り胸を張る。片手を床から離し、逆側の肩につけ、そのまま胸だけを回旋させる。正面から見て、肩が床に対して45度回旋しているかをチェックする。

NG

上半身が左右に倒れてしまう。

このテストをクリアできるなら、セルフマッサージは行わずにエクササイズを開始

股関節の屈曲の可動域チェック

股関節を曲げる動作

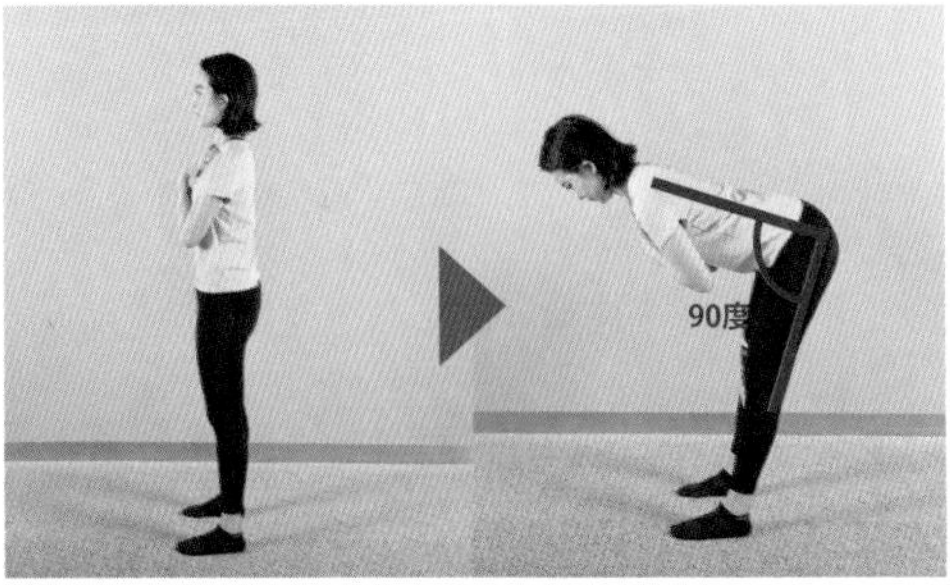

つま先を正面に向けて、真っ直ぐに立つ。膝を伸ばしたまま、背中を丸めないように股関節を折り曲げていく。後頭部から尾てい骨までのラインを一直線に保ったまま行う。

※長い棒などを準備し、後頭部と尾てい骨があたるように背中にあてて行うとより正確なチェックができる。股関節が90度曲がっていればクリア。

NG

・背中が丸まってしまう。
・膝が曲がってしまう。

正しい動作で90度の屈曲ができない場合、追加チェックを実施

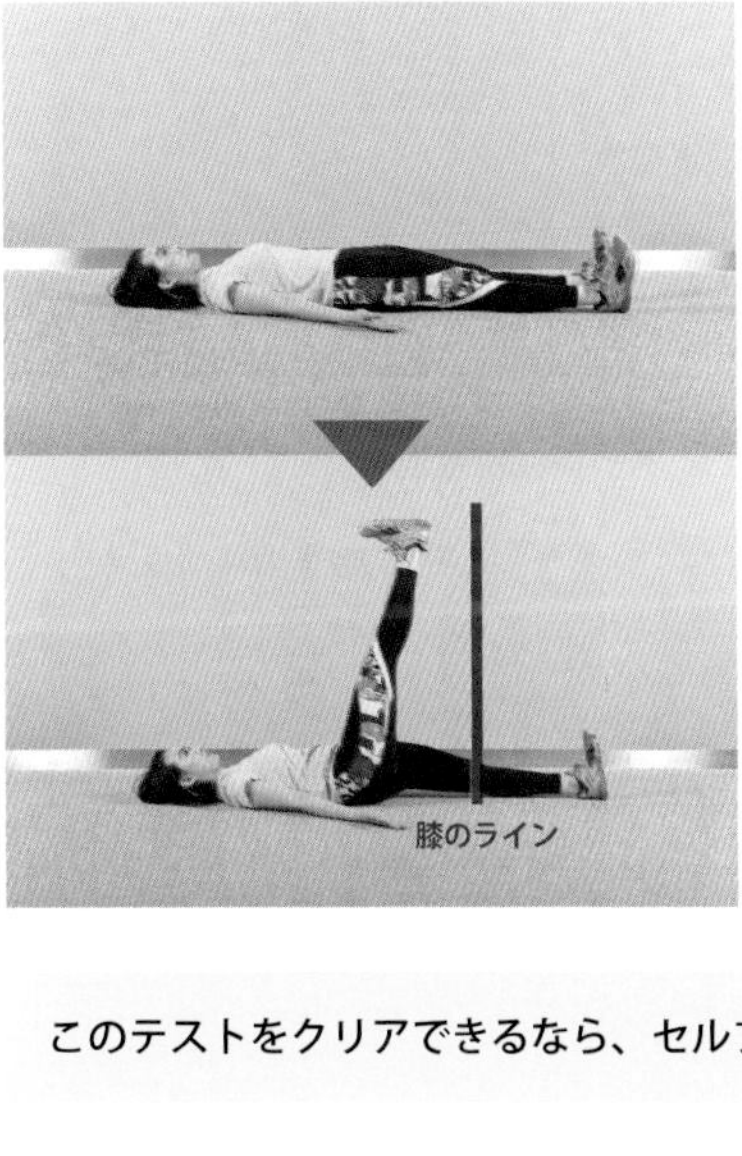

仰向けで両脚を揃え、足首は90度に保つ。両膝を伸ばし、つま先は正面に向けたまま、片脚を可能な限り持ち上げる。上げる側の脚のくるぶしが、下の脚の膝のラインを超えられるかをチェックする。手で床を押さないよう、手のひらは上向きにする。

NG

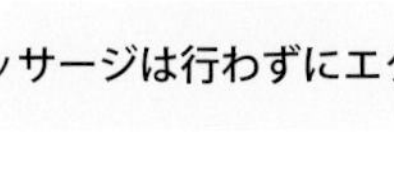

・上げた脚や軸足の膝が曲がってしまう。
・軸足のつま先が外を向いてしまう。

このテストをクリアできるなら、セルフマッサージは行わずにエクササイズを開始

股関節の伸展の可動域チェック

股関節を伸ばす動作

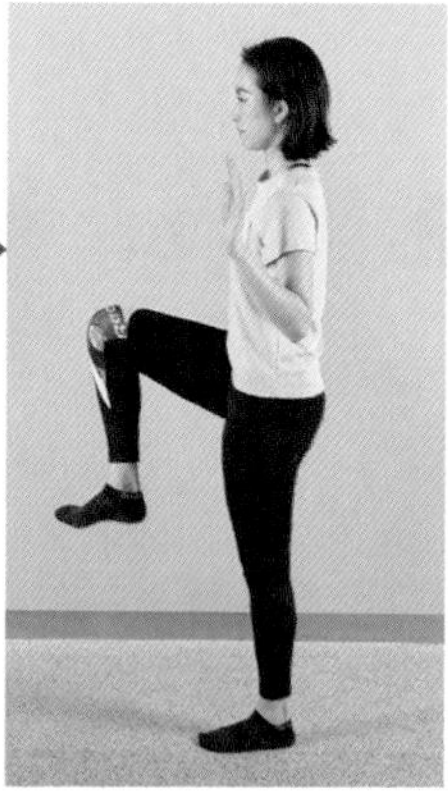

片脚立ちで、浮いている側の膝を両手で抱える。ゆっくりと手を離し、軸脚を一直線に伸ばしたまま、浮いている側の股関節を屈曲した状態で耐える。頭から軸足が一直線を保ったまま、浮いている側の股関節が 90 度屈曲を維持できればクリア。

NG

※ここでは、持ち上げる側ではなく、軸脚側の股関節をチェックしている。

①股関節を 90 度に維持できない。
②軸脚の膝が曲がってしまう。
③上体が丸まってしまう。
④上体が後ろに傾いてしまう。

正しい姿勢ができない場合、追加チェックを実施

ベッドや寝転がれる台のヘリの部分にお尻をあてて座る。片脚を抱えたまま仰向けになる。

NG

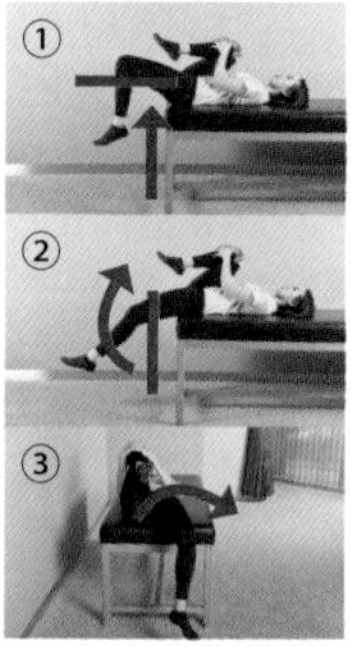

①下ろした大腿部が床と平行の位置より上がってしまう。
② 下腿（すね）が床と垂直より上がってしまう。
③脚側から見て、膝が外に開いてしまう。
3つのうち1つでも当てはまれば NG。

このテストをクリアできるなら、セルフマッサージは行わずにエクササイズを開始

股関節の内旋・外旋の可動域チェック

股関節を捻る動き動作

壁際に立ち、股関節を 90 度屈曲した姿勢で、膝を壁につける。背骨や骨盤を動かさないように、膝下を左右に動かすように股関節を捻る。股関節が内旋、外旋共に 45 度動けばクリア。

NG

・骨盤が左右に傾斜してしまう。
・つま先の向きを変えてしまう。

正しい姿勢ができない場合、追加チェックを実施

うつ伏せで両脚を揃え、膝を 90 度曲げる。膝をつけた状態から足を外側に開く。下腿が左右に 45 度開くかをチェックする。

このテストをクリアできるなら、セルフマッサージは行わずにエクササイズを開始

足関節の背屈の可動域チェック

足関節を曲げる動作

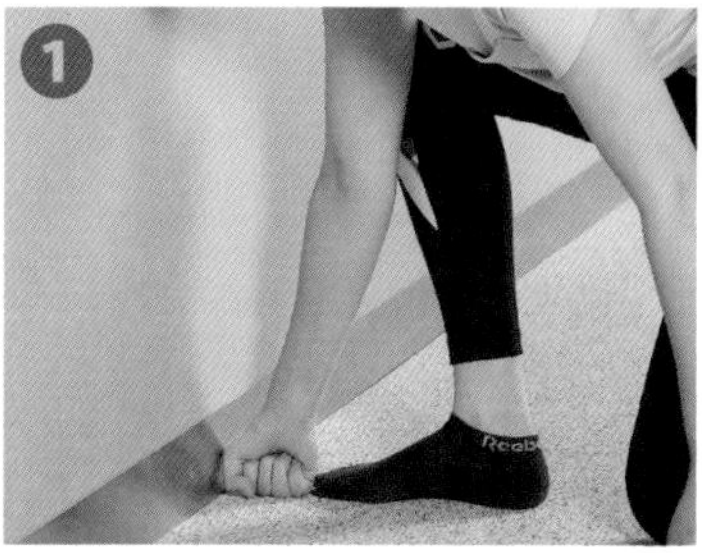

片膝立ちになり、前脚のつま先と壁の間にこぶし１つ分（横向き）のスペースを空ける。

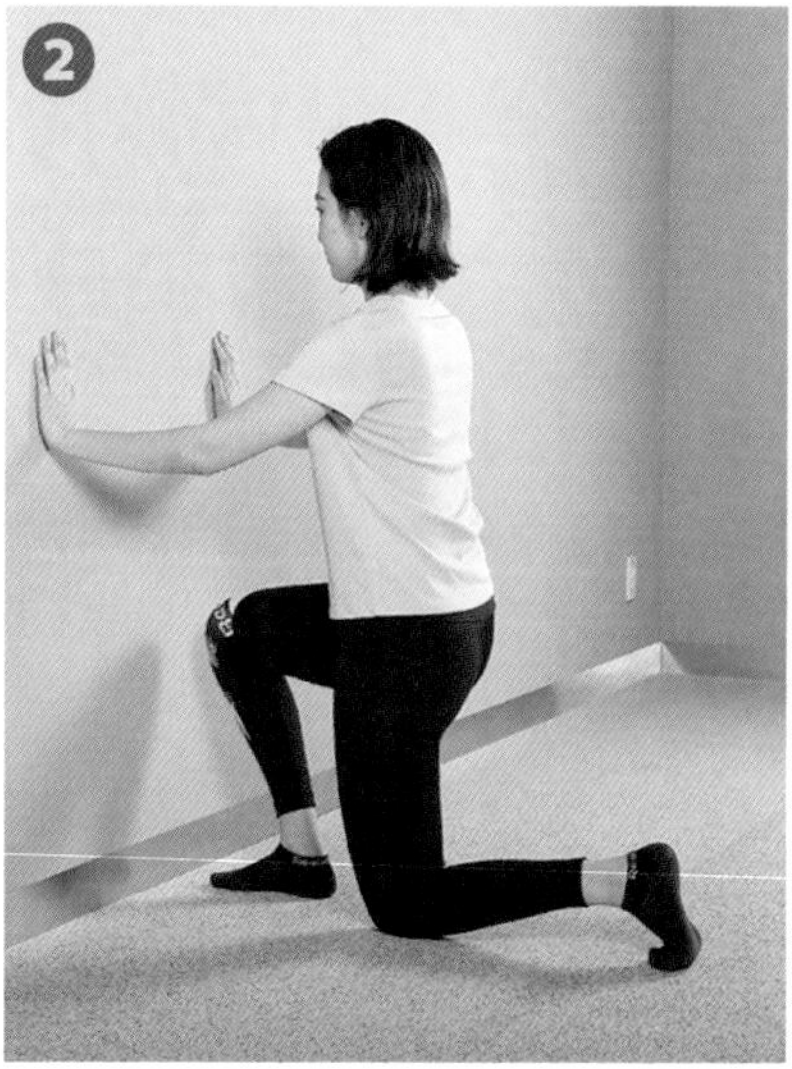

足裏全体を床につけたまま、膝を壁に近づけていく。

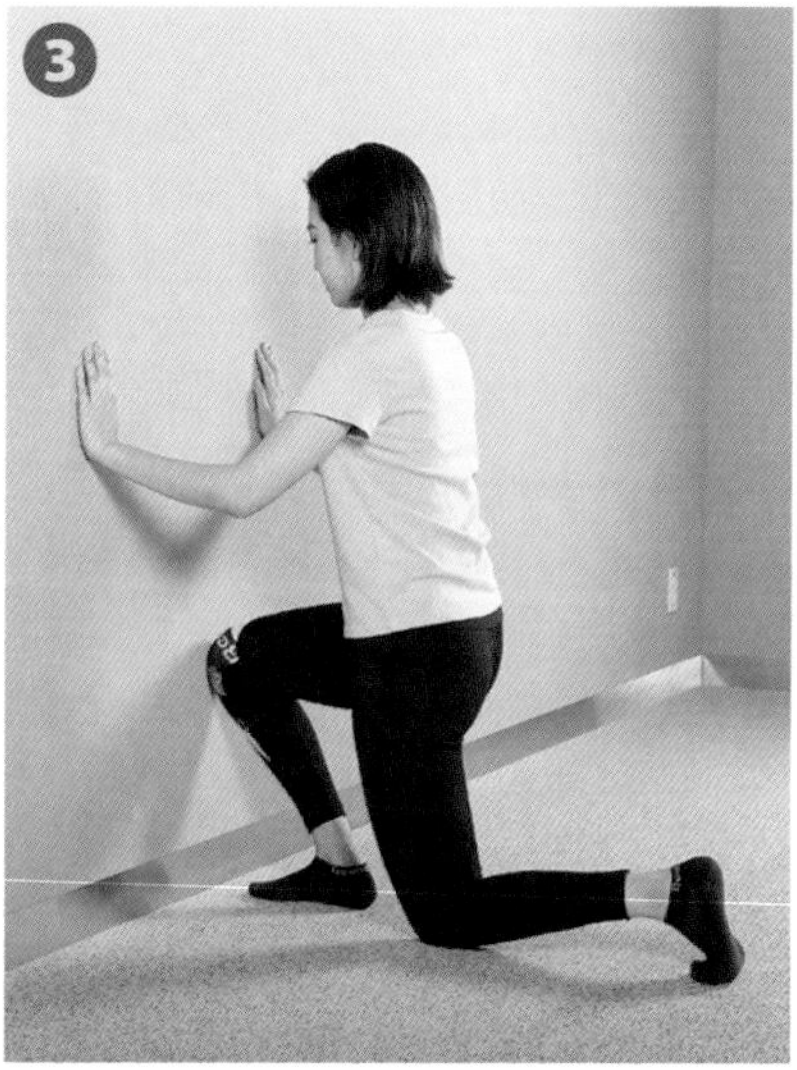

膝が壁につけばクリア。

NG

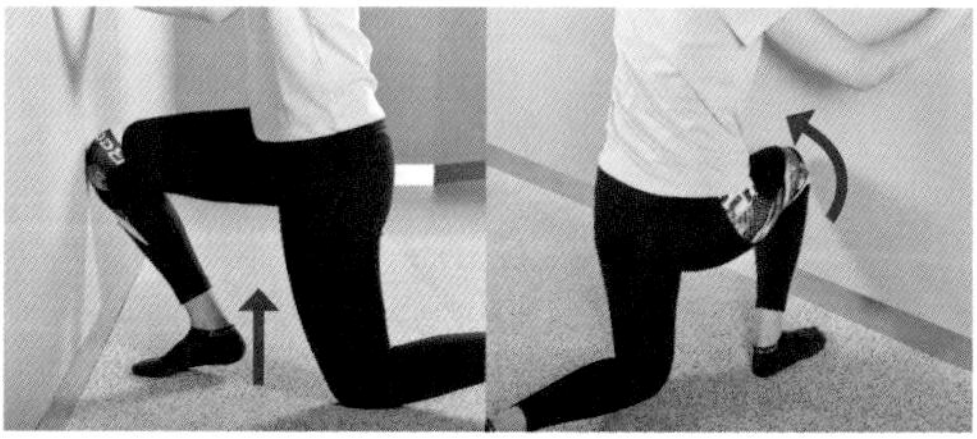

・踵が床から離れてしまう。
・膝がつま先に対して内側に向いてしまう。

補助項目（①他動関節可動域のチェック）

母趾 MP 関節の背屈の可動域チェック

足の親指を曲げる動作

壁際で両足を揃えて立ち、踵を浮かせながらしゃがむ。

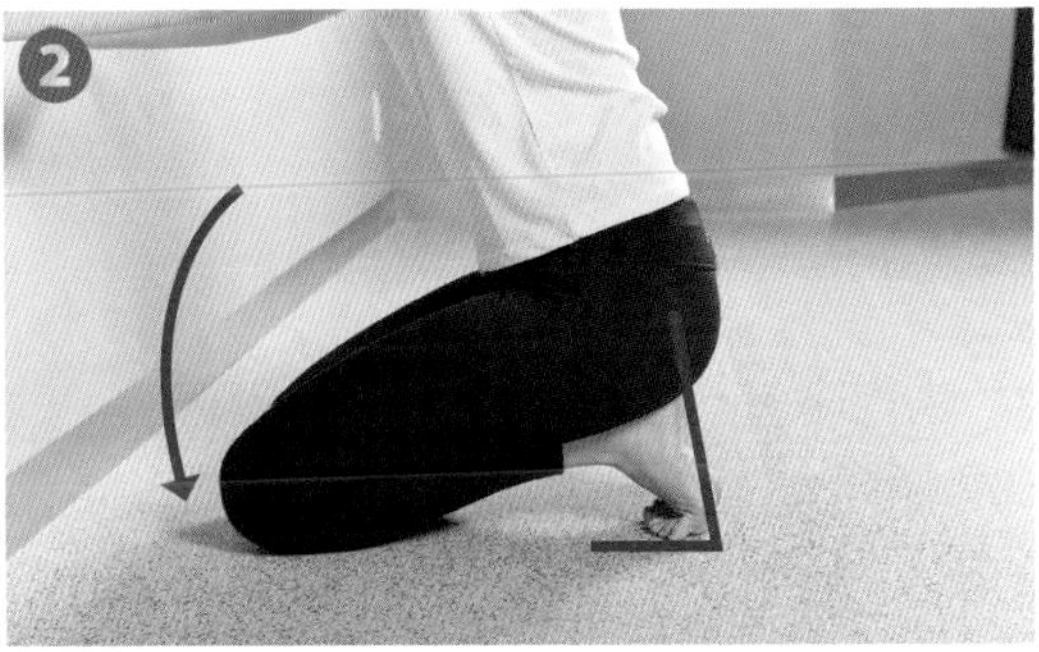

両膝を床に近づけるように母趾を背屈させる。母趾 MP 関節（母趾球と踵を結んだ線と、親指の角度）が 90 度背屈していればクリア。

NG

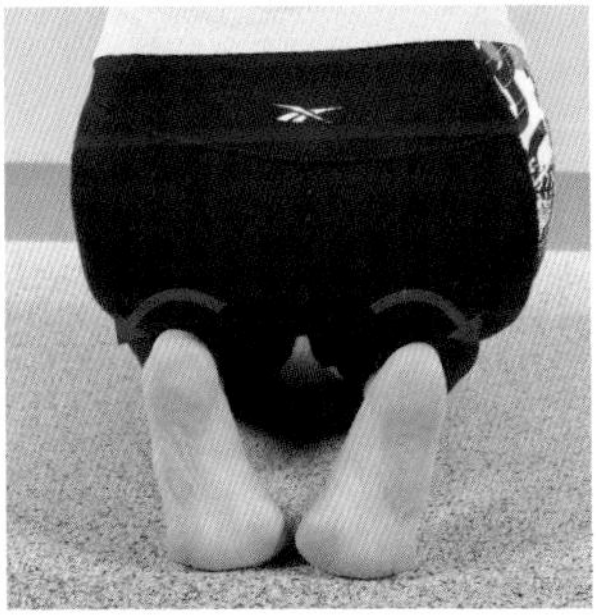

踵が外側に開いてしまう。

手関節の背屈の可動域チェック

手首を反る動作

・四つ這いの姿勢で、中指が自分の方向を向くように手のひら全体を床につける。
・肘は伸ばしたままにしておく。
・お尻を後ろに引き、手首を反らせていく。
・手首を 90 度以上反らせられたらクリア。

NG

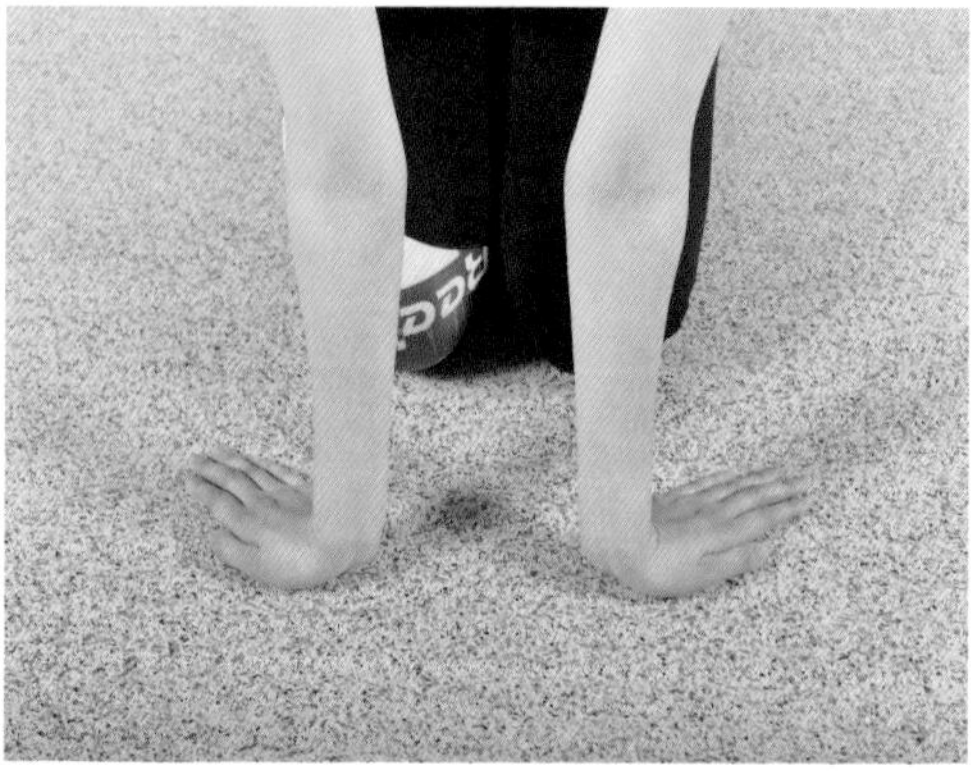

指が横に向いてしまう。

補助項目（②筋活動のチェック）

頸椎の屈曲のチェック

頭を支える動作

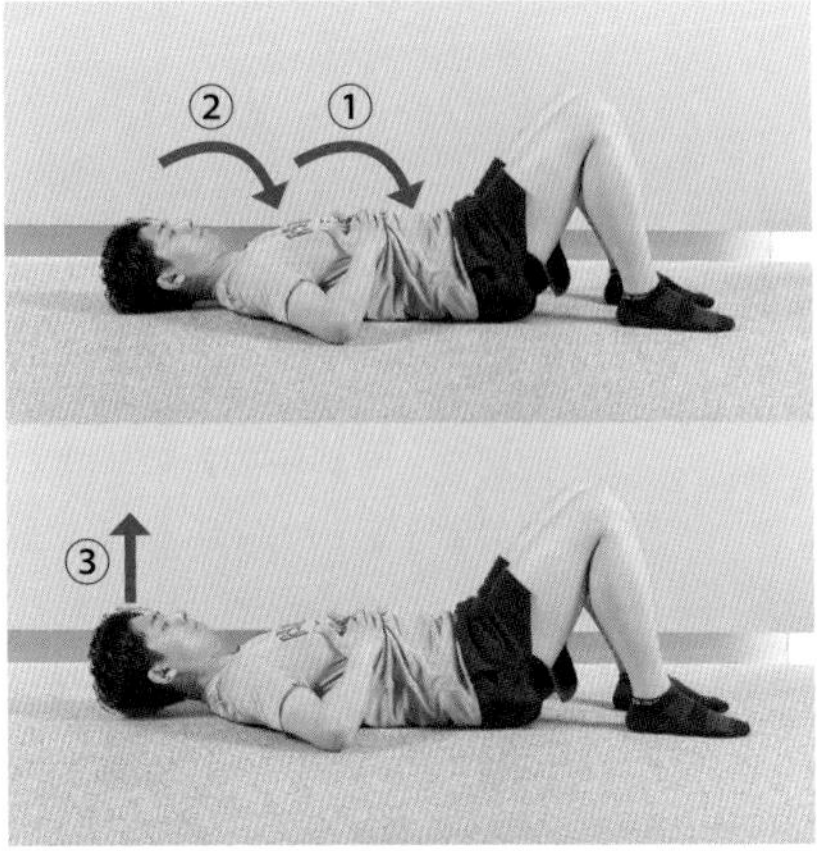

①仰向けになり両膝を曲げる。その姿勢で息を吐き、肋骨を腹側に下げる（両手を肋骨に当てておく）。
②肋骨の位置を維持したまま顎を引く。
③顎を引いたまま後頭部を数ミリ床から持ち上げる。

赤部分のあたり（頸椎深層屈筋群）で頭の重さを支えている感覚があればクリア。青部分（胸鎖乳突筋）や首の後ろ（僧帽筋）で支えている感覚があればNG。

※青部分や首の後ろで頭を支えている感覚がある場合、首回りのセルフマッサージを実施する。

膝関節の伸展のチェック

膝を伸ばす動作

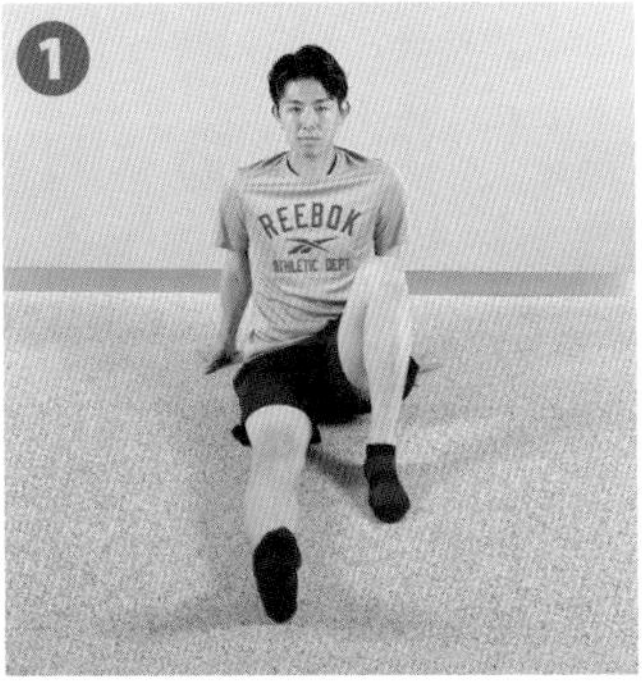

長座の姿勢で、もも前の筋肉に力を入れる。つま先は無理に持ち上げようとせずリラックスさせておく。

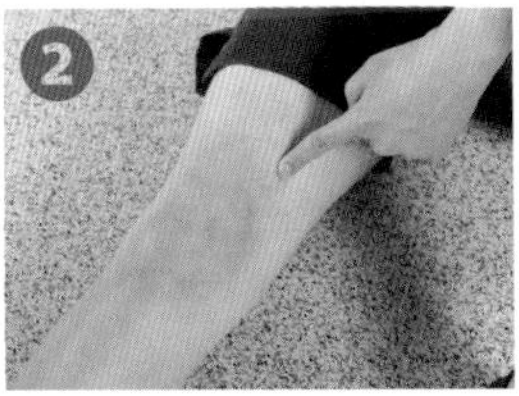

もも前内側の内側広筋（写真の部位）が収縮を起こしていればクリア。収縮が起きない、あるいは弱い場合にはNG。

※力がうまく入らない場合には、もも外や裏もものセルフマッサージを実施する。

股関節の伸展のチェック

脚を持ち上げる動作

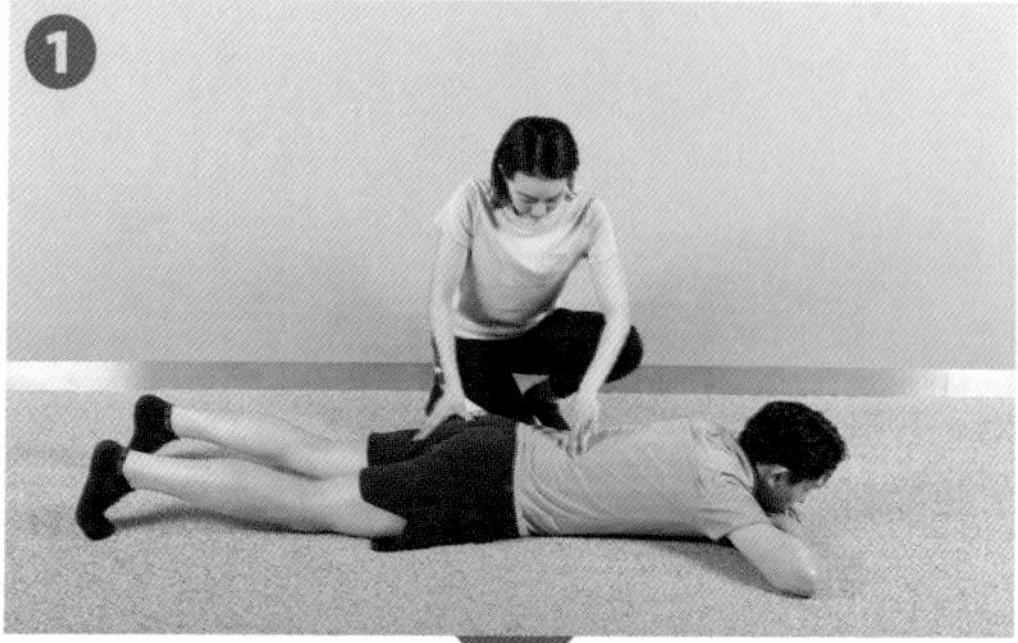

うつ伏せになり、チェック者は横から以下の点に指をあてる。
頭側の手：左右の脊柱起立筋。
脚側の手：手前側のお尻 (大臀筋) と裏もも (ハムストリングス)。

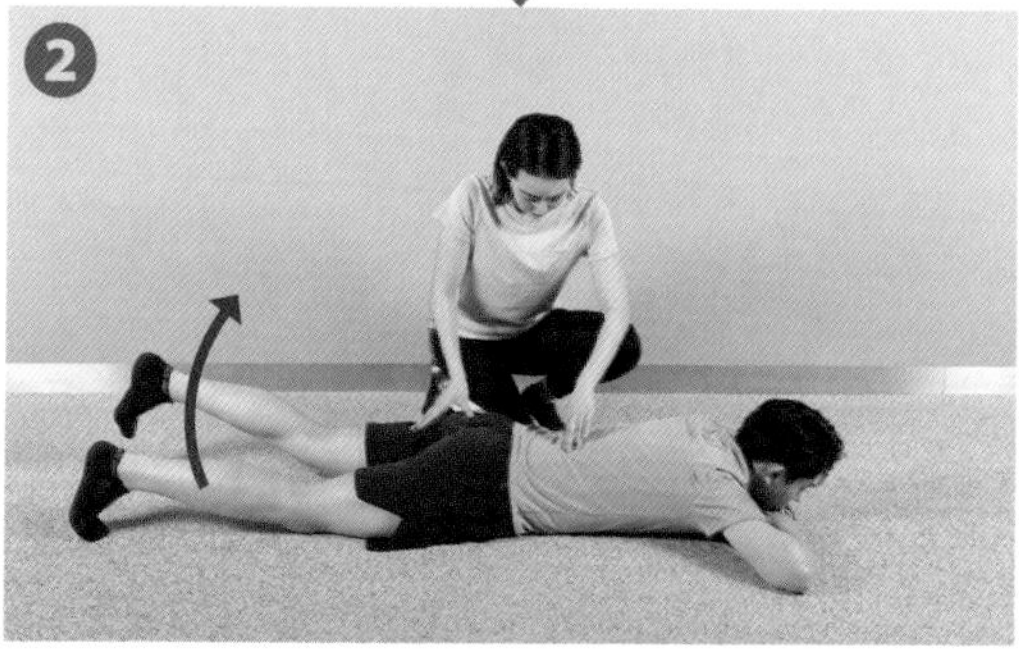

膝を伸ばしたまま片脚を軽く持ち上げる。チェック者は指を置いた位置の筋肉がどのような順番で硬くなるかを確認する。

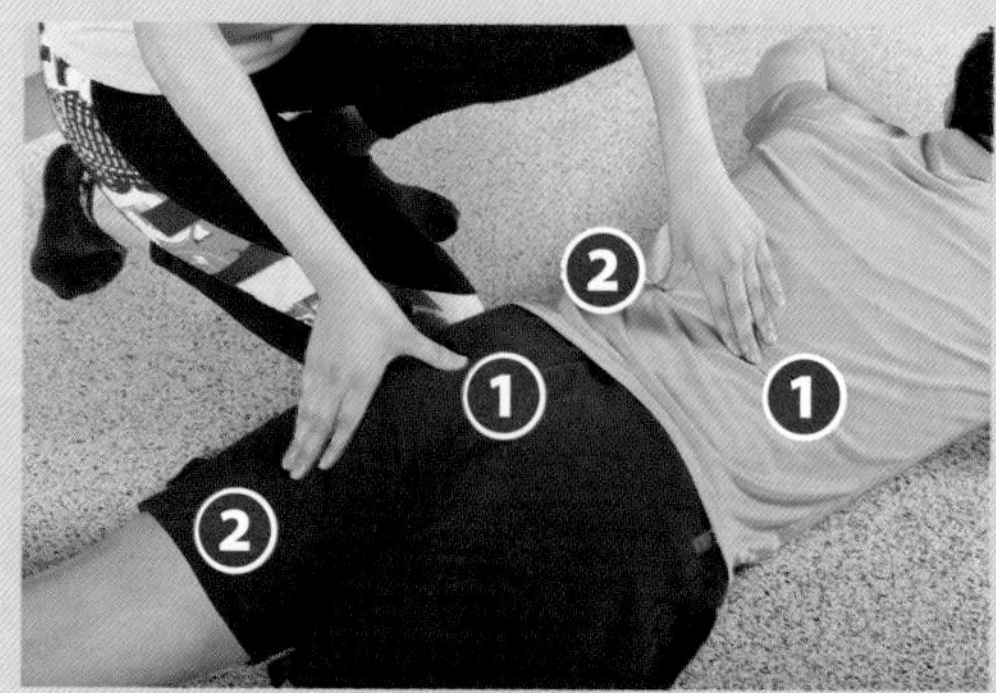

左脚を持ち上げる場合

OK：お尻と、その対側の脊柱起立筋（❶の 2 ヶ所）が先に活動し、その後、ハムストリングスや同側の脊柱起立筋（❷の 2 ヶ所）が活動する。
NG：大臀筋よりも先にハムストリングスや同側の脊柱起立筋が活動する。

※不自然に大臀筋を先に活動させようとせず、自然に脚を持ち上げる動作でチェックを行う。

5章

エクササイズ

自分の体をチェックし、課題を発見した後は、改善のためのエクササイズが必要です。前述の通りエクササイズも自分の体の特性を知る機会になります。どんな動きがスムーズにできないか、左右差があるか、あるいは継続していく中でどのような変化が出るかを感じながら実践してみることをお勧めします。

エクササイズにも、効果的に体の機能を改善するための流れがあります。

01 呼吸
02 セルフマッサージ
03 アクティブストレッチ
04 コアエクササイズ
05 バランスエクササイズ
06 ストレングスエクササイズ
07 プライオメトリクスエクササイズ
08 カーディオ（持久力）トレーニング
09 クールダウン
10 プログラム例

本章で紹介するエクササイズの動画はこちら

体を動かす土台を適切に整える

01 呼吸

人間は1日に2～3万回の呼吸を行うと言われています。それだけ頻繁に行う呼吸に不具合が生じれば、それだけ体への影響も強くなります。本書では基本的な呼吸のメカニズムと、よく起こる不適切な呼吸パターン、それらを改善するエクササイズを紹介します。セルフチェックの結果に関わらず、呼吸のエクササイズを行うことをお勧めします。

呼吸のメカニズム

ご存知の通り、呼吸とは体外から空気（主に酸素）を取り込み、体内の二酸化炭素を排出することです。吸い込んだ空気を肺に溜め込むのですが、肺を広げる方法は、大きく分けて2つあります。

①胸式呼吸：肺を覆う肋骨を広げたり、肋骨自体を引き上げることで、肺を広げる呼吸。

②腹式呼吸：肺の下にある横隔膜を下げることで、肺を広げる呼吸。

決して一方が正しく、もう片方が間違っているということではありません。呼吸にも多様性が必要ですが、本書では主に腹式呼吸を重点的に扱います。

お腹を膨らませると横隔膜が下がり、腹腔（腹部の内部の空間）全体に圧力がかかり、腰椎を安定させる力が

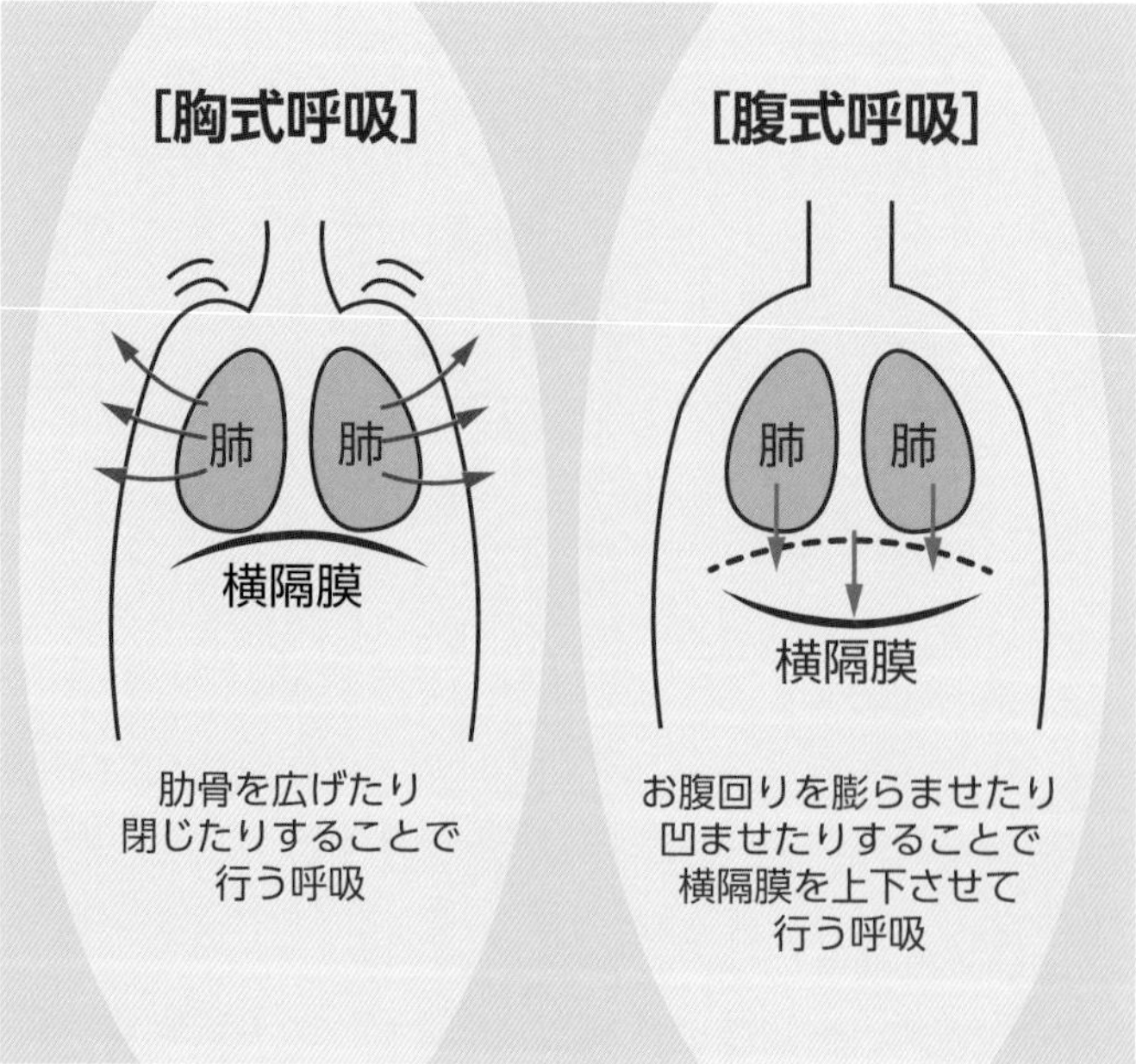

肋骨を広げたり
閉じたりすることで
行う呼吸

お腹回りを膨らませたり
凹ませたりすることで
横隔膜を上下させて
行う呼吸

働きます。これにより、体幹部の安定性を高めることができます。

また、腹部を力ませることなくゆっくりと腹式呼吸をすることで、副交感神経が優位になることも知られており、体幹を安定させるだけでなく、リラックスをしたい時にも腹式呼吸が適しています。

よく起こる不適切な呼吸パターン

不適切な呼吸には、いくつかのパターンがありますが、左の図のように、息を吸う際に腰を反り、肋骨を引き上げて行う呼吸が典型例です。横隔膜と骨盤底筋が床と平行に向かい合う関係になっていないと、腹腔の圧力は前方に逃げてしまい、体幹部分を安定させることができません。このような呼吸を繰り返していると、腰や首回りなどの筋肉に余計な負担がかかり、障害の原因になります。さらに腰が反ることで、体幹の筋肉は適切な力を発揮できなくなってしまい、スポーツパフォーマンスの低下も引き起こしかねません。2章の03「筋肉と神経の構

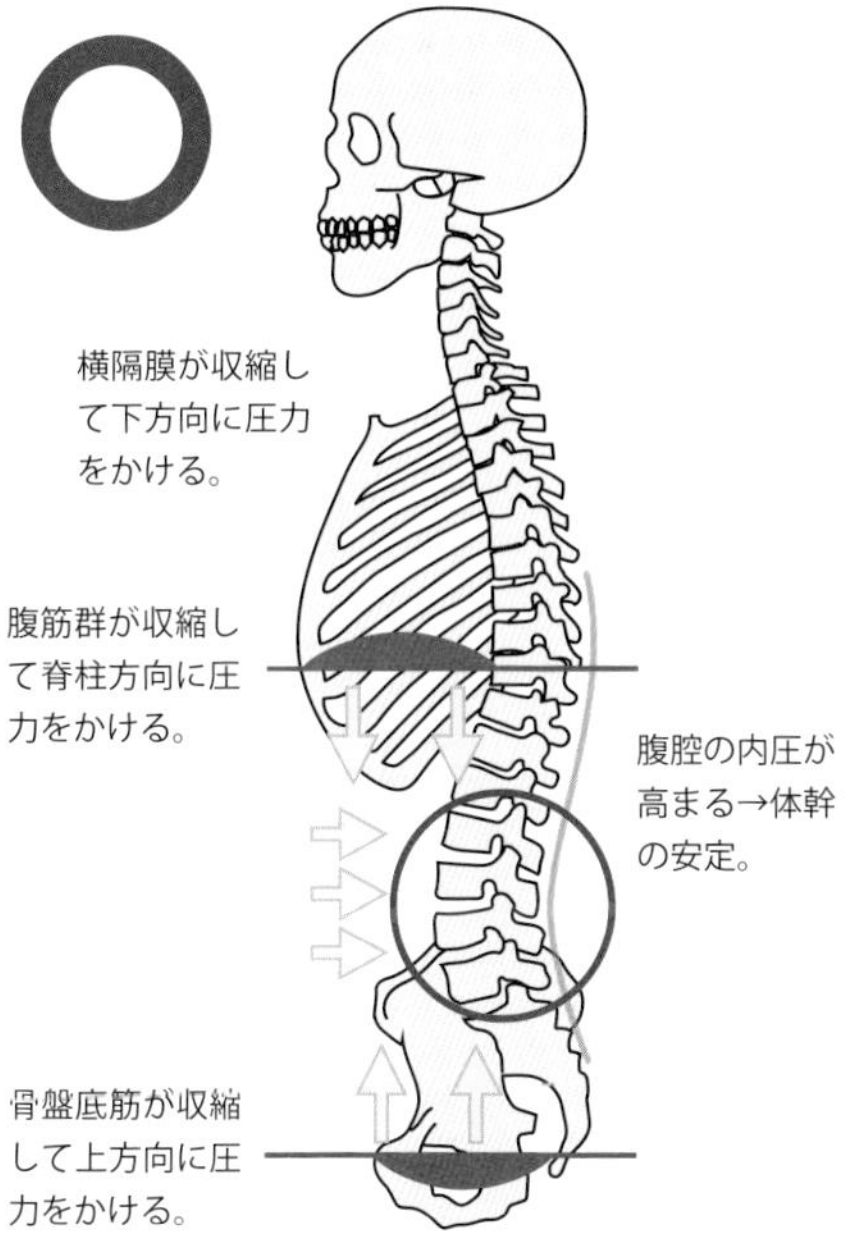
○
横隔膜が収縮して下方向に圧力をかける。
腹筋群が収縮して脊柱方向に圧力をかける。
腹腔の内圧が高まる→体幹の安定。
骨盤底筋が収縮して上方向に圧力をかける。

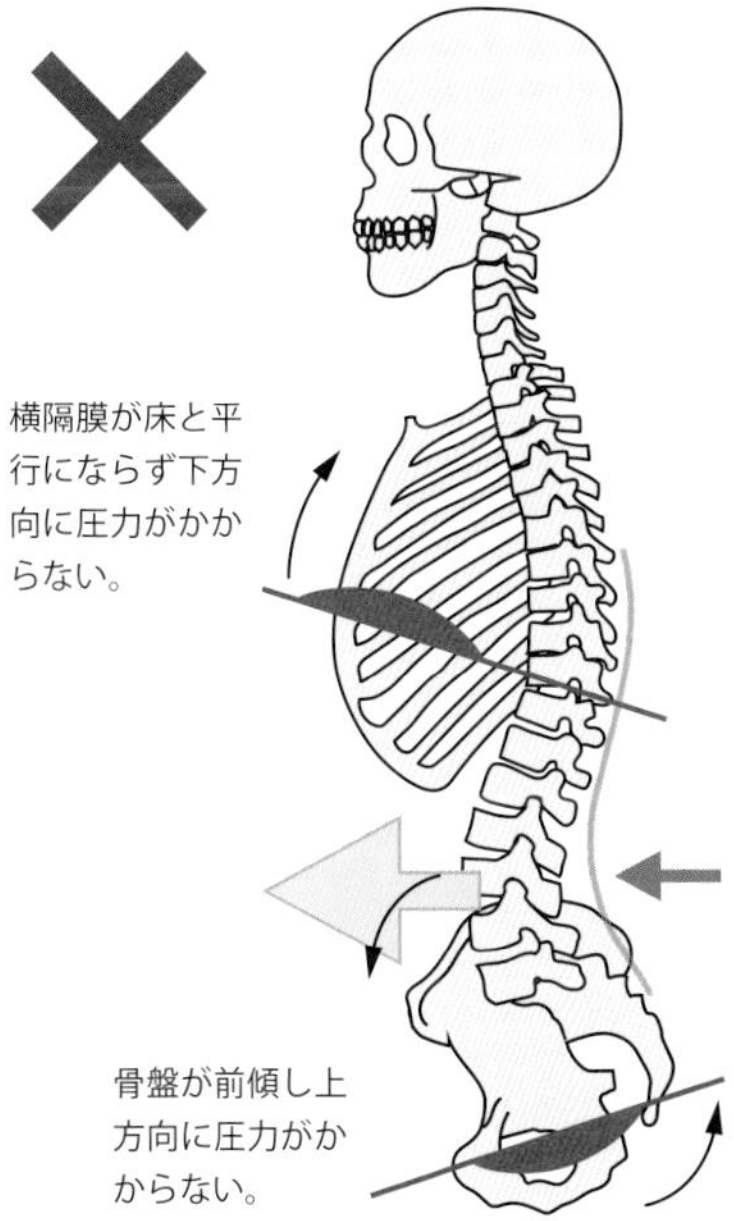
×
横隔膜が床と平行にならず下方向に圧力がかからない。
骨盤が前傾し上方向に圧力がかからない。

造を理解する」をご覧ください）。

誤解がないようお伝えすると、激しい運動中にたくさん呼吸をする必要がある場合、このような呼吸はある意味効率的です。例えば全力疾走した際に、多くの人が肩を上下させながら「肩で息をする」のは、肺を大きく広げた方がより多くの酸素を取り入れることができるからです。

しかし、多くの酸素を必要としない通常の状態でもこのような呼吸が常習化していると、1日に2～3万回肩をすくめ、腰を反ることになるので、当然首回りや腰回りの筋肉は過緊張状態になり、疲弊してしまいます。

コラム1

お腹は凹ますのがいいの？ 膨らますのがいいの？

以前は「お腹を凹ますことで腹横筋を鍛える」ことが推奨された時期がありましたが（「ドローイン」と言います）、現在では「お腹を膨らませることで、体幹を安定させる」という考え方が主流となっています（「ブレーシング」と言います）。

もちろん体幹の安定性に腹横筋は大切な役割を果たしますが、それだけで腰椎を安定させられるわけではありません。息を吸いながらお腹を膨らませることで、腹部を取り巻く複数の筋群が引き伸ばされるように力を発揮し、体幹の安定性を高めてくれます。

その際の注意点は、腰が反った姿勢では、腹部に均等に圧がかからないため、効果的に腹圧を高めることができません。

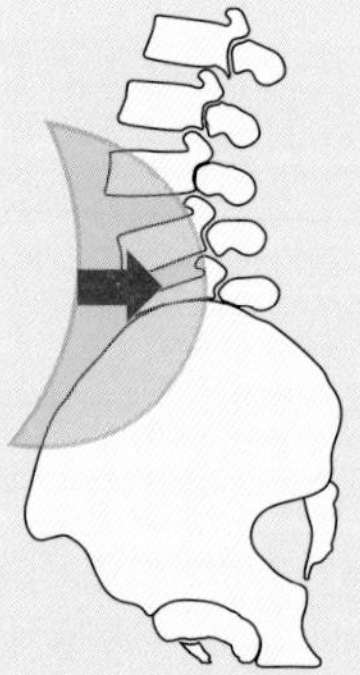

ドローイン

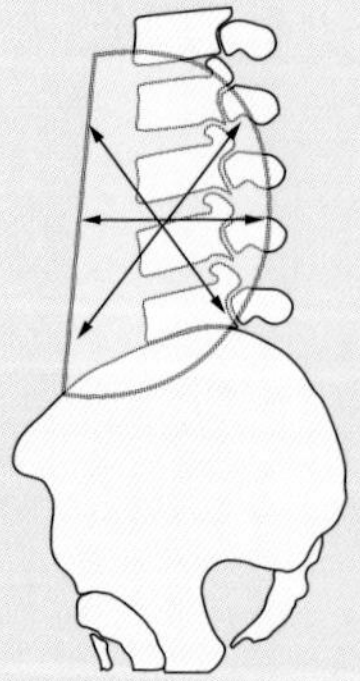

ブレーシング

まずはこれでチェック

仰向けでの腹式呼吸

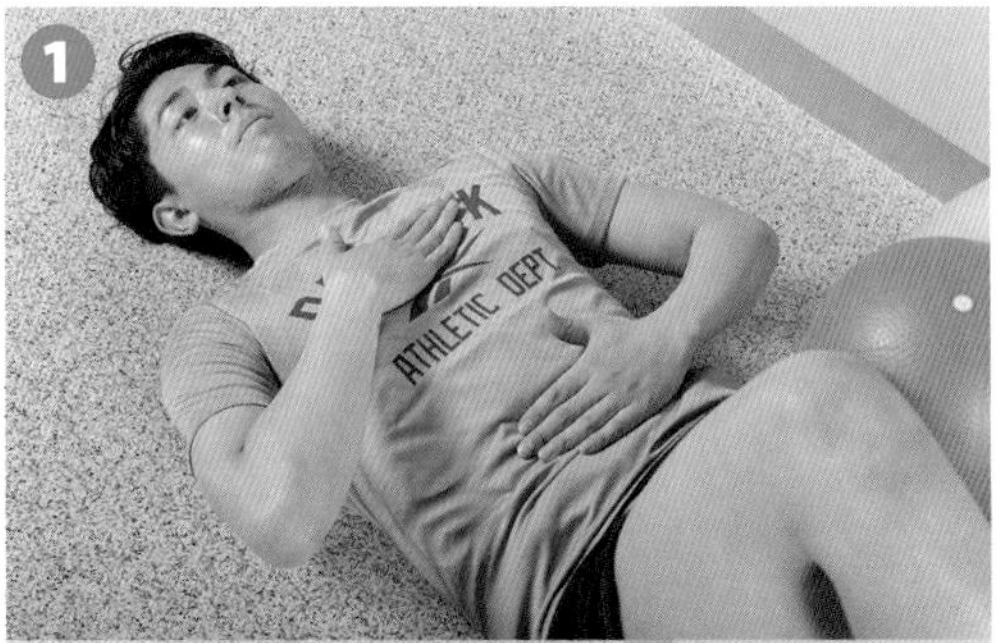

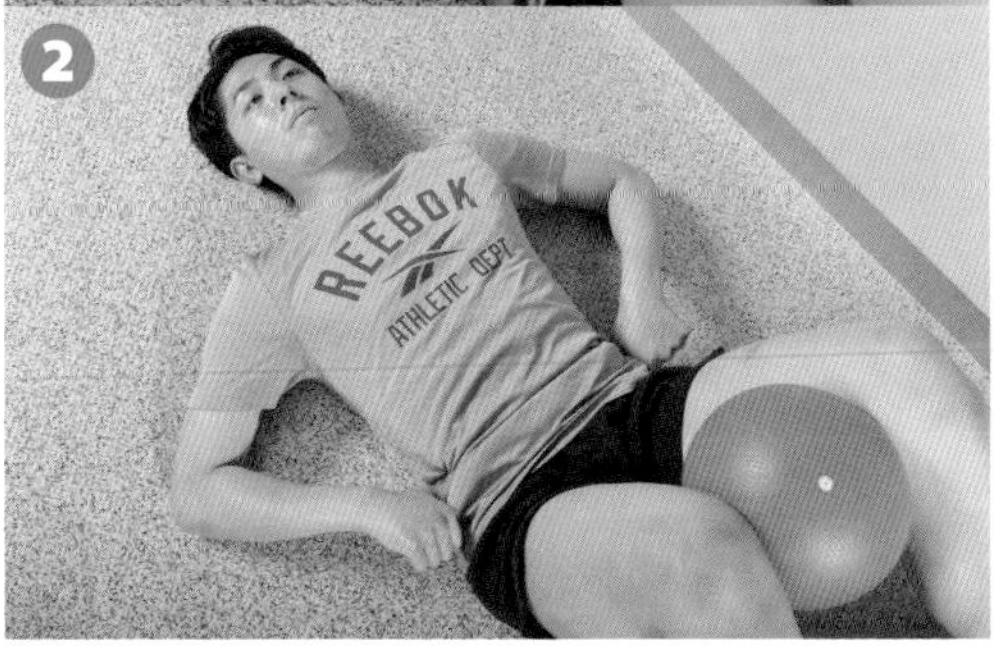

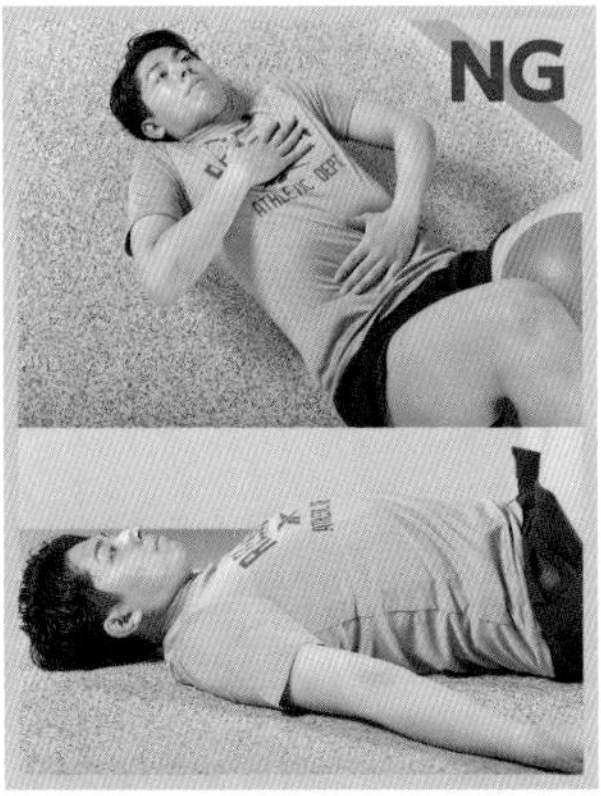

上：肩がすくんでしまう。
下：息を吸う時に腰が反ってしまう。

❶片手を胸、もう片方の手をへその下にあて、腹式呼吸を行う。その際、胸にあてた手を動かさず、へその下にあてた手のみを動かすように呼吸を行う（腹式呼吸の練習）。
❷両手の親指で腹部周辺を触り、息を吸いながら自分の親指を外側に押し出すようにお腹を膨らませる（腹部全体を膨らませる練習）。

胸式呼吸が改善されない場合

台を利用しての深呼吸

上記の方法でうまく腹圧を高めることができない場合、以下の方法で行う

仰向けになり、踵を台に乗せ、股関節と膝が 90 度になるよう設定する。踵で台を下方向に押すように、裏もも（ハムストリングス）を使って腰を丸めるようにお尻を持ち上げ（骨盤の後傾）、そのまま腹式呼吸を行う。骨盤や胸郭を正しい位置に維持しやすい。

目安：5 秒かけて息を吐く→吐き切ったところで 5 秒維持→ 5 秒かけて息を吸う。
このサイクルを 5 ～ 10 回行う。

腹圧や胸郭の動きに左右差を感じる場合

脚を交差した姿勢での深呼吸

横向きに寝た状態で、写真のように下側の脚を前に出す。そのまま上半身を最大限回旋し、両肘で地面を押す。背中を丸めた状態で深呼吸を行う。背骨を回旋、屈曲させることで、肋骨が内側に入り切った位置で呼吸の確認ができる。

目安：5 秒かけて息を吐く→吐き切ったところで 5 秒維持→ 5 秒かけて息を吸う。
このサイクルを 5 ～ 10 回行う。

胸式呼吸が改善されない場合

四つ這いでの深呼吸

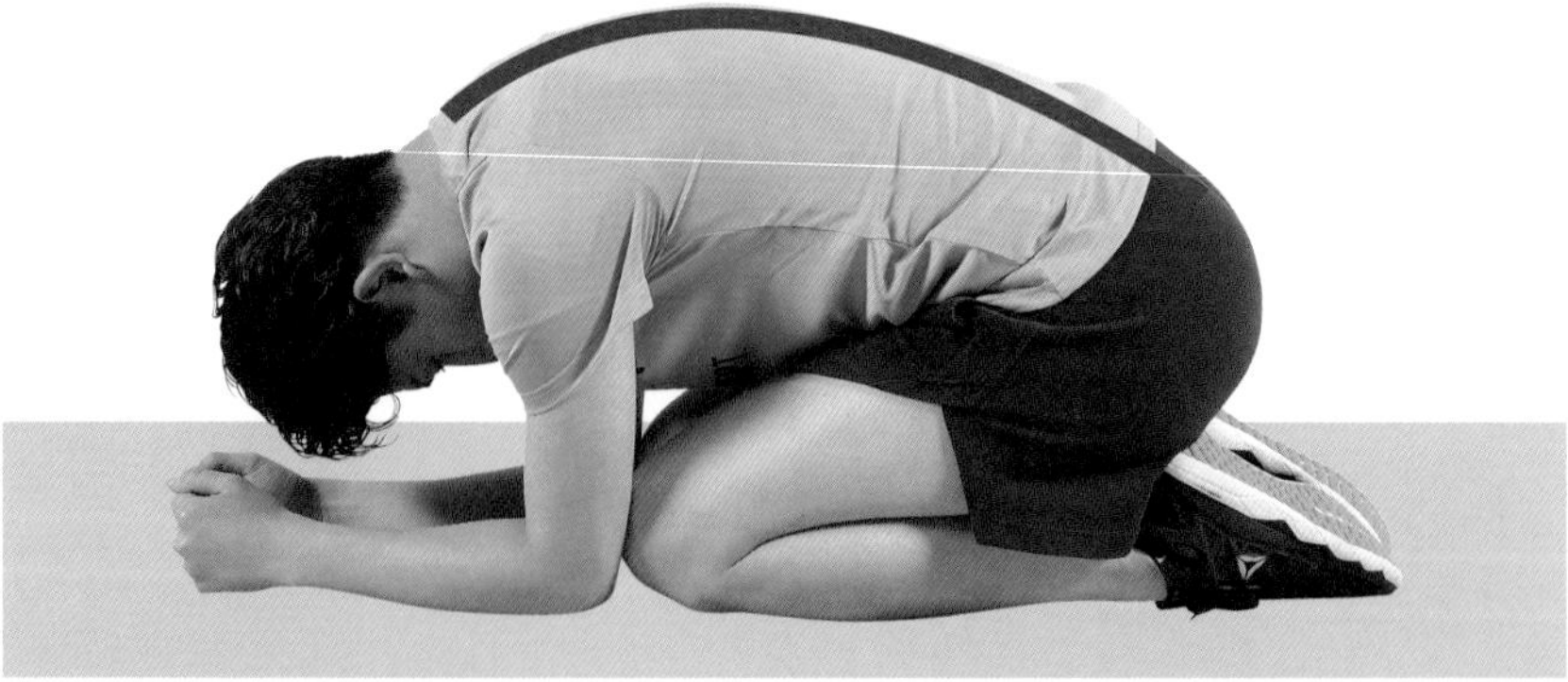

両肘と両膝をつけ、背中を丸めた状態でゆっくりと深呼吸する。この姿勢では、肋骨が大腿に押しつぶされ、前に出ることができないため、前述の不適切な呼吸を修正しやすくなる。もしこの姿勢で肋骨の前面に圧を感じない場合は、バスタオルなどを丸めて肋骨とももの間に挟むと良い。呼吸をする間、肩をすくめないよう、耳と肩を遠ざけた状態で行う。なるべく息を吸う際に、体幹の後方を膨らませるように行う。

目安：5 秒かけて息を吐く→吐き切ったところで 5 秒維持→ 5 秒かけて息を吸う。
このサイクルを 5 ～ 10 回行う。

コラム2

エクササイズ中は、息を止めずに呼吸を続けること

全力でエクササイズに取り組むあまり、息を止めてしまう方がいますが、これからご紹介する全てのエクササイズにおいて、呼吸を止めずに行いましょう。

呼吸に関わる横隔膜という筋肉は、呼吸と姿勢維持の2つの役割を担っており、一方の負荷が高まると、もう一方を犠牲にする仕組みになっています。

試しに、背骨を最大限後ろに回旋してみましょう。すると、最終域近くになると自然に呼吸が止まります。これは姿勢維持の負荷が高まることで、呼吸を犠牲にしているのです。同じように全力疾走した後に立ち姿勢を維持できず、膝に手をついてしまうのも、呼吸への負荷が高まったことで姿勢維持が困難になったことの結果でもあります。

呼吸が止まると、脳は酸欠状態になることを恐れ、危険信号を出します。結果、姿勢を維持したり、動作を起こすための適切な筋力を発揮することができません。なのでエクササイズ中は「正常な呼吸が維持できる最大限の可動域や努力」で行う必要があります。トレーニングの難易度や重量等も、呼吸を止めずに「頑張ればできる」を基準に選択するのが良いでしょう。

前述の通り筆者は、ギリギリの重量を扱う時など、高い集中力が必要な時以外は、あえてトレーニング中に話しかけ、呼吸の有無を確認したりします。

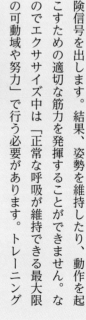

課題のある部位を中心に

02 セルフマッサージ

前述の通り、もし体のどこかに可動域制限があれば、体は他の部位で補完しようと全身の動作を変えてしまいます。トレーニングを進める前に、過緊張状態の筋肉があるならば、事前に緊張を緩和させておくことで動作改善がスムーズになります。

セルフマッサージを呼吸エクササイズの後に入れているのは、呼吸によって体幹の安定性が高まることで、筋肉の緊張が緩和されたり、可動域が回復する場合があるためです。呼吸のエクササイズを通じて体幹周囲の筋群が働きやすくなるため、その時点で可動域制限が改善されるケースが少なくありません。

そのため理想的な進め方としては、序盤に紹介したセルフチェックで見つかった課題を呼吸のエクササイズ後に再度チェックしてみる。それでも改善されていない部位を中心に、リラックスしながらほぐしてみるのが良いでしょう。

肩の屈曲、内旋に制限がある場合　**目安：30秒〜60秒。**

背中（広背筋、棘下筋など）

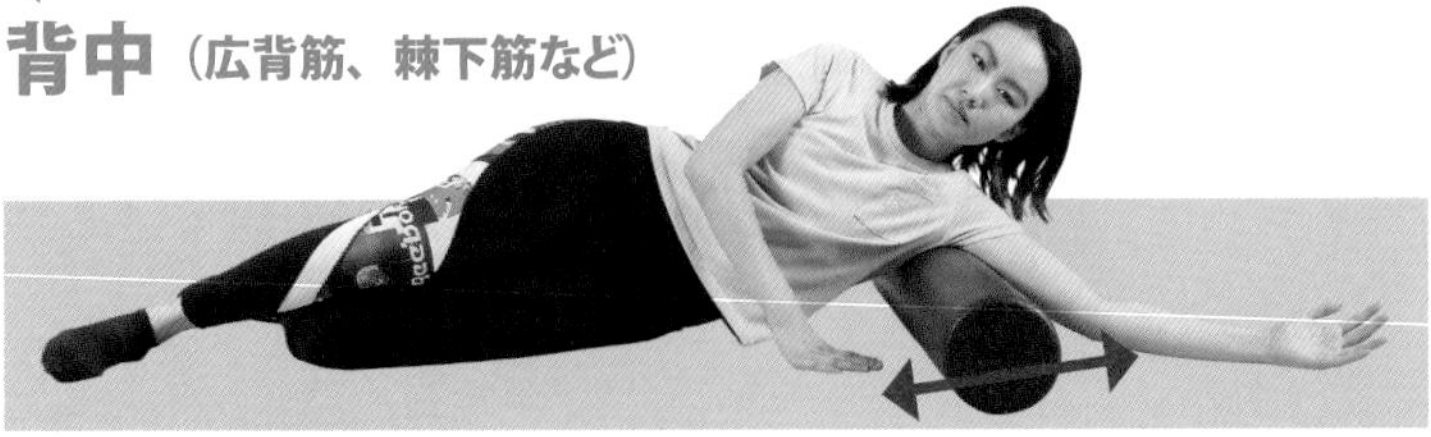

横向きで、体の側面（やや後方）や肩の後ろを、フォームローラーや柔らかいボールでほぐすように動かす。腰ほど下までは行かないように注意。

肩の屈曲、内旋に制限がある場合

首の後ろ（僧帽筋など）

マッサージスティック等で首の後ろをほぐす。仰向けで、フォームローラーを首の後ろに敷き、首を左右に向けるのも良い。
目安：30 秒〜 60 秒

肩の外旋に制限がある場合

胸まわり（大胸筋・小胸筋など）

目安：30秒〜60秒。

柔らかいボールを鎖骨の下あたりにあて、周辺を転がすように筋肉をほぐす。あるいはフォームローラーを使って、写真のように腕を動かすことで筋肉を緩めることもできる。

股関節の伸展に制限がある場合

へその横（腸腰筋など）

目安：30秒〜60秒。

うつ伏せで、柔らかいボールをへその横にあて、体を揺らしながら周辺の筋肉をほぐす。

股関節の屈曲、外旋、内旋に制限がある場合

お尻（大臀筋、梨状筋など）

目安：30秒〜60秒。

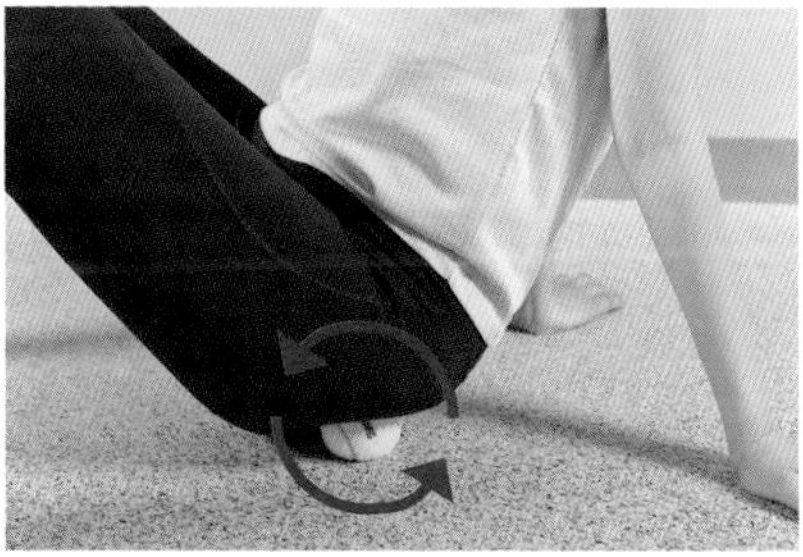

座って、テニスボールや柔らかいボールを片方のお尻にあて、お尻を揺らしながら周辺の筋肉をほぐす。

股関節の伸展に制限がある場合

ももの前側（大腿四頭筋など）

目安：30秒〜60秒。

座った状態で、マッサージスティックで前ももをほぐす。あるいはうつ伏せでフォームローラーや柔らかいボールの上にももを乗せて、転がすようにほぐすのも良い。

手関節の背屈に制限がある場合

手のひら

目安：30秒〜60秒。

ゴルフボールやトゲのあるボール等で手のひらの筋肉をほぐす。

股関節の屈曲に制限がある場合

ももの後ろ側（ハムストリングスなど）

目安：30秒〜60秒。

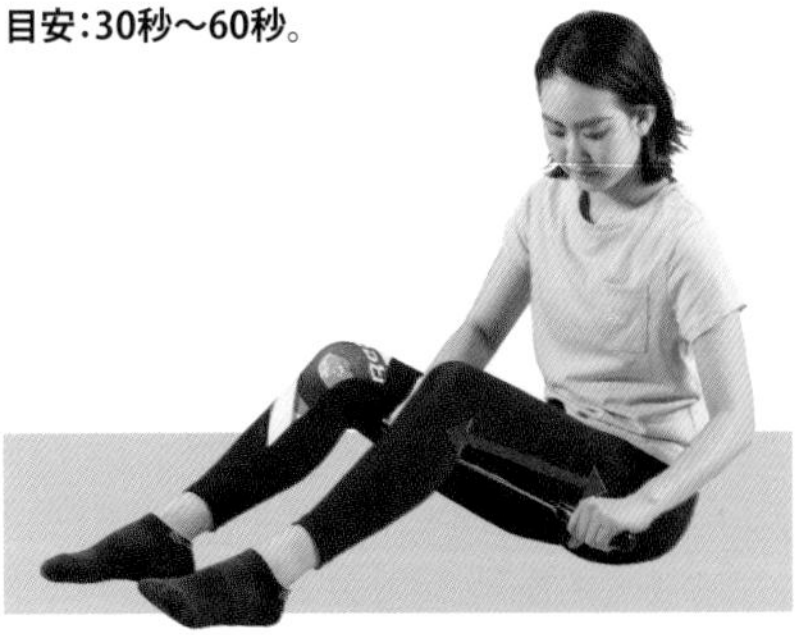

座った状態で、マッサージスティックで裏ももをほぐす。あるいはフォームローラーや柔らかいボールの上にももを乗せて、転がすようにほぐすのも良い。

股関節の伸展、内旋、外旋に制限がある場合

ももの外側（大腿筋膜張筋など）

目安：30秒〜60秒。

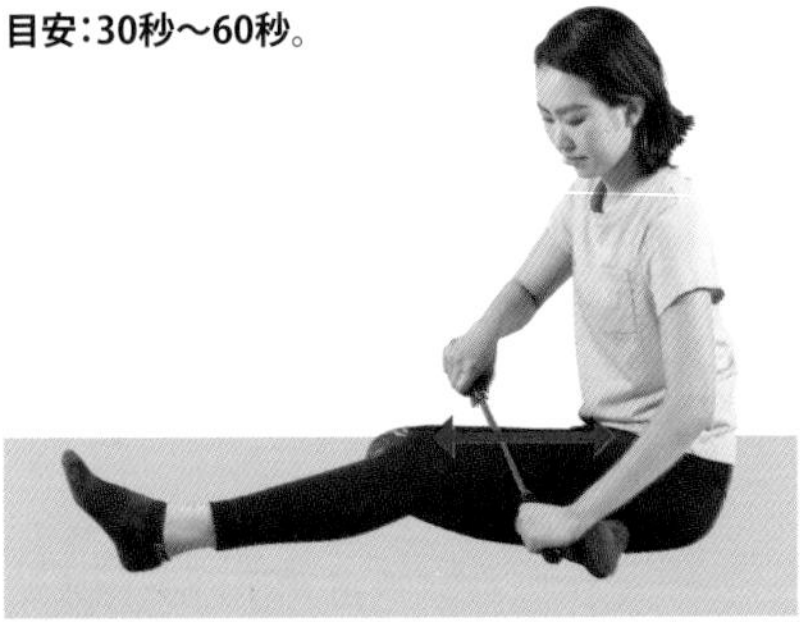

座った状態で、マッサージスティックでももの外側をほぐす。

足関節の背屈、母趾 MP 関節の背屈に制限がある場合

足の裏（足底筋膜など）

目安：30秒〜60秒。

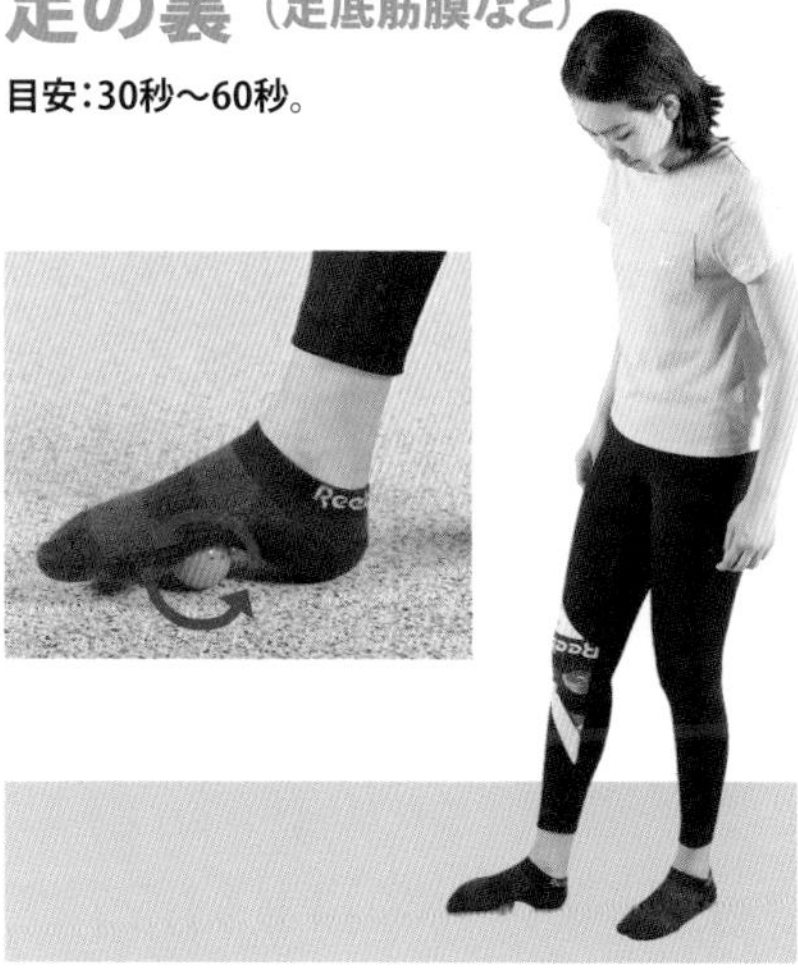

立った状態で、テニスボールや少し硬さのあるもの（青竹などでも良い）を踏む。なるべく足の裏全体をあてるように行う。

足関節の背屈、母趾 MP 関節の背屈に制限がある場合

ふくらはぎ（下腿三頭筋など）

目安：30秒〜60秒。

座った状態で、マッサージスティックでふくらはぎをほぐす。あるいはフォームローラーの上にふくらはぎを乗せ、転がすようにほぐすのも良い。

セルフマッサージを行う上での注意点

①筋肉をほぐすだけで終わってはいけない

前述の通り、ただ筋肉がほぐれれば問題が解決されるわけではありません。仮に周辺の筋肉の緊張が取れて、関節の可動域が広がったとしても、最終的にはその可動域を「自分の力で動かせるようになる」必要があります（自動関節可動域）。

特定の筋肉が緊張するのには理由があります。本来は、関節の近くに付着する深層の小さい筋肉が、弱い負荷や姿勢の安定の役割を担い、関節から遠くに位置する表層の大きい筋肉が関節を動かす役割を担います。

しかし、様々な要因でその筋肉の使われ方が乱れてしまいます。例えば深層の筋肉が活動しないことで、表層の筋肉が関節運動だけでなく関節の安定も担わなければならず、過剰な負荷を受けてしまうことや、深層の筋肉が関節の安定と関節運動両方を担うために過剰な負担を負うこともあります。つまり硬い筋肉自体が問題なのではなく、特定の筋肉に負荷を集中させてしまう動き方や筋肉の使い方に問題があるのです。

もちろん、1日の終わりや練習後に、疲労回復としてセルフマッサージをするなら良いですが、運動前の準備の段階では、筋肉を緩めた後には必ずエクササイズによって「広がった可動域の全域で、筋力を発揮できる」状態にする必要があります。

②「痛い」と感じるほど強く行ってはいけない

真面目な方ほど、こういったセルフメンテナンスを過剰にやり過ぎてしまうものです。特にセルフマッサージでは、「痛いくらいの方が効くのではないか」と痛みに悶絶しながら行う人をよく見かけます。

人間の体は痛みを感じると防衛反応として筋肉の緊張を強めてしまいます。また、「頑張ってほぐそう」と頑張ること自体が交感神経を優位にし、筋肉を緊張させてしまうため、セルフマッサージは痛みを感じない範囲の強さ、長さで行う必要があります。

筆者はセルフマッサージの指導において「気持ちいい」程度と説明しています。マッサージの強さに悩んだ際には参考にしてみてください。

セルフストレッチに推奨される器具

上記の通り「痛みなく行える硬さの器具」を選ぶことがポイントです。筆者の経験で言えば、お尻や胸回りはテニスボール、もも回りや首、背中など広範囲をほぐす必要がある部位はフォームローラー、足裏など痛みに強い部位はゴルフボールなどを選ぶことが多いです。

それ以外にも、最近では自分で強さを調整できる振動マッサージ器具などが以前より安価に手に入るようになりました（写真はプロティアジャパン社の「PowerPlate PULS」）。筋肉の緊張具合は日によって違いがあるため、その時々にあった強さを選べる器具は、体のコンディション調整にとても有効です。

市販のメンテナンスグッズなど実際に試して、感触の良いものを選んでみるといいでしょう。

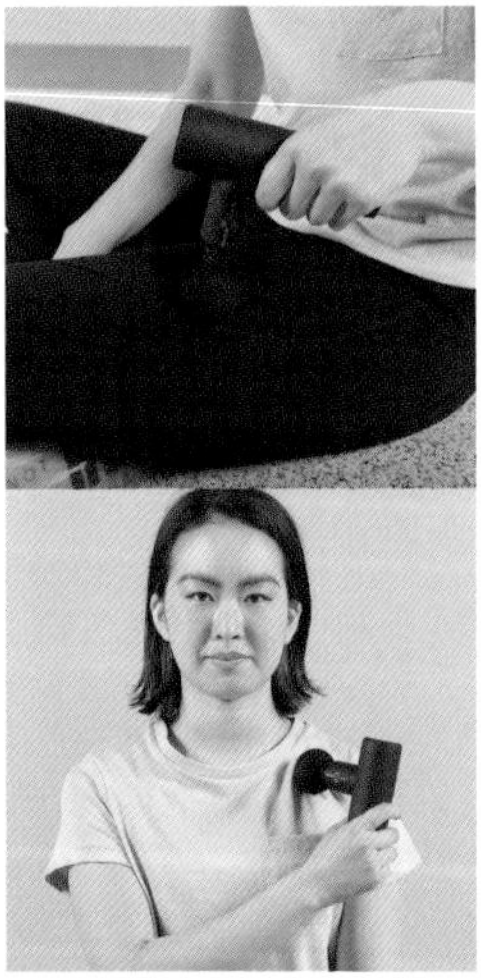

運動前に行うストレッチ
03 アクティブストレッチ

呼吸のエクササイズ、セルフマッサージが終わった後には、筋肉の伸張性を高めるストレッチを行います。ここで、機能改善を効果的に行うために、数あるストレッチを以下のように分類しておきます。

筋力発揮に関する分類

・パッシブストレッチ（受動ストレッチ）
実施する本人が筋力を使わずに行うストレッチ。
代表例：２人組で長座体前屈を後ろから押す

・アクティブストレッチ（自動ストレッチ）
実施する本人が筋力を使って行うストレッチ。
代表例：仰向けになり、膝を伸ばしたまま片脚を自分の力で持ち上げる

写真❶のようなストレッチは1人で行っているためアクティブストレッチに見えますが、重力を利用して前屈を行なうためパッシブストレッチに分類されます。

それと比較して写真❷のストレッチは、自分の力で脚を持ち上げてストレッチを行なっているため、アクティブストレッチに分類されます。一般的に運動前にはアクティブストレッチが有効とされています。その理由はアクティブストレッチをすることで「相反抑制」という反応が起きるからです（詳細は次ページ）。

アクティブストレッチの注意点

アクティブストレッチには注意点が2つあります。

①自分で行える最大の可動域で行う

前述の相反抑制を最大限に活用するためには、最大限の筋力発揮が必要になります。もちろんストレッチで疲労困憊になっては元も子もありませんが、可能な限り最大の可動域で行う努力をするのがポイントです。

②呼吸を止めず、それぞれの姿勢で2回深呼吸を行う

呼吸が止まったり、浅くなったりすると、人間の脳は「危険信号」と錯覚を起こし、全身の筋肉を緊張させてしまいます。ストレッチは筋肉を伸ばす目的なので、どの瞬間も呼吸を止めずに行う必要があります。

そのため、以下に紹介するストレッチも、それぞれの姿勢で深呼吸をすることをポイントにしています。

コラム3

「相反抑制（相反性神経反射）」とは

相反抑制とは、筋肉に力を入れる時に、逆側の筋肉が緩む作用のことを指します。例えば力こぶに力を入れると、逆側の二の腕の筋肉は自然と緩みます。つまり体は各関節において表と裏の筋肉が相反する働きをするようにつくられています。

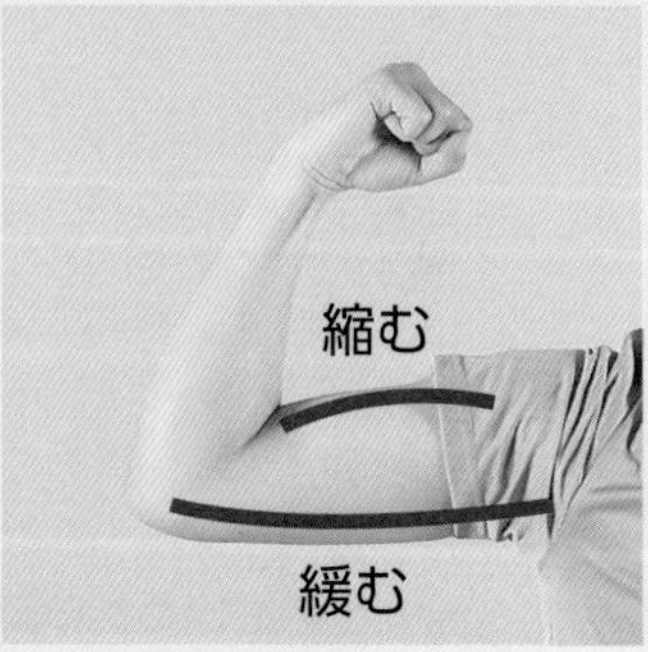

ストレッチを長く行うと、体がリラックス状態になり、その後の運動に悪影響を及ぼすことがありますが、アクティブストレッチの場合、ストレッチしている反対側の筋肉は活動しているため、体が緩み過ぎる等の悪影響を最小限に抑えることができます。

各姿勢で深呼吸を 2 回行う

ワールドグレイテスト

1

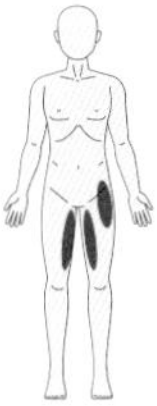

伸びを感じる部位
- 前脚の内もも
- 後ろ脚の付け根（前面）

脚を前後に開き、後ろ脚側の手を床につく（手を床について行うのが難しい場合は、床に膝をついた状態で行う）。上体を前屈させ、空いている腕の肘を床に近づける。同時にお尻・みぞおちも床に近づけるようにしゃがむ。可能であれば後ろ脚は膝を伸ばし、踵を後ろに伸ばすように力を入れる。

2

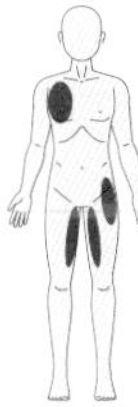

伸びを感じる部位
- 開く側の胸回り
- 股関節の周囲

胸を開き、空いている手を天井に向けて伸ばす。後ろ脚は **1** と同様に後方に伸ばすよう力を入れておく。

3

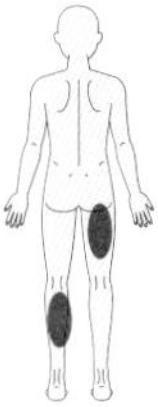

伸びを感じる部位
- 前脚の裏もも
- 後ろ脚のふくらはぎ

前方の脚の両端に手をつき、両脚を伸ばすようにお尻を持ち上げる。この時、前脚はつま先を上げ、踵で地面を押すように膝を伸ばす。同時に後ろ脚は、踵を床につけるように膝を伸ばす。

目安：それぞれの姿勢で 2 回深呼吸。
左右を 2 周ずつ行う。

NG

2 の動作の際に胸と膝が離れて上体が横に傾いてしまう。

再度座り込む。

胸を張ったまま両手を離し、バンザイを行う。（斜め 45 度程度）

腕の位置を維持したまま、立ち上がる。

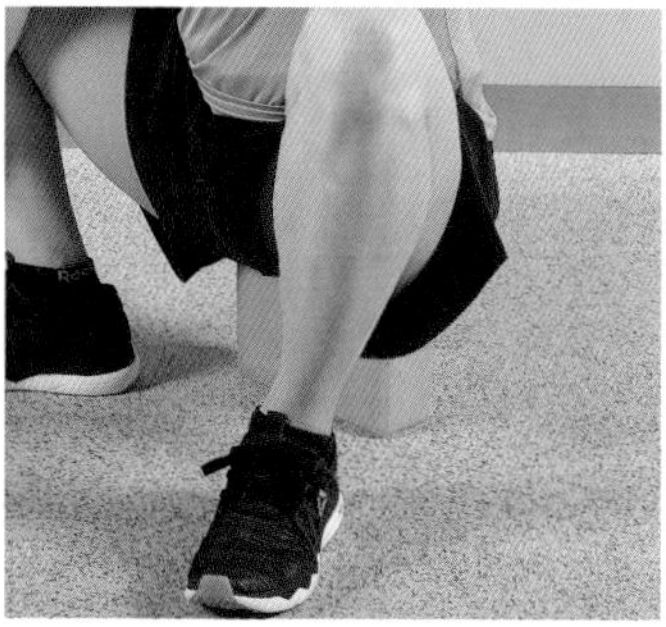

下までしゃがみ込めない場合は、台を利用して行う。

NG

肩が前に出て、肩のみの回旋になってしまう。

可能な限り大きく動作を行う

スクワットシークエンス

目安：1、2、3、4 の姿勢で 2 回深呼吸。2 周行う。

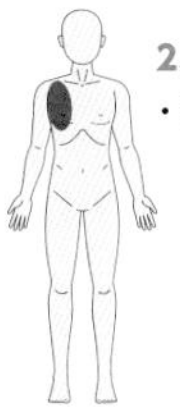

2､3で伸びを感じる部位
・胸回り

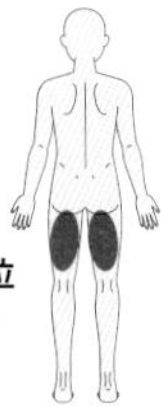

4で伸びを感じる部位
・裏もも

1 脚を肩幅程度に開き、つま先・膝を 45 度開いた状態で下までしゃがみ込む。両手でつま先を掴み、上に引き上げるように胸を張る。

2 胸を張ったまま片手を離し、胸を回旋させるように腕を後方に伸ばす。

3 反対側も同じ動作を行う。

4 一度正面に戻り、再度つま先を両手で掴んだら、そのまま両膝を伸ばし前屈の姿勢になる。

体の背面を伸ばす

ファンクショナルライン

目安：2 回深呼吸。左右 2 回ずつ行う。

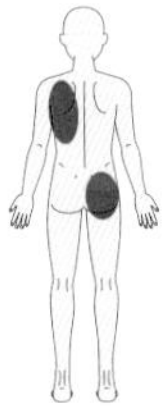

伸びを感じる部位
・前脚側のお尻
・手を前に伸ばす側の背中

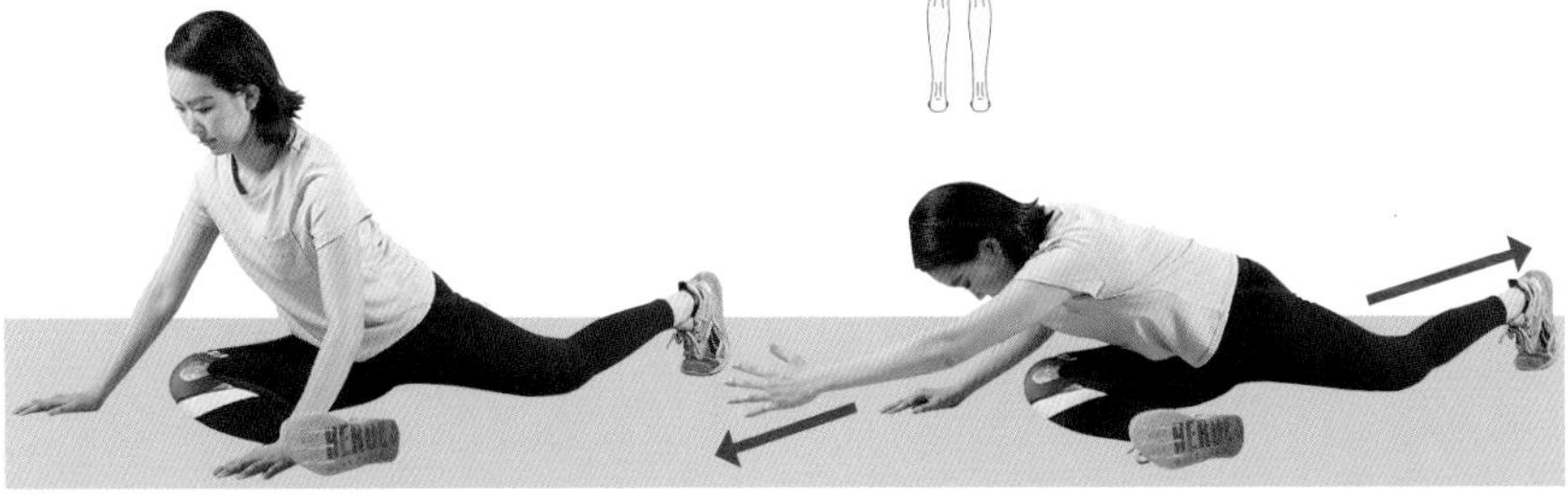

座った状態で脚を前後に開き、前脚は膝を曲げて外に倒し、後ろ脚は可能な限り後方に伸ばす。

前脚と逆側の手足を引っ張り合うように前後に伸ばす。

脚の後ろ側を伸ばす

ダウンドッグ ワンレッグリーチ

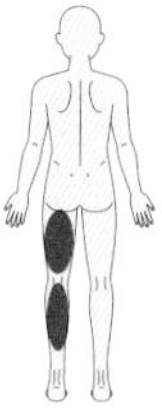

伸びを感じる部位
・下側の脚の裏ももから
　ふくらはぎ

1

四つ這いの状態になる。

2

両手を床についたまま膝を伸ばし、お尻を上げ、踵を床に近づける。

3

両膝を真っ直ぐ伸ばしたまま、片脚を上げる。軸脚の膝が曲がったり、骨盤が回旋しないよう注意する。

上半身の側面を伸ばす

ラテラルライン

目安：2 回深呼吸。
左右 2 回ずつ行う。

立った状態で、片方の脚に重心を移し、骨盤を横に動かす。

骨盤をさらに横に動かすように、反対側の脚を前から交差させる。

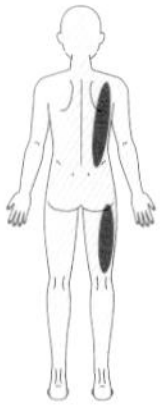

伸びを感じる部位
・荷重する側の
　外ももから背中

骨盤を動かした側の手を反対側に伸ばし、体側をストレッチさせる。その際、骨盤をさらに横に移動させる。前に交差した脚は多少膝を曲げても良いが、後ろ側の脚は膝を伸ばし切る。

胸回りと前腕を伸ばす

トランクローテーション&アームライン

目安：2 回深呼吸。左右 2 回ずつ行う。

1

横向きになり、上の脚は膝を 90 度に曲げたまま前に出す（骨盤の回旋を止める役割）。

2

上の手を前から天井に向かって開く。

3

上の手が真上に伸びた位置で、手首を最大限背屈させる（指まで全て伸展する）。

4

手首の角度を維持したまま、さらに胸を開くように上の手を床に向かって回し、胸を回旋させていく。

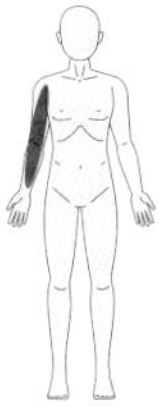

伸びを感じる部位
・上側の手の前腕から胸回り

肩がすくんでしまい、胸でなく肩だけ動いてしまう。開くように上の手を床に向かって回し、胸を回旋させていく。

裏ももと前ももを伸ばす

ワンレッグリーチ＆クアド

目安：2 回深呼吸。左右 2 回ずつ行う。

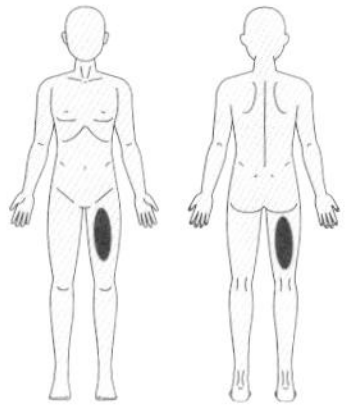

伸びを感じる部位
・荷重する側の裏もも
・荷重しない側の前もも

片脚立ちになり、浮いている側の足首を掴んで、お尻に近づける。

膝の角度を維持したまま、逆手を前に伸ばしながら上体を前傾させる。この時、軸脚側の膝は少し曲げておく。

硬さを感じた種目、難しいと感じた種目などはぜひ毎日継続してみてください。特に運動前はしっかり最大限自分の筋力を使って自動可動域を高め、次のエクササイズに進んでいきましょう。

04 コアエクササイズ

安定した動きを出すために行う

前述の通り、本書ではコア（体幹）を「腰椎」と定義します。コアトレーニングでは、体幹を安定させたまま、胸椎や股関節を分離して動かすことを体に学習させることが目的となります。

具体的には、呼吸の項で紹介した「腹圧が高まった状態」を維持したまま行うことを心がけましょう。

体幹を安定させたまま、上半身・下半身を動かす

デッドバグ

目安：交互に左右 10 回を 2 セット行う。

仰向けになり、背骨全体を床につけ、背骨から後頭部を一直線に保つ。写真のように両手・両脚を浮かせる。

対側の手脚を伸ばすように床に近づける。困難な場合はまず片手のみ、または片脚のみ動かす。

床に触れたら元の姿勢に戻り、逆側を行う。

バリエーション

両手に重りを持ったまま行う。

NG

腰が反ってしまう。

体幹を安定させたまま、片手支持に耐える

ベア

四つ這いの姿勢から背骨を一直線に保ったまま両膝を浮かせる。

片手を離し、軸手側の肩に触れる。

反対側も行う。

NG

肩がすくんでしまう。

片手支持になる際に骨盤が左右に傾いてしまう。

バリエーション

ウェイトドラッグ

目安：交互に10回を2〜3セット行う。

床についた手の手前側で重りを左右に内から外へ動かす。体幹が動かないよう注意。

体幹を安定させたまま、上半身・下半身を動かす

目安：この姿勢を10秒維持。
数秒休憩を挟み、3〜5セット繰り返す。

フロントブリッジ

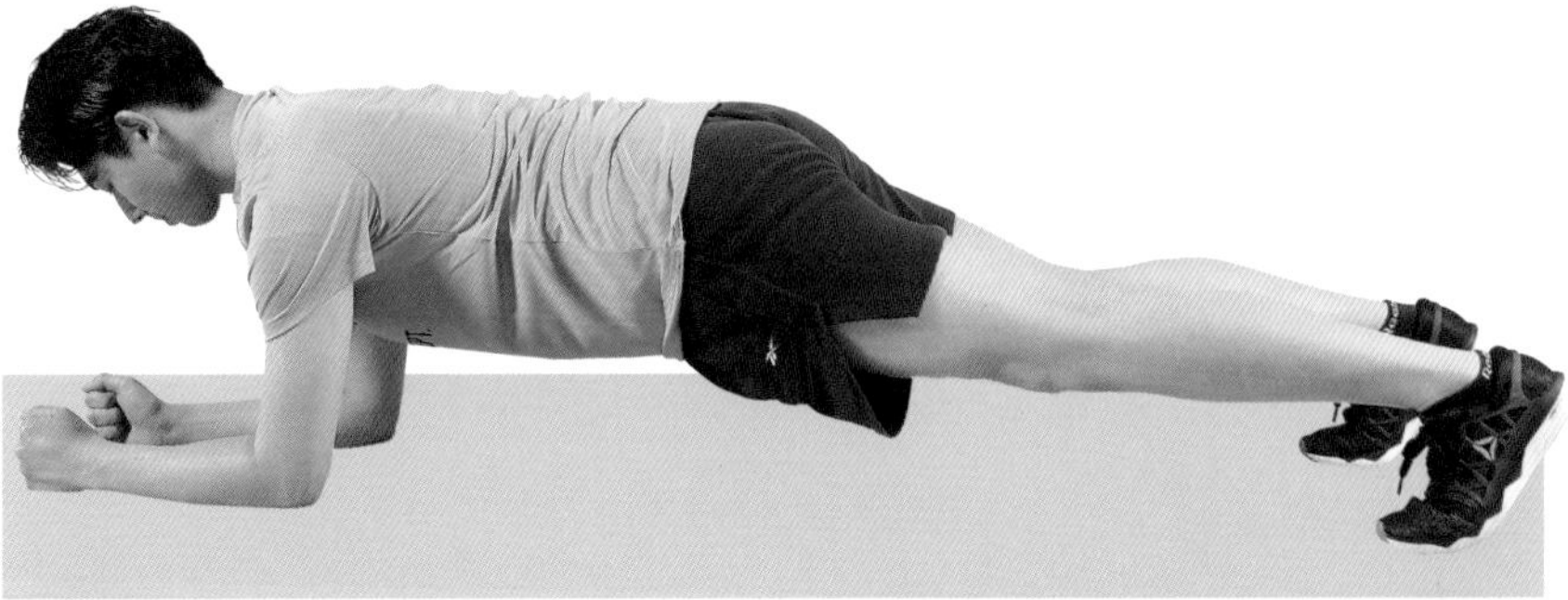

肩の真下に肘をつき、頭から踵までを一直線に保ち、つま先と肘でその姿勢を支える。

NG

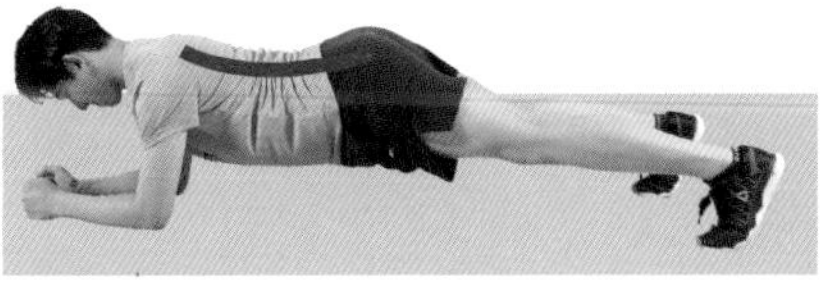

腰が反ってしまう。

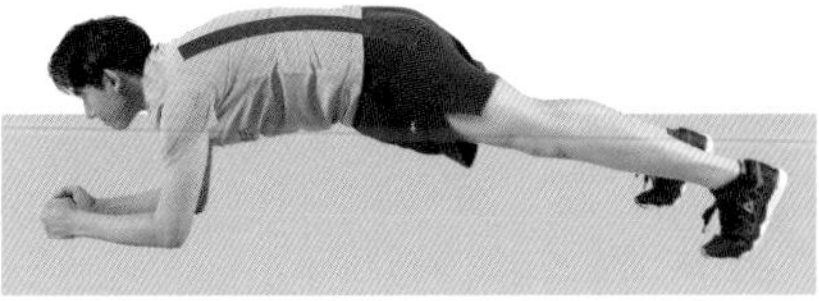

背中が丸まってしまう。

バリエーション

それぞれのバリエーションで、動作中に腰椎が動かないことがポイント。
目安：左右8回ずつを2〜3セット行う。

シングルアームリーチ

片手を浮かせて、前方に伸ばす。

リバースフライローテーション

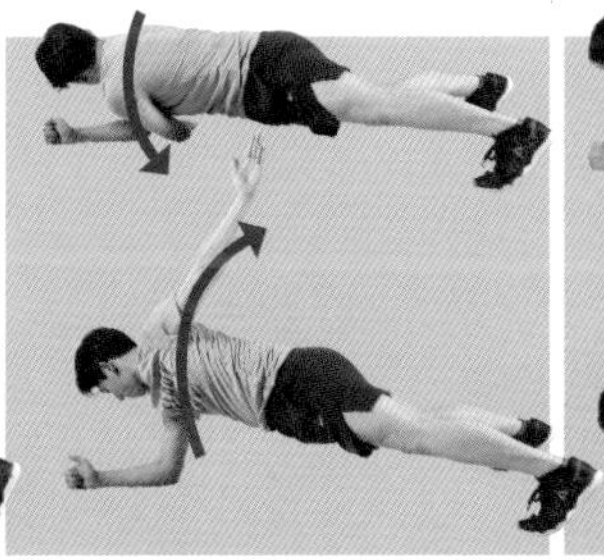

片手を浮かせて、脇の下から伸ばすように胸を回旋させる。次に体を開く方向に回旋させる。

ヒップアブダクション

片脚を浮かせて、外側にもも上げするように持ち上げる。

体幹を安定させたまま、上半身・下半身を動かす

サイドブリッジ

目安：この姿勢を10秒維持。
数秒休憩を挟み、左右それぞれ3〜5セット繰り返す。

頭から膝までを一直線に保ち下側の肘と膝で体を支える。その際、両膝は 90 度に保つ。

上から見ても頭から膝が一直線になるよう姿勢を保つ。

動作中に腰が反ってしまう。

バリエーション ヒップフレクション 目安：左右8回ずつを2〜3セット行う。

サイドブリッジの姿勢を維持したまま上側の股関節を 90 度屈曲させる。

バリエーション
リバースフライローテーション
目安：左右8回ずつを2〜3セット行う。

上側の手を脇の下から後方に伸ばし、骨盤ごと回旋させ、元の位置に戻る。肩と腰が同じ程度回旋するように動く。

バリエーション
アダクター
目安：この姿勢を10秒維持。
数秒休憩を挟み、左右それぞれ3〜5セット繰り返す。

上側の脚の膝を台に乗せ、下側の脚は膝を 90 度に保ったまま前に出す。上側の膝で台を下に押しつけるようにお尻を持ち上げる。その際、前の脚も浮かせる。

バリエーション
ローオブリークシット
目安：お尻を上げた姿勢で5秒維持。
休憩を挟み同じ動きを5〜8回繰り返す。

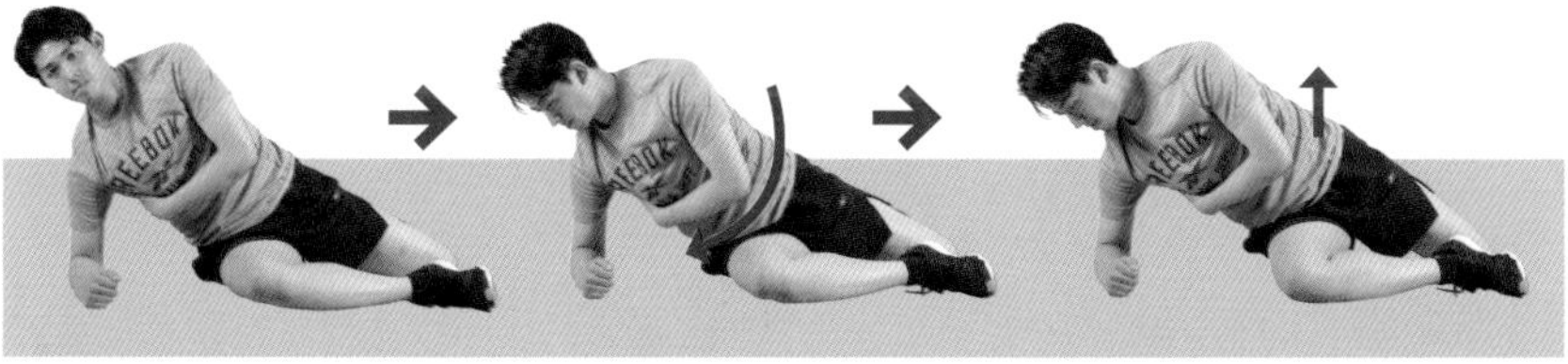

下側の脚を前に出し、へそが下を向くように下側の股関節を内側に捻る。前脚の膝に荷重し、お尻を持ち上げる。

体幹を安定させたまま、股関節を動かす

ブリッジ

目安：8回を2〜3セット行う。

仰向けで両膝を曲げ、足で床を押してお尻を持ち上げる。
足の位置は、すねと床が垂直になる位置につく。

NG

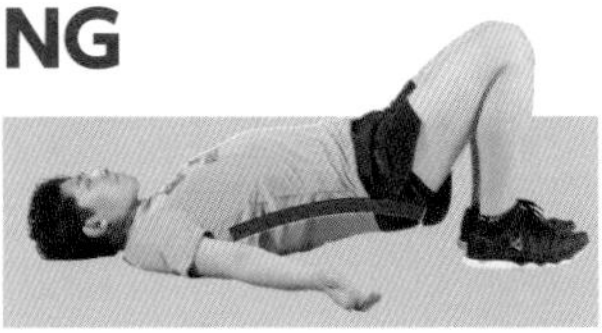

動作中に腰が反ってしまう。

バリエーション

片脚ブリッジ

目安：左右8回ずつを2〜3セット行う。

片脚を伸ばし、逆脚のみでお尻を持ち上げる。

ニーハグブリッジ

目安：左右8回ずつを2〜3セット行う。

片脚を胸の前で抱え、逆脚のみでお尻を持ち上げる。

立った状態で体幹を安定させたまま、3 面方向への負荷に耐える

目安:5往復を左右2セットずつ行う。

ヘイロー

片脚立ちの状態で、重りを胸の前に保持する。両手で重りを顔の周囲を回すように動かす。1 周したら反対側にも回す。

NG

動作中に腰が反ってしまう。

バリエーション

両膝立ちのヘイロー

片膝立ち、両膝立ち、スプリットスタンスなどいろいろな方法がある（写真は両膝立ち）。

足幅を狭めたヘイロー

安定感に余裕があれば、写真のように後ろ脚のつま先、膝、前脚の3点を一直線上に並べるように足幅を狭める。

立った状態で体幹を安定させたまま、3 面方向への負荷に耐える

目安：左右8回ずつを2〜3セット行う。

アンチローテーショナルプレス

1

2

片膝を立て、横方向からチューブやケーブルなどを引っぱり、胸の前に両手で保持する。

両手を胸の高さで前に伸ばし、元の位置に戻す。腕を伸ばした時にも体が引っ張られる側に回旋しないよう耐える。

バリエーション

プレスアンドリフト

1

2

3

腕を前に伸ばしたところから、さらに両手を上げる。回旋と共に、手を上げた際の側屈にも耐える必要がある。

バリエーション

スタンディング

立った状態で行う。

立った状態、また動作中の体幹の安定を維持する

目安:左右20歩ずつを2〜3セット行う。

スーツケースキャリー

片手に重りを持ち、直立姿勢を維持しながら前方に歩く。

NG

重りに負けて背骨が側屈してしまう。

バリエーション

ファーマーズキャリー

両手に重りを持って行う。横ブレの負荷は減るが、持てる重量を増やすことができる。

05 片脚での安定感をつくる バランスエクササイズ

スポーツに限らず、人間の動きは基本的に立った状態で、かつ片脚で行われることがほとんどです（歩行も片脚の連続）。両脚で良い姿勢を維持するだけでなく、片脚でも同じように体幹と上半身・下半身を分離して動くことが必要になります。

片脚支持の安定感向上と、3点支持の確認

シングルレッグ スタンド

目安：この姿勢を10秒維持。左右それぞれ3～5セット行う。

両脚で軽く膝を曲げた姿勢から徐々に体重を片側に移動していく。姿勢を変えずに片脚立ちに移行する。軸脚は、母趾球、小趾球、踵の3点で均等に体重を支えるように立つ。

NG

つま先に対して膝が内側を向いてしまう。

腰を反ってしまう。

片脚支持の安定感向上と、片脚筋力の強化

シングルレッグ スクワット

目安：左右8回ずつを2〜3セット行う。

シングルレッグスタンドの姿勢をとる。3点荷重、つま先と膝の向きを変えずに、スクワットを行う。

正面から見た姿勢。

NG

つま先に対して膝が内側を向いてしまう。

膝が前に出過ぎてしまう。

背中が丸まってしまう。

バリエーション

ボックススクワット

目安：左右8回ずつを2〜3セット行う。

高さの調整で強度を変換できる。

ワンレッグリーチ

目安：左右8回ずつを2〜3セット行う。

スクワット動作をしながら逆側の手足を45度の角度に伸ばす。腰を反らないよう注意。

片脚支持の安定感向上、体幹の安定と上半身・下半身との分離

シングルレッグ ルーマニアンデッドリフト

目安：左右8回ずつを2〜3セット行う。

NG

背中が丸まってしまう。

重りに負けて肩が左右に傾いてしまう。

シングルレッグスタンドの姿勢をとる。軸脚の膝は軽く曲げたまま、頭から逆脚の踵までを一直線に維持しながら前傾する。

バリエーション

T ポジション

両手を左右に広げ、バランスをとる。親指を上に向けておくと、良い姿勢を維持しやすい。

両手に重りを持つ

バランスが取りやすくなる。また扱う重量を増やすことができる。

バリエーション

リロード(再負荷)

前傾した位置で一度重りを台に置いて手を離し、再度握って戻ってくる。握り直すことで体幹や肩甲骨周囲の安定感を高めやすく、筋力発揮のオンとオフを感じやすい。

ウェイトスイッチ

目安:同じ脚で重りを3〜5往復行う(計6〜10回行う)。

前傾した位置で重りを持ち替える。重りが左右に移動するため、よりバランスを保つ能力が必要になる。

片脚支持の安定感向上、体幹の安定と下半身との分離

目安：左右8回ずつを2〜3セット行う。

エアプレーン

シングルレッグルーマニアンデッドリフトの姿勢をとる。

頭から踵までの一直線を崩さず、軸脚の股関節を軸に体を回旋させる。不安定な場合には、空いている側の手で壁やものを触り、支えにする。

NG

つま先と膝の向きが変わってしまう。

体幹が側屈してしまう。

肩と腰が一緒に回旋できず背骨が捻れてしまう。

コラム4 3点荷重を意識しよう

　立って行うエクササイズすべてに共通するポイントですが、母趾球、小趾球、踵の3点に均等に体重が乗るように立つことで、動作が安定します。特にバランスエクササイズの際には注意する必要があります。

　仮に動作中に母趾球が浮いてしまうようなら、外側に荷重が偏より、逆に小趾球が浮いてしまうようなら、内側に荷重が偏り、アーチが潰れたり、あるいは膝が内側に入るなど不具合が出てきます。あるいは動作中に踵が浮きやすい場合、つま先側だけで体重を支える癖がついている兆候です。

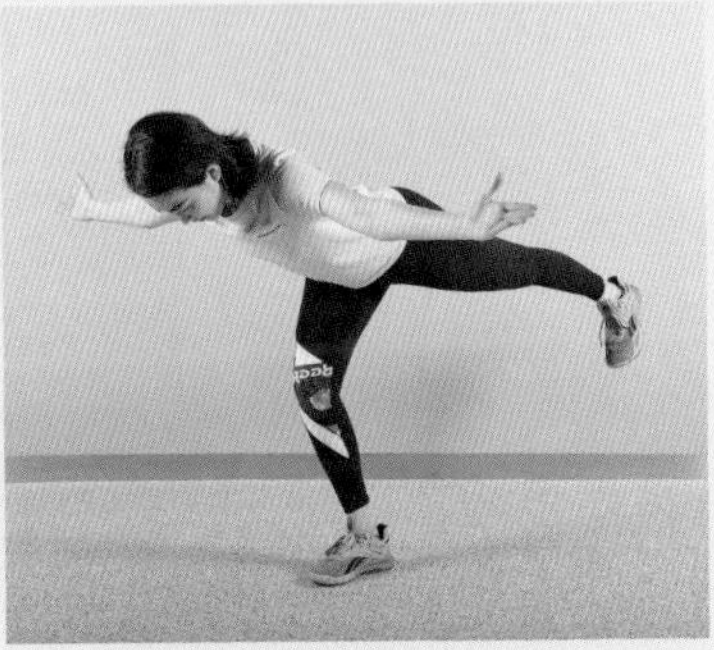

　3点で荷重を支えられず、指先で床を（あるいは靴の中を）強く噛むようにバランスを取ろうとする方もいます。これも荷重が前方に偏っている兆候であると同時に、足底筋膜を過剰に使い過ぎている証拠です。写真のように指先を上げると足底筋膜に張力がかかり、足底のアーチを復元してくれます。つまり、あくまでバランスは3点で維持し、指先は過剰に地面を噛まないほうが良いのです。

　筆者は指導中「足の指を浮かせてみてください」とリクエストをしたりします。これは指先に頼らず3点荷重を維持できているか確認するのに便利な方法です。

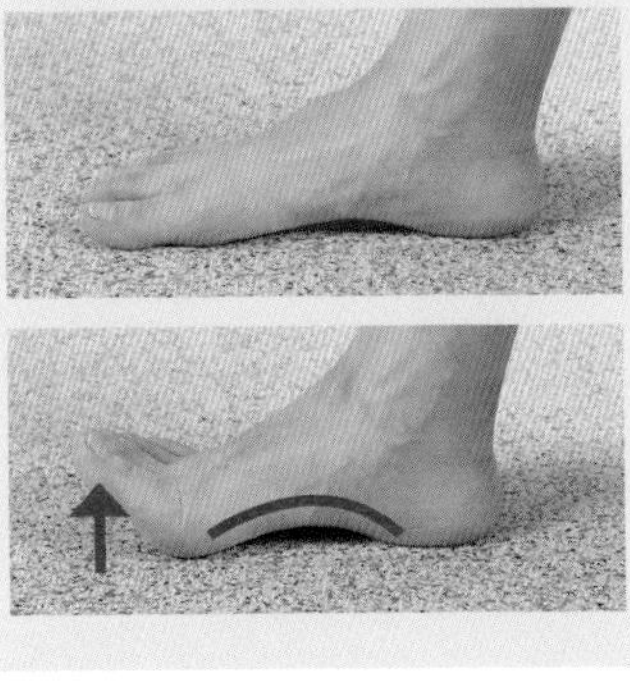

06 ストレングスエクササイズ

正しい動作を身につけてもそれをより力強く、持続的に行うためには、十分な筋力が備わっていなければなりません。習得した効率的な動作を生かすためにも、正しいやり方、適切な負荷で体に負荷をかけ、十分な筋力を身につけていきましょう。

十分な筋力があれば動きやすい体に近づく

ストレングスエクササイズとは、ストレングス（筋力）向上のためのエクササイズです。

ここまで「動きづくり」をコンセプトに説明をしてきましたが、「十分な筋力があれば、動きやすい体に近づく」ことは言うまでもありません。走る、跳ぶ、方向転換などスポーツで行われる動きのほとんどが「地面を踏む」ことの反作用（※コラム5参照）で生まれます。つまり、どれだけ短時間に地面を強く踏めたかがスポーツのパフォーマンスに直結することになります。

また、十分な筋力が備わっていなければ、どれだけ効率的な動作を習得していたとしても、ケガのリスクを減らすことができません。歩く、走るも基本的に片脚動作の連続ですから、片脚で自分の体重を支えるだけの筋力は最低限必要になります。オーストラリア・メルボルンで発表された膝の前十字靭帯損傷の手術後のリハビリガイドラインでは、片脚スクワットが22回できることが競技復帰の基準とされています。この片脚スクワットは、浮いている側の脚の膝が床に触れる程度の深さのスクワットです。

トレーニングには「過負荷の原則」というものがあります。今ある能力以上の負荷をかけることによって、体の適応を促すというものです。筋力強化であれば、少なくとも日常生活以上、あるいは正しい動作や姿勢を保てる範囲で徐々に体を適応させる必要があります。負荷が高過ぎてケガをしてしまっては元も子もありません。

このような理由から、ストレングスエクササイズでは一部器具を使ったものを含めています。ただ、器具を使える環境がない方であれば、「動きの多様性」の章を参考に、様々な環境変化を加えながら取り組んでみてください。

両脚での下肢筋力強化

スクワット

目安:6〜8回を2〜3セット行う。

脚を肩幅に開き、つま先をやや外側に向ける。背骨を一直線に維持したまま膝と股関節をバランス良く曲げ、大腿部（もも）が床と平行になるまでしゃがむ。筋力レベルに応じて、胸の前で重りを持っても良い。

NG

背中が丸まってしまう。

膝が前に出過ぎてしまう。

膝が内側に向いてしまう。

バリエーション

バーベルスクワット

バーベルを肩に担いで行う。

フロントスクワット

両肩の前面にバーベルを乗せ、肘を前に突き出した姿勢で行う。

コラム5

「作用反作用の法則」

作用反作用の法則とは「物体Aから物体Bに力を加えると、物体Aは物体Bから同じ大きさで逆向きの力（反作用）を与える」という物理法則です。

人がジャンプをする時には、地面を強く押し（作用）、その反作用で体が地面から浮くことになります。つまりジャンプの高さは「どれだけ強く地面を押すことができたか」に比例することになります。ダッシュや方向転換でも、進む方向の逆方向にどれだけ素早く強く力を伝えられたかによって、その速さが決まるため、下半身の筋力とパフォーマンスには密接な関わりがあることがわかります。

目安:6〜8回を左右2〜3セットずつ行う。

バリエーション

ワイドスクワット

つま先を45度外側に向け、足幅を広げる(両踵が肩幅になる程度)。つま先と同じ方向に膝を向けながらスクワットを行う。腰への負担が少なく、内転筋の強化に繋がる。

バリエーション

スプリットスクワット

スクワットの足幅から片脚を半歩後ろに下げ、つま先を床につけておく(後ろ脚にはほぼ荷重しない)。後ろ脚を補助輪のように使うことで、安定した姿勢で片脚を集中的に強化できる。

バリエーション

ブルガリアンスクワット

片脚を後ろに置いた台に乗せたまま、片脚スクワットを行う。スプリットスクワット同様に片脚を集中的に強化できる。通常のスクワットよりもより関節運動が大きくなり、動作の難易度が上がる。

コラム6

どれくらいの重りを持つべき？

「動きの多様性」の項で解説したとおり、障害予防にもパフォーマンスアップにも様々な動作のバリエーションを経験することが大切です。ただし、同時に基礎となる筋力がなければ障害を予防することはできません。より重いウエイトを持ち上げることだけにこだわり、無理な負担を与えてはいけませんが、正しい姿勢と動作を維持できる範囲では、より負荷を高めることでトレーニングの効果が得られるでしょう。

参考までに、前述（p140）の前十字靭帯損傷の手術後の競技復帰ガイドラインでは、自体重での片脚スクワット22回の他に、両脚でのスクワット（本書で言うデッドリフト）の重量目安を、「体重×1.8倍」と発表しています。トレーニング初級者がいきなりこの目安に挑戦するのは危険ですが、正しいフォームを習得できた後にはこのような重量目安をめざしてみましょう。

十分なウエイト施設がない場合でも、本書の「バリエーション」に示した片脚荷重の動作ならより少ない重りで、下半身を強化することは可能です。環境に応じて工夫をしてみてください。

横方向への筋力発揮の強化（前額面）

ラテラルスクワット

目安：6～8回を左右2～3セットずつ行う。

肩幅の 2 倍程度に脚を広げる。

↓

片脚に荷重しながらスクワットを行い、元の位置に戻る。チューブなどがあれば、しゃがむ側から引っ張ることで、横向きの負荷に対抗するように行う。パートナーに横から押してもらっても良い。

NG

しゃがんだ時に、引かれる側の脚が床と垂直になってしまう。

回旋を伴う下肢筋力強化（水平面）

ローテーショナルスクワット

目安：6〜8回を左右2〜3セットずつ行う。

足を肩幅よりも少し広めに開く。

肩と骨盤を一緒に回旋させながらスクワットを行う。

NG

回旋と逆の脚に荷重してしまう。

上体が回旋側に傾いてしまう。

背中の筋力強化

デッドリフト

両脚を腰幅に開き、つま先をやや外側に向ける。両手でバーベルを掴む。

↔

背骨を一直線に保ち、両膝と股関節を同時に動かしながら立ち上がる。同じ動作で元の位置に戻る。

NG

背中が丸まってしまう。

膝が内側に向いてしまう。

バリエーション

トラップバーデッドリフト

トラップバー（六角形のバーベル）を使用すると、上体は前傾し過ぎず自然にしゃがむ動作を行えるため、腰への負担を軽減することができる。

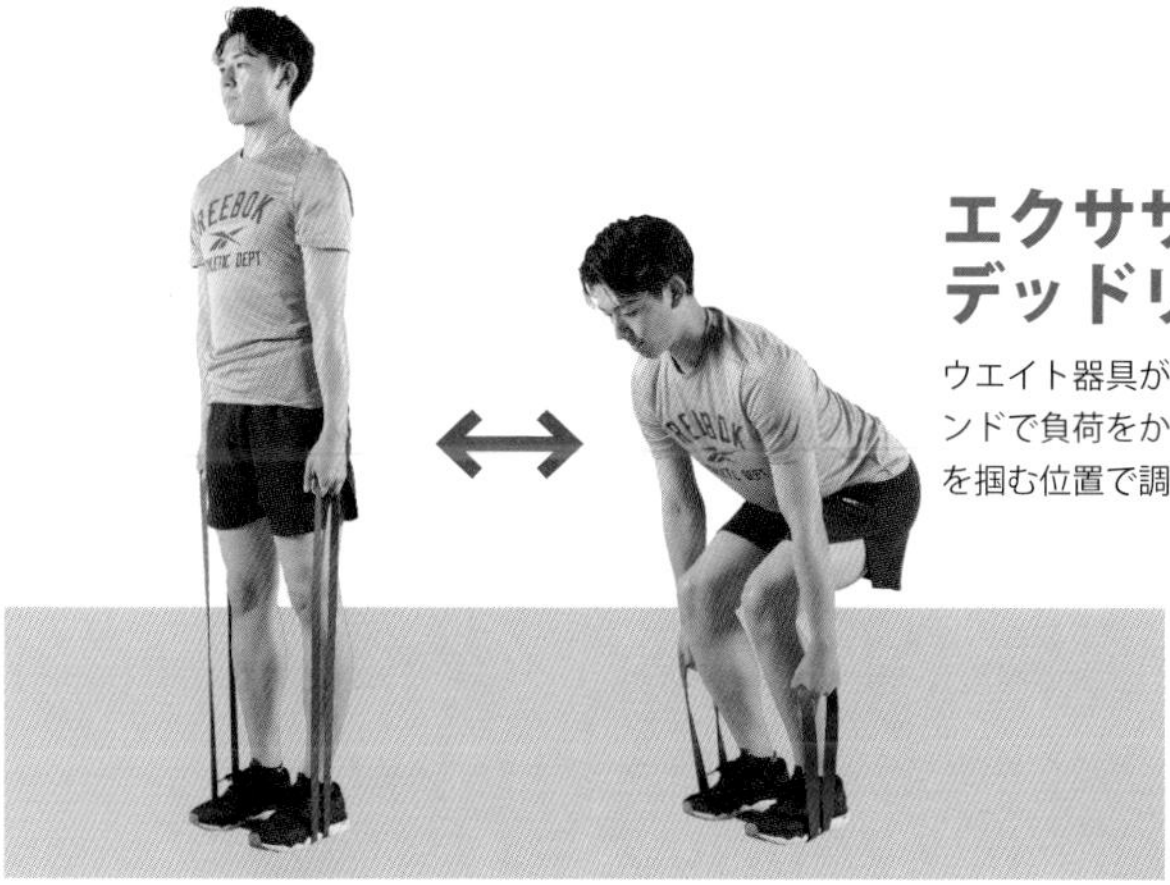

エクササイズバンドでのデッドリフト

ウエイト器具がない場合、長めのエクササイズバンドで負荷をかけることもできる。負荷はバンドを掴む位置で調整する。

ダンベルデッドリフト

両手にダンベルを持ってデッドリフトを行う。

スプリットデッドリフト

片脚を半歩後ろに下げ、補助輪のように使いながらデッドリフトを行う。

上肢の前方向へ押す筋力の強化

プッシュアップ

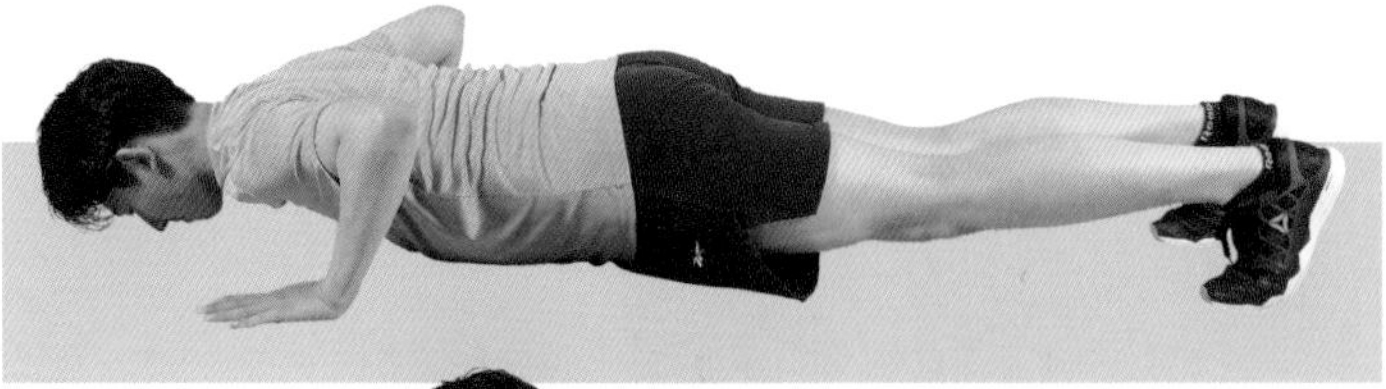

胸の真横（幅は親指で胸を触れる程度）に手をつき、頭から踵までを一直線に保つ。体を一直線に保ったまま肘を曲げ、胸を床に近づける。

NG

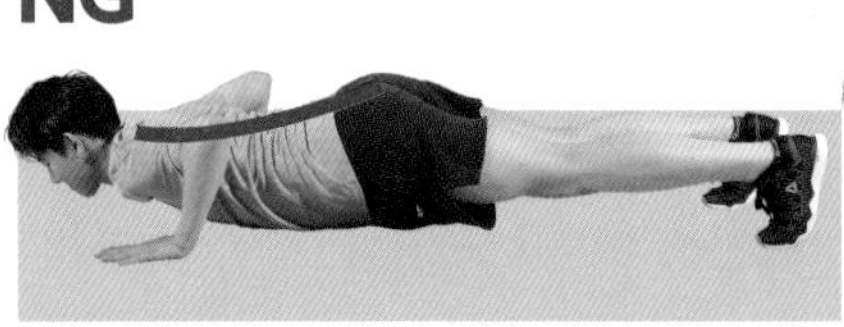

腰が反ってしまう。

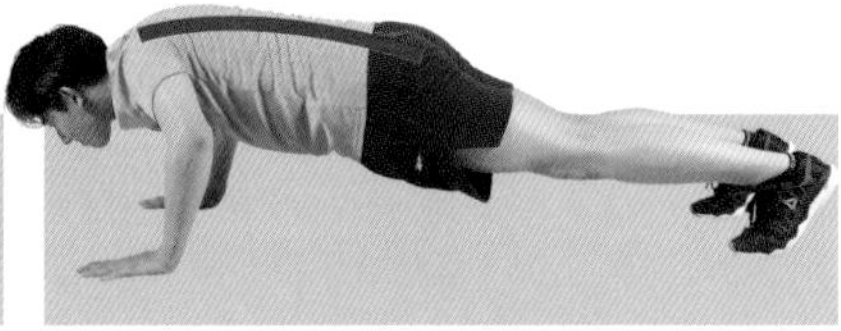

背中が丸まってしまう。

バリエーション

台などを使い、斜めの姿勢から行う。角度がつくことによって難易度が下がる。

片手をボールに乗せて行う。

膝を床について行う。支える範囲が狭くなるため、難易度が下がる。

上肢の前方向へ押す筋力の強化

ダンベルプレス

1

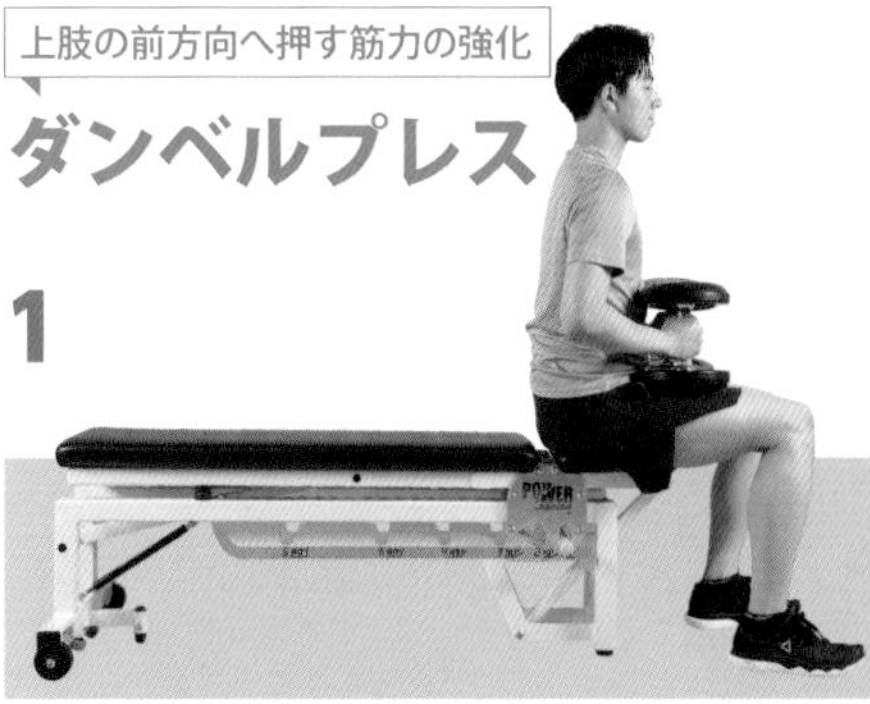

2

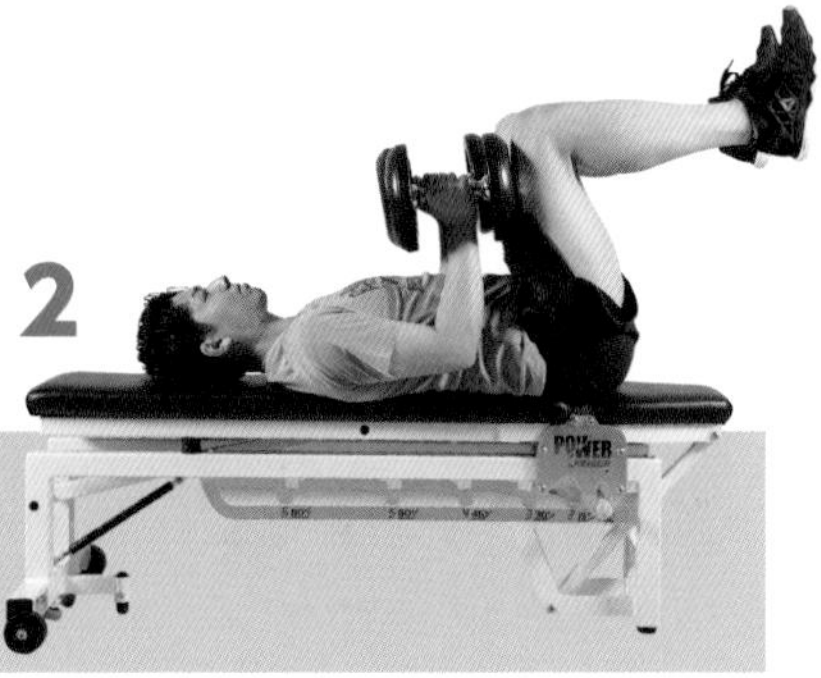

ダンベルを膝に置いた状態からベンチに横になる（終了時には、一度ダンベルを胸に下ろしてから、起き上がった後に床に下ろす。横になったままダンベルを床に下ろさないようにする）。

3

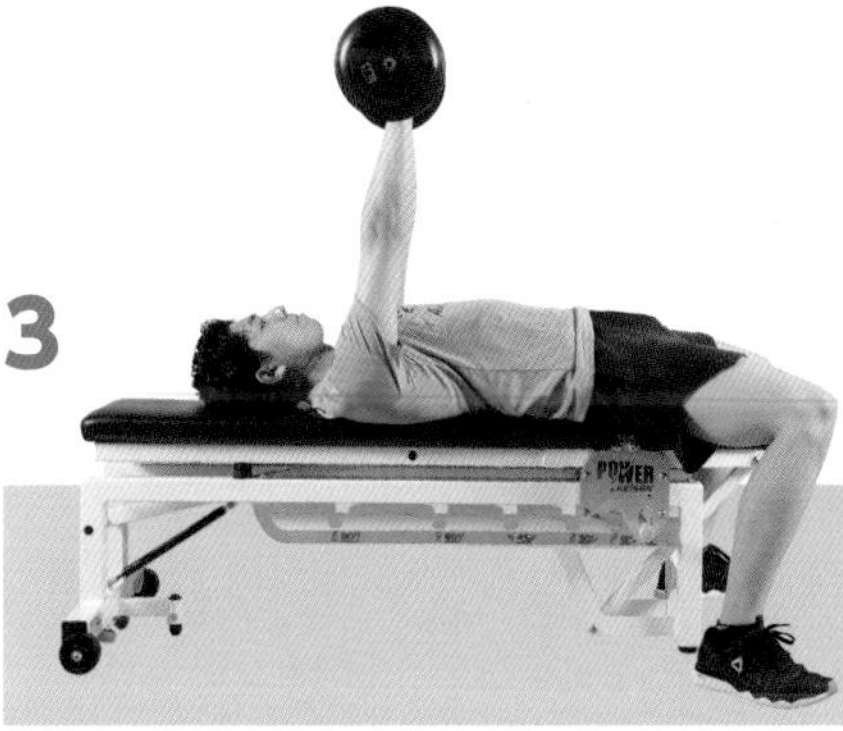

4

肩の真上にダンベルを保持する。前腕 (肘から先) を常に床と垂直に維持したまま、胸の横までダンベルを下ろす。肩の真上までダンベルを押して戻る。

NG

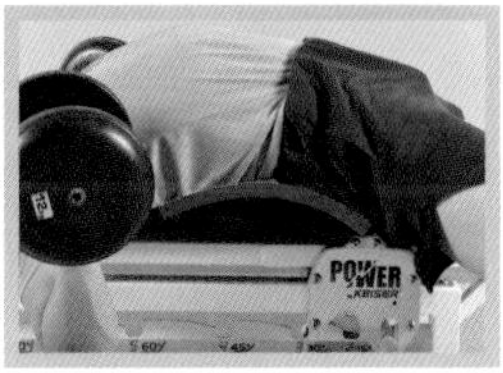

腰が反ってしまう。

バリエーション

両手にダンベルを持ち、交互に行う。

片手にだけダンベルを持って行う。両脚で床を押すようにしてお尻を浮かせた状態で行う。

上肢の上方向へ押す筋力の強化

ショルダープレス

重りを肩の前に保持する。

腕が耳の横に来るように、重りを真上に持ち上げる。

腰が反ってしまう。

バリエーション

片手で胸の前に重りを保持し、一度横に開いてから上に持ち上げる。同じ軌道で元の位置に戻す。

上肢の前方向（あるいは上方向）から引く筋力の強化

斜め懸垂 ※鉄棒やサスペンションなどの吊り具などを利用する

吊り具を掴んだまま、体を後方に傾ける。その際、頭から踵までを一直線に保つ。

脇を締めたまま、吊り具をみぞおちの横まで引くように体を起き上げる。

バリエーション

懸垂

取っ手を両手で掴み（鉄棒などでも可能）腰を反らず、体を一直線に保ったまま体を引き上げる。動作中に肩をすくめないように注意。体重全てを持ち上げるため、斜め懸垂よりも難易度が高い。

NG

腰が反ってしまう。

肩がすくんでしまう。

上肢の前方向から引く筋力の強化

ベントオーバーロウ

重りを両手に持ち、膝を軽く曲げたまま上半身を 45 度程度前屈する。腕を捻り、手のひらを正面に向けながら、脇を絞ってへその横まで重りを引き上げる。頭からお尻までは丸めず一直線に維持する。

NG

腰が反ってしまう。

肩がすくんでしまう。

バリエーション

両手を交互に行う。

片手のみで行う。

上肢の上方向から引く筋力の強化

ラットプルダウン（座位）

1

上からバンド（ケーブルでも可）を引っ張り、あぐら姿勢をとる。

2

体を一直線に保ったまま、バンドを胸の位置まで引き下げる。肩をすくめたり、上体が前傾・後傾しないように注意。

バリエーション

うつ伏せの状態で、前からバンドを引っ張る。座位と同じく、肩をすくめず、また腰を反らないように行う（腰ではなく胸を反らせる）。

コラム7

押すのが大切？引くのが大切？

上半身のエクササイズは主に「引く動き」と「押す動き」に分かれます。いずれも強化する必要があり、バランス良く取り組むことが大切ですが、筆者個人としては「引く動き」をより優先的に行うべきと考えています。

日常生活やスポーツの中で、押す動きは比較的多く使われるため、動きの多様性を担保するためにトレーニングでは引く動作を多く取り入れることで、体のバランスが整いやすいと考えているのです。

また、押す動きは腕立て伏せなど器具を使わずできるものが多いですが、引く動きは重りや器具が必要なため、プログラムの中から抜け落ちてしまいがちです。工夫をしながら引く動きをぜひ積極的に強化してみてください。

バネを使って素早く筋力発揮

07 プライオメトリクスエクササイズ

人間の動きは、筋肉や腱のバネを使った反動動作で構成されており、バネをうまく利用することが効率的な動きに繋がります。
多くのスポーツでは素早い筋力発揮が求められます。したがって「短い時間で最大筋力を発揮する訓練」も積んでおく必要があります。

着地動作の習得

ドロップスクワット

両足は腰幅で、つま先を正面に向けて立つ。一瞬足を床から浮かせて、スクワットの最終ポジションで着地する。着地した姿勢を数秒維持し、最初の姿勢に戻す。

反動動作を強化する前に、まず正しい「着地」のスキルを身につける必要があります。

NG

背中が丸まってしまう。

膝が内側に向いてしまう。

バリエーション

スプリットスタンス
片脚を補助輪のように利用する。

片脚
より不安定な状況で行う。

スプリットスタンス（片脚を半歩後ろに下げ、つま先を床につける）から行ったり、片脚で行ったりする。

両脚で正しい着地ができるようになってからこれらに発展する。

ジャンプ動作の習得と、
下半身の瞬発的な筋力発揮の強化

ジャンプ

ドロップスクワットと同じスタンスからジャンプし、ボックスの上に着地する。着地姿勢を少し維持したのち、スタート位置に戻る。

実際に地面を蹴ってジャンプを行います。ジャンプの直前に起こるしゃがみ込みと、ジャンプ後の着地は同じくスクワットの姿勢になるよう注意しましょう。

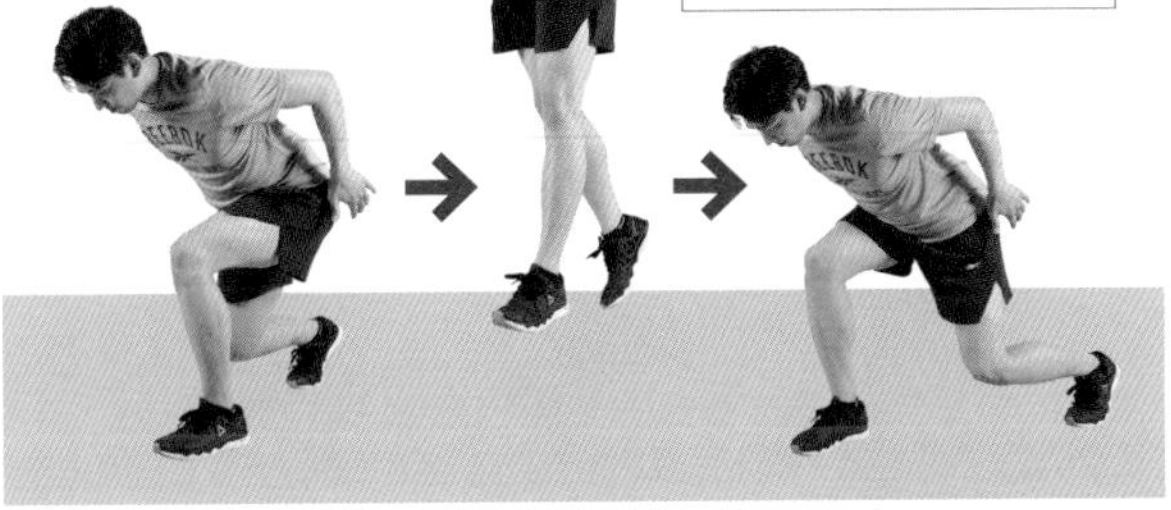

バリエーション

ランジジャンプ

脚を前後に開いたランジの姿勢からジャンプを行う。空中で前後の脚を入れ替えて着地する。

バウンディング

片脚でジャンプを行い、逆脚で着地する。

ポゴジャンプ

浅いスクワットの姿勢から、腕振りの反動を活用して連続ジャンプを行う。接地時間を短く、足裏全体で跳ねるように行う。

下半身の瞬発的な筋力発揮と、片脚接地での安定性の強化

ランジ（①フロントランジツイスト）

1
手近な重りがあれば胸の前に両手で持つ（ない場合は、水を入れた2Lのペットボトル等でOK）。

2 片脚を一歩前に踏み出し、その脚でスクワットの深さまでしゃがむ。

3 踏み込んだ直後に、跳ね返るようにすぐ元の位置に戻る。

4 重りを前脚側に大きく振り、体幹を回旋させる。

NG

背中が丸まってしまう。

膝が前に出過ぎてしまう。

膝が内側を向いてしまう。

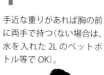

下半身の瞬発的な筋力発揮と、片脚接地での安定性の強化

ランジ（②サイドランジツイスト）

1 手近な重りがあれば胸の前に両手で持つ（ない場合は、水を入れた2L のペットボトル等で OK）。

3 踏み込んだ直後に、すぐ元の位置に戻る。

4 逆脚側も行う。

2 片脚を一歩横に踏み出し、その脚でスクワットの深さまでしゃがむ。重りを踏み出した脚側に大きく振り、体幹を回旋させる。

下半身の瞬発的な筋力発揮と、片脚支持での安定性の強化

ステップアップ

片脚を一歩台に乗せ、踏み込むように台に乗る。逆脚をもも上げし、股関節が 90 度になるまで膝を上げる。同様の動きを左右交互に行う。

NG

台に乗った際に腰が反ってしまう。

バリエーション

ウォーターバック

ウォーターバッグを頭の上に持ちながら行う。

プレート

プレートを胸の前に持ち、台に乗るときに頭上に上げる。

体幹の安定のための瞬発的な筋発揮の強化

ロシアンツイスト

手近な重りがあれば胸の前に両手で持ち、胸の前に伸ばす（ない場合は、水を入れた 2L のペットボトル等で OK）。足幅はスクワットと同様に肩幅程度に開く。骨盤を正面向きに止めたまま、胸椎を捻るように重りを勢いよく横に振り、すぐに正面に戻す。同様の動きを左右交互に素早く行う。

NG

肩がすくんで、腕だけの回旋動作になってしまう。

膝が内側を向いてしまう。

回旋時に上体が左右に傾いてしまう。

バリエーション

片脚を前に踏み出し、胸椎から左右交互に捻る。素早く左右に振ること。

ウォーターバック

重りの代わりにウォーターバッグを持ちながら行う。素早く左右に振ること。

コラム8

「効いてる！」には要注意

トレーニングに慣れてくると、筋肉に負荷がかかる感覚を掴めるようになります（俗に言う「効いてる」という感覚）。しかし、これは必ずしも正しい動きができているかの指標にはなりません。

エクササイズには、特に使ってほしい筋肉がありますが、他の部位があまりにも弱ければ先にその部位の筋肉が疲弊してしまうことがあります。また、「効いている」の感覚を追い求めるあまり動作が崩れてしまうといい効果は得られません。

スクワット動作であれば「お尻の筋肉を使おう」などと意識するあまり、お尻を必要以上に後方に引き、上体を大きく前に倒してスクワットを行う方をよく見かけます。

呼吸が継続できていること、体幹部が安定していること、前から見て膝とつま先が同じ方向を向いていること、横から見て上体と脛骨（すね）が同じだけ前傾していることなど、他にもチェックポイントがあります。本書で紹介している要点を元に、鏡を見たりパートナーにフォームをチェックしてもらいながら、正しい動きを身につけてみましょう。

特に重りを持って行う種目や、プライオメトリクス種目に関しては、前述の「エクスターナルフォーカス」を意識すると良いでしょう。地面を強く押す、ダンベルを天井に向けて押すなど、体の外部に意識を向けることで、自然と正しい動きが身についていきます。

08 カーディオ（持久力）トレーニング

正しい動きを継続させる持久力強化

ここまでセルフチェックによる機能評価と、各項目に分けた機能向上のためのエクササイズをご紹介してきました。ここで、さらに介入すべき「持久力」についても触れていきます。

「ストレングスエクササイズ」で説明した通り、どれだけ正しい動きづくりを行なったとしても、それを継続できる筋力がなければ障害予防に繋がらないのと同様に、持久力もまた「正しい動きを継続する」ために必要な要素となります。

持久力には大まかに「筋持久力」と「心肺持久力」の2つに分かれます。「筋持久力」は概ね筋力に伴って向上するため、ここでは「心肺持久力」について、メカニクスと強化方針を簡単にまとめておきます。

心肺持久力の種類

心肺持久力には大きく分けて2つの種類があります。

❶連続性持久力

休憩を挟まず、長時間動き続けるための持久力です。マラソンや遠泳など、長時間の運動を要求されるスポーツに必要とされます。

❷間欠性持久力

休憩を挟みながら、運動を繰り返すための持久力です。小休憩を挟む球技等で必要とされます。この持久力を高めるために有効とされるのがインターバルトレーニング（運動と休憩を繰り返す方法）であり、どのような時間設定にするかは競技や目的により異なります。

持久力向上のためのトレーニング方法には様々なものがありますが、筆者の考えでは「動きの多様性」と同様に、多種多様に時間設定したプログラムが有効と考えています（後述のサーキットトレーニング）。

また、連続性持久力が必要になる競技をされる方でも、間欠性持久力のトレーニングを積むなど、バランスをとるのが良いでしょう。

運動強度

❶自覚的運動強度

持久力トレーニングを行う時に、トレーニングの効果を高めたり、オーバーロードを防ぐために、運動中の強度をモニタリングすることをお勧めします。

心拍数を測定する器具もありますが、比較的簡便なのは、動いている本人が自覚的にどれくらい辛いかを10段階で選ぶ「自覚的運動強度（ＲＰＥ）」です。「０」は全く辛さを感じない状態、「10」を限界の状態として、数字を選んでいきます。ＲＰＥは心拍数の変動とも相関があり、どんな現場でも活用しやすい指標です。特別な器具も必要としません。

自覚的運動強度

0	全くきつさを感じない
1	とても軽い
2	まあまあ軽い
3	中程度
4	少しきつい
5	きつい
6	
7	とてもきつい
8	
9	
10	限界

❷運動休息比

運動と休息を繰り返すインターバルトレーニングでは、運動している時間と休息している時間の割合は、全体の運動強度に大きな影響を及ぼします。例えば30秒運動し、その後60秒休息を挟む場合、運動休息比は１：２となります。当然、休息の割合が少ないほど運動強度は高くなります。

インターバルトレーニング　プログラム例

初級

時間設定	運動休息比	セット数	サイクル数	サイクル間の休憩	自覚的運動強度
20秒ダッシュ - 60秒休憩	1：3	3～5	1～2	3分	3～5
30秒ダッシュ - 90秒休憩	1：3	2～3	1～2	3分	3～5

中級

時間設定	運動休息比	セット数	サイクル数	サイクル間の休憩	自覚的運動強度
20秒ダッシュ - 40秒休憩	1：2	3～5	1～2	3分	3～7
30秒ダッシュ - 60秒休憩	1：2	2～3	1～2	3分	3～7

上級

時間設定	運動休息比	セット数	サイクル数	サイクル間の休憩	自覚的運動強度
20秒ダッシュ - 20秒休憩	1：1	3～5	1～3	2分	7～9
30秒ダッシュ - 30秒休憩	1：1	2～3	1～3	2分	7～9

あまり持久力トレーニングの経験がない場合は、無理のない範囲でセット数やサイクル数を変動させてみてください。

運動様式

ランニング、バイク、水泳など様々な選択肢があります。走るスポーツをしているなら当然走って持久力を高めるのが直接的ですが、時間と環境があるならば、様々な方法を試してみるのがいいでしょう。

例えば水泳やバイクならば、ランニングだと着地によってかかる関節への負担が最小限に抑えられ、持久力も鍛えられます。水泳には、ランニングではあまり強化されない上半身に負荷をかけることもできます。

同様に、同じ動きの繰り返しで持久力を鍛えるよりも、様々な動作を入れ込んだサーキットトレーニングも有効です。例えば20秒間ダッシュ、休憩を挟み20秒間ジャンプ、休憩を挟んで今度は20秒間反復横跳び、といった具合です。

同じ動作を続けるほうが、強度管理がしやすい（走るスピードや距離など）利点はありますが、同じ動作を繰り返せば、当然同じ部分に負荷が集中し、障害のリスクが増加する可能性があります。

筋力トレーニングと同様に持久力トレーニングについても、「多様性」を考慮してプログラムを組み立てるのが良いでしょう。

コラム9

「脂肪燃焼には20分以上動かないといけない」は本当？

以前、脂肪を燃焼させるためには「20分以上の運動をしなければ痩せられない」という逸話がありました。

20分間運動を継続した時点で、消費されるエネルギーの糖質と脂質の割合が入れ替わります。しかし、20分の時点で一気に切り替わるのではありません。それまでの間も脂肪は燃焼され、20分の時点で糖質の割合を越えるということなので、仮に20分に満たない運動でも脂肪は確実に燃焼されます。

また、20分続けられる運動は脂肪燃焼によるエネルギーの割合が多いのですが、運動強度は決して高くないため、脂肪燃焼の総量には限度があります。

加えて、消費されたエネルギーが仮に全て糖質によるものだったとしても、新たに蓄積される脂肪を減らすという意味で減量に効果を発揮します。

筆者個人の見解では、減量は食生活の改善が最も効果的と考えています。運動の仕方によって消費エネルギーは多少変わりますが、最終的に摂取するものを変えることが最もダイレクトな解決策と考えているからです（筆者が減量の相談を受けた際には、真っ先に食事の内容を聞きます）。減量に関しては、運動の効果を過信しすぎず、総合的に生活の見直しを図るのが良いでしょう。

走行時間に伴うエネルギー供給源の変化

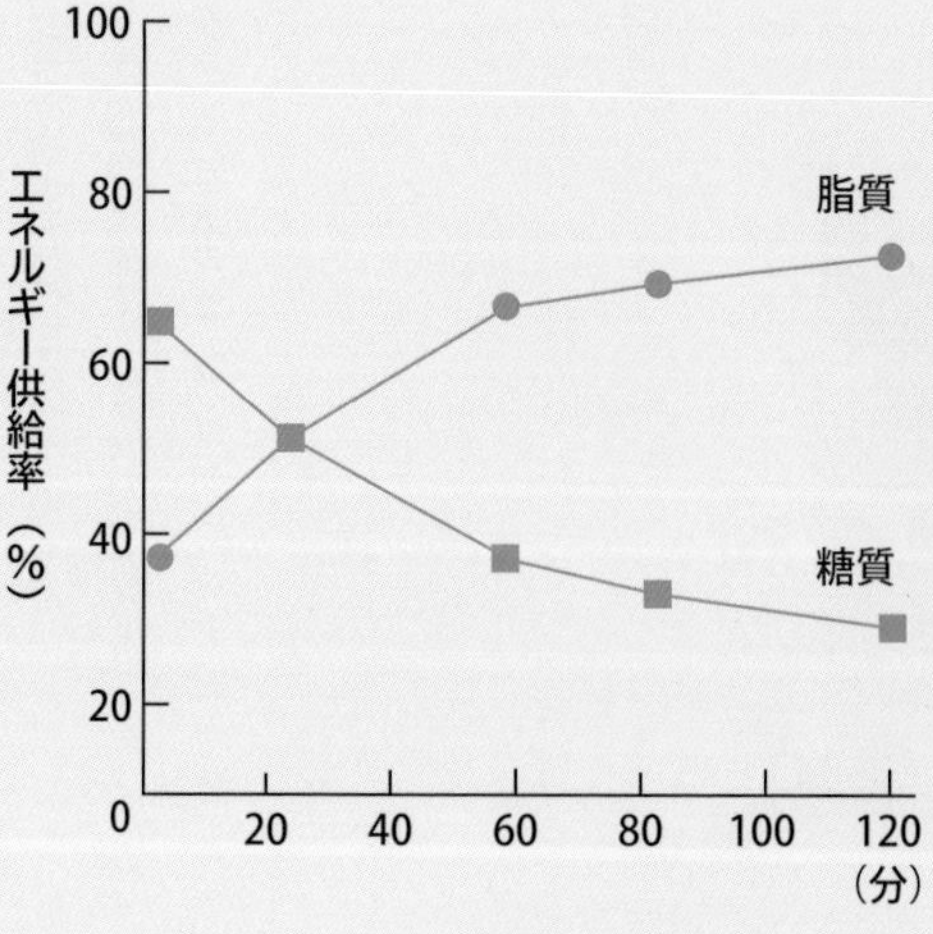

筋肉の緊張をほぐしてリラックス

09 クールダウン

疲労回復を効率的に

スポーツやトレーニングをしていて、ついつい疎かになりがちなのがクールダウンです。私の周囲でも、練習前にウォームアップをしない人はほぼいませんが、クールダウンをしないという人はよく見かけます。

クールダウンの目的は、次の練習や試合を最高の状態で迎えるための疲労回復です。クールダウンをせずとも体は元の状態に戻っていくわけですが、それを効率的に、スピーディーに行うためにクールダウンが必要になります。

クールダウンとして一般的に行われるのはストレッチです。この際のストレッチは、筋肉を緩めることが目的なので、前述のアクティブストレッチ（筋力発揮を伴うもの）ではなく、リラックスして行うことができるパッシブストレッチ（筋力発揮を伴わないもの）を選ぶことがお勧めです。同様の理由で、前述のセルフマッサージはクールダウンとして有効と言えるでしょう。

ここで神経の話に戻りますが、筋肉の緊張を緩和させるのに必要なのは「副交感神経」を優位にすることです。どんなに一生懸命にストレッチやセルフマッサージをしても、強過ぎて痛みを感じたり、リラックスした状態でできないのであれば、効果を得ることはできません。

副交感神経を優位にするなら、ゆっくりと深呼吸をするだけでも有効です。前述の呼吸エクササイズをクールダウンとして行うのも良いでしょう。あるいはジョギングなど有酸素運動、入浴などをゆっくり行うことも効果的です。どのような方法が自分の体に合っているのかを、翌日のコンディションを確認しながら選んでみると良いでしょう。

コラム10

リラックス度合いを確認してみよう

クールダウンの際に陥りがちなのは「リラックスできているつもりができていない」ということ。特に日々激しい練習をこなしていたり、真面目で勤勉な方ほど、このような状態が多いように感じます。その際には心拍数を測るのが有効です。その際手首や首などに触れ、20秒間で脈打った回数を調べます。それに3を掛けると1分間あたりの心拍数を算出できます（もちろん60秒測定しても構いません）。

起床時などの数値も事前に測っておき、クールダウン後に比較してみましょう。しっかりリラックスできているなら、起床時に近い数字まで心拍数が落ちているはずです。

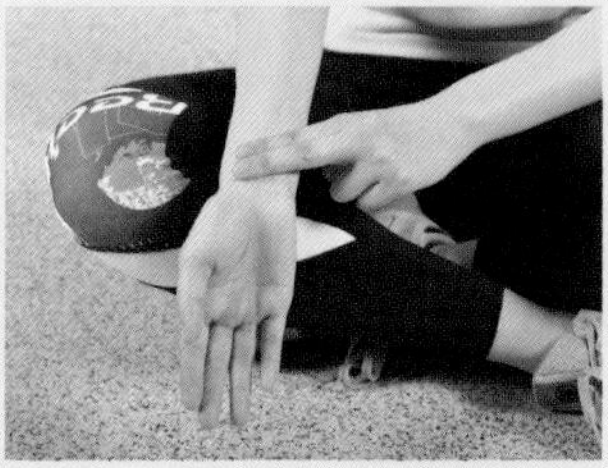

どうしても力が抜けない、脱力できないという方には、次の方法もお勧めです。

①仰向けのまま、1度全身に力を入れて数秒維持する。

②その後全身の力を抜いてしばらく脱力する。

③この過程を3～5回繰り返す。

普段から筋肉が緊張状態にあると、力を抜く感覚を掴むのは難しいものです。あえて1度筋肉を収縮させてから緩めることで、脱力の感覚を掴みやすくなります。また、クールダウン中にあくびが出れば、それは副交感神経が優位になっている目安にもなります。

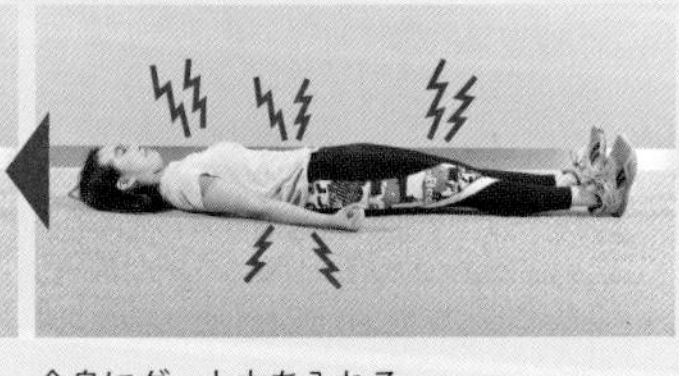

全身にグッと力を入れる。

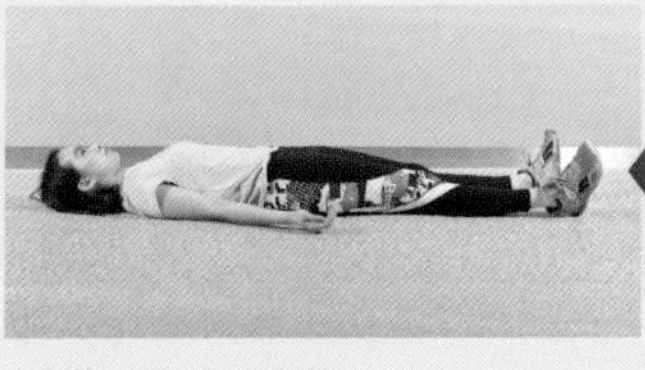

力を抜いてリラックス。

自分に合った組み合わせで行う
10 プログラム例

週2回、レベル別のプログラムを紹介

皆さんに日常的にエクササイズを取り入れていただくために、簡単なプログラム例を以下に記載しました。週2回エクササイズを行うと仮定して、初級、中級、上級と大まかにまとめています。

概ね30分程度で終わるものになっています。これらもあくまで参考例であり、これだけやれば良いわけでも、これしかやってはいけないわけでもありません。

流れとして、まず序盤にコアエクササイズを行い、体幹部の安定性を高めます。次にバランスエクササイズで片脚支持の動作を行います。この2つが後半のストレングスエクササイズ、プライオメトリクスエクササイズの準備となります。

同じプログラムを続けていれば、当然体の変化も停滞してきます。「動きの多様性」でお伝えした内容をもとに、同じ動きでも様々な環境変化で刺激を変えてみることをお勧めします。環境を変える時期の目安は「呼吸を止めずに規定の回数を正しいフォームでなんとかクリアできる」ことです。余裕を持ってクリアできているということは、体にとって負荷になっていないため、刺激の変化が必要です。

本書では「様々な環境変化」を強調していますが、特にストレングスエクササイズの種目であれば、純粋に重りを持つことも大切な負荷です。もしジムなどウエイトトレーニングの施設があるならば、フォームを維持したままより重いものを扱えたほうが、機能向上に繋がります。

扱う重量の目安としては、規定した回数（上記プログラムでいう「回数／秒数」「セット数」）が正しいフォームでギリギリ行える重さを選択するのが良いでしょう。

また、プログラムの進め方についても触れておきます。プログラムの習熟度や扱う重り・強度にもよりますが、週2～4回程度をお勧めします。トレーニングに慣れていない方であれば、まず週2回（月曜／木曜や、火曜／金曜など）、習熟度が上がれば週4回（月火木金など）

といった組み立て方も可能です。逆に土日に試合を行う場合には、月曜／木曜などトレーニングの頻度を減らし、週末の試合に向けて回復を促すのも良いでしょう。

　トレーニングによって起こる疲労は人それぞれ大きく違うため、どのような頻度で行うのが自分のコンディションに最適かを考えながら、プログラムを進めていきましょう。場合によっては、コア・バランスエクササイズは週3回、ストレングス・プライオメトリクスエクササイズは週2回、といった具合に、カテゴリごとに分ける進め方もいいでしょう。

　さらに自分に合ったプログラムを実践したいという方は、ぜひ身近に直接指導を受けられる専門家を探してみることをお勧めします。今では機能改善に特化したプログラムを提供するトレーナーやトレーニングコーチもたくさんいますので、個別にアドバイスをもらってみてください。

＜初級＞ Day1

カテゴリ	エクササイズ	回数/秒数	セット数	動きのテンポ	セット間の休憩時間	ポイント
コア	デッドバグ	交互に10回	2セット	3−1−3	30秒	手足が動く際に腰を床から浮かせないこと
	ブリッジ	10回	1セット	3−1−3	−	3秒かけてお尻を上げ、上で1秒キープ、3秒かけて下げる
バランス	片膝立ちヘイロー	5往復	各1セット	1−1−1	30秒	背骨を一直線に保ったまま重りを動かす
	シングルレッグルーマニアンデッドリフト	8回	各2セット	3−1−3	30秒	両手を左右に広げて行う
ストレングス	スクワット	8回	2セット	1−1−1	30秒	つま先と腰は同じ方向に向ける。背骨を一直線に保てる深さまで
	うつ伏せラットプルダウン	8回	2セット	1−1−1	30秒	腰を反らないよう、お腹を膨らませたまま行う
プライオメトリクス	ドロップスクワット	5回	2セット	素早く	30秒	スクワットの最終ポジションまで一気にしゃがむ

＜初級＞ Day2

カテゴリ	エクササイズ	回数/秒数	セット数	動きのテンポ	セット間の休憩時間	ポイント
コア	フロントブリッジ	5回	1セット	10秒キープ	−	10秒キープを5回行う
	サイドブリッジ	5回	各1セット	10秒キープ	30秒	10秒キープを左右5回ずつ行う
	ニーハグブリッジ	8回	各1セット	3−1−3	30秒	抱えた側の脚が胸から離れないように実施
バランス	シングルレッグスタンド	5回	各1セット	10秒キープ	30秒	片脚で10秒キープを5回行う
	シングルレッグリーチ	8回	各2セット	3−1−3	30秒	動きながら腰が反らないよう注意
ストレングス	ワイドスクワット	8回	2セット	1−1−1	30秒	つま先を45度外側に向けて行う
	膝つきプッシュアップ	8回	2セット	1−1−1	30秒	頭から腰までを一直線に維持
プライオメトリクス	ステップアップ	6回	各2セット	素早く	30秒	階段や台などを見つけて実施

表内の「動きのテンポ」で示す数字は、それぞれ下降局面、最終位置、挙上局面に要する秒数を表している。例えば、「3-1-3」は「3秒かけてしゃがみ、最終位置で1秒キープして、3秒かけて元の位置に戻る」ことを表す。

<中級> Day1

カテゴリ	エクササイズ	回数/秒数	セット数	動きのテンポ	セット間の休憩時間	ポイント
コア	ベア　ショルダータッチ	交互に10回	2セット	1－1－1	30秒	浮かせた手で逆側の肩を触れる
	サイドブリッジ ヒップフレクション	6回	各2セット	1－1－1	30秒	脚の動きに合わせて体幹が揺れないように注意
	ニーハグブリッジ	6回	各1セット	1－1－1	30秒	抱えた側の脚が胸から離れないように実施
バランス	シングルレッグ ルーマニアンデッドリフト	8回	各2セット	3－1－3	30秒	両手を左右に広げて行うか、重りがあれば軸脚と逆の手で持つ
	シングルレッグスクワット	8回	各2セット	3－1－3	30秒	ボックスから立ち上がる
ストレングス	スプリットスクワット	6回	各3セット	1－1－1	60秒	前脚荷重で実施。余裕があれば胸の前で重りを持つ
	ベントオーバーロウ	6回	2セット	1－1－1	60秒	背骨を一直線に保ったまま行う
プライオメトリクス	ジャンプ	5回	2セット	素早く	60秒	跳ぶ前と着地で3点荷重を意識
	フロントランジツイスト	交互に10回	2セット	素早く	60秒	3点荷重で踏み込む

<中級> Day2

カテゴリ	エクササイズ	回数/秒数	セット数	動きのテンポ	セット間の休憩時間	ポイント
コア	フロントブリッジ シングルアームリーチ	6回	各2セット	1－1－1	30秒	片手になる際に骨盤を動かさない
	ローオブリークシット	6回	各2セット	3秒キープ	30秒	へそを下に向けたままお尻を浮かせる
	アンチローテーショナル プレス	6回	各2セット	1－1－1	30秒	上体を床と垂直に保ったまま行う
バランス	シングルレッグルーマニアンデッドリフトウエイトスイッチ	5往復	各2セット	1－1－1	30秒	3点荷重の確認
	シングルレッグリーチ	8回	各2セット	3－1－3	30秒	動きながら腰が反らないよう注意
ストレングス	ワイドスクワット	6回	3セット	1－1－1	60秒	胸の前で重りを持って実施
	プッシュアップ	8回	2セット	1－1－1	60秒	つま先立ちの状態で実施
プライオメトリクス	ジャンプ	5回	2セット	素早く	60秒	跳ぶ前と着地で3点荷重を意識
	サイドランジツイスト	交互に10回	2セット	素早く	60秒	3点荷重で踏み込む

<上級> Day1

カテゴリ	エクササイズ	回数/秒数	セット数	動きのテンポ	セット間の休憩時間	ポイント
コア	ベア ウエイトドラッグ	交互に10回	2セット	1－1－1	30秒	手近な重りを使用
	サイドブリッジ　リバース フライローテーション	5往復	各2セット	3－1－3	30秒	骨盤ごと回旋させる
バランス	シングルレッグ ルーマニアンデッドリフト	8回	各2セット	3－1－3	30秒	重りだけでなく様々な負荷を設定
	シングルレッグスクワット	8回	各2セット	3－1－3	30秒	ボックスを使わずに実施
ストレングス	デッドリフト	4回	3セット	1－1－1	60秒	4回がギリギリの負荷を選ぶ
	ローテーショナル スクワット	8回	各2セット	1－1－1	60秒	エクササイズバンドなどを使用
	懸垂	6回	2セット	1－1－1	60秒	鉄棒などで斜め懸垂も良い
プライオメトリクス	片脚ドロップスクワット	5回	各2セット	素早く	60秒	片脚着地でも3点荷重とバランスを維持する
	バウンディング	5往復	2セット	素早く	60秒	3点荷重を意識したまま行う
	ロシアンツイスト スプリットスタンス	6往復	各2セット	素早く	60秒	脚を縦に開き、あえて不安定な姿勢で行う

<上級> Day2

カテゴリ	エクササイズ	回数/秒数	セット数	動きのテンポ	セット間の休憩時間	ポイント
コア	フロントブリッジ ヒップアブダクション	6回	各2セット	3－1－3	30秒	背骨を一直線に保ったまま行う
	サイドブリッジ　アダクター	6回	各2セット	3秒キープ	30秒	頭から上側の脚の膝までを一直線に
バランス	シングルレッグスクワット	8回	各2セット	3－1－3	30秒	ボックスを使わずに実施
	エアプレーン	8回	各2セット	3－1－3	30秒	肩と腰を同時に回す
ストレングス	ブルガリアンスクワット	4回	各3セット	1－1－1	60秒	4回がギリギリの負荷を選ぶ
	ラテラルスクワット	8回	各2セット	1－1－1	60秒	エクササイズバンドなどを使用
	メディシンボール プッシュアップ	5往復	2セット	1－1－1	60秒	背骨を一直線に保ったまま行う
プライオメトリクス	片脚ドロップスクワット	5回	各2セット	素早く	60秒	片脚着地でも3点荷重とバランスを維持する
	ランジジャンプ	5往復	2セット	素早く	60秒	着地の安定感を意識して行う
	ロシアンツイスト スタンディング	6往復	2セット	素早く	60秒	両脚で安定したポジションで実施

あとがき

体の不安なく、チャレンジを楽しめる世の中

改めて、拙い内容を最後まで読み進めていただき、ありがとうございます。本書の総括とともに、私の健康教育に関するささやかな期待を書かせていただきます。

冒頭で、自身が経験した高校時代のケガの話に触れました。ケガの痛みよりも、チームメイトが必死にチャレンジを続けるバスケットコートの脇で練習を見守りながら、その輪に加われない疎外感に、心が押し潰されました。ケガをして初めて「何もないこと」の貴重さが身に染みたのです。いくら志があっても、土俵に立つことができなければ、それを表現する機会すら得られません。

トレーニング指導に従事し、多くの方のサポートをさせていただく中で感じたのは、私のように体の問題でチャレンジを制限されている方が、これほどまでに多いのか、ということ。アスリートであれ学生であれ、ビジネスパーソンであれ専業主婦であれ、フィールドや規模に関係なく1歩踏み出すチャレンジには大きな価値があり、人生の充実度に繋がります。それを体の問題で諦めて欲しくない。

本書では日常やスポーツ中に起こる実例やコラムなどを通じて、体について学ぶことを身近に感じてもらえるトピックを散りばめました。「筋肉」でも「関節」でもなく、定義が曖昧な「動き」という概念に、少しでも親しみを持ってもらうきっかけになればと思います。

自分の体を考え、感じること

健康やトレーニングの業界は、常に新しいものが流行っては廃れていく、新陳代謝の早い業界です。ひと昔前に流行ったトレーニング理論はすぐに消息を断ち、海外から新たな理論が持ち込まれれば一気に広まります。もしかすると、本書もその1つと考えられているかもしれません（そうでないことを願うばかりですが）。

本書でまとめた内容は、あくまで人間が体を動かす上での「原理原則」であり、おそらく我々が生きている間には変わらないであろう内容を抜粋しました。

今この本を手に取っている皆さんにも、今後も新たな理論やメソッドが様々な媒体を通じて届けられることでしょう。その際には本書の内容を元に、自分の体にとって有益なものか否かを考える種にしてもらえたらと思います。自分の体と照らし合わせて、自分に合っているのかを頭で「考える」こと、また実際にやってみて自分の体にフィットするかを「感じる」こと。この2つのバランスが何より大切です。

流行に流されることなく、でも新しいものを毛嫌いすることもなく、皆さんなりのコンディショニングを構築していってください。

目的に向かい、体という資本を大切に

本書を通じて一貫してお伝えしたいのは「コンディショニングは手段であり、目的ではない」ということです。

・スポーツで結果を出して、見る人に元気を与えたい。
・仕事で大きなプロジェクトをやり切り、同僚たちと喜びを分かち合いたい。
・元気に動ける体で、いつまでも子どもと遊びたい。

成し得たい目的を達成するために、体という資本を大切に扱う必要があり、その方法はエクササイズや食事、睡眠など人それぞれ。これこそが「コンディショニング」なのです。

単に健康オタク、トレーニングマニアをめざして欲しいわけではなく、「体が整った時に、私にはどんな未来が待っているのか」をワクワク想像しながら、本書の内容に取り組んでもらえたらと思っています。

文章の最後にこんな話を入れた理由は、ひとえにエクササイズには継続性が付き物だから。巷に様々なモチベーションテクニックや行動変容の理論が存在しますが、目的がはっきりと定まり、それが自分にとって真に価値のあるものであればあるほど、人は勝手に動いてしまうものです。

「努力は夢中に敵わない」

日々のコンディショニングを努力と感じないくらい、ワクワクした目的の達成に向けて、体という資本をぜひ大切に育てていってください。

［著者紹介］

松野慶之（まつの　よしゆき）
株式会社 懐刀 代表取締役
株式会社 R-body 契約コンディショニングコーチ
日本バスケットボール協会専任スポーツパフォーマンスコーチ（2017-2023）
日本オリンピック委員会強化スタッフ（医・科学スタッフ）（2017-2023）

東京都出身、関西大学卒。
株式会社 R-body にて多くのアスリート、ビジネスパーソン、機能改善を要するクライアントへのコンディショニング指導に従事。2017 年より女子バスケットボール日本代表のスポーツパフォーマンスコーチに就任し、東京五輪での銀メダルに貢献。「身体の不安なく、チャレンジを楽しめる世の中」をビジョンに、コンディショニング指導や各種講演等を行っている。

ケガをせず動《うご》けるスポーツ選手《せんしゅ》をめざす体《からだ》づくりの教《きょう》科《か》書《しょ》
—セルフチェックとエクササイズ—

NDC780/176p/21cm

初版第 1 刷———2023 年 5 月 1 日

著者———松《まつ》野《の》慶之《よしゆき》
発行者———鈴木一行
発行所———株式会社 大修館書店
〒 113-8541 東京都文京区湯島 2-1-1
電話 03-3868-2651（販売部）03-3868-2298（編集部）
振替 00190-7-40504
［出版情報］https://www.taishukan.co.jp/

編集協力———ナイスク　https://naisg.com/
装丁・本文デザイン—小池那緒子（ナイスク）、沖増岳二
作画———アドプラナ
撮影———小林靖
動画———秋山広光
印刷所———広研印刷
製本所———ブロケード

ISBN978-4-469-26958-1　　Printed in Japan